愛的8法則

如何找到愛、維繫愛、放下愛

8 Rules of Love: How to Find It, Keep It, and Let It Go

《僧人心態》作者
傑·謝帝 Jay Shetty 著

祁怡瑋 譯

獻給我的媽媽：是妳教我愛沒有盡頭
獻給我的妹妹：是妳教我愛沒有條件
獻給我的太太：是妳教我實實在在的愛

※有關本書索引，請查閱圓神書活網（www.booklife.com.tw）《愛的8法則》書籍頁。

引言　希望這本書幫助你在愛中找到方向

學生：「愛和喜歡有什麼不同？」

老師：「喜歡一朵花，你會把它摘下；愛一朵花，你會天天為它澆水。」[1]

關於「愛」的種種，這段經常有人引用的對話，勾勒出最深得我心的觀點。受到美的吸引而心生渴望，便想占為己有——這就是我們摘花回家欣賞的原由。但吸引力就像一朵被摘下的花，最終會枯萎，只能被扔掉。吸引力需要更多的呵護才會成為愛。

若是有心延續一朵花的生命，我們就不會將它摘下來、裝到花瓶裡。我們會給它陽光、土壤、水。而且，唯有長長久久地關照一朵花、盡你所能維護它的生命，才能充分見識到它的美——它的生命力、它的色彩、它的香氣、它的綻放，每一朵花瓣細膩的細節。你會看著它呼應四季的更迭，冒出花苞時，你欣喜又滿足；綻放時，你雀躍不已。

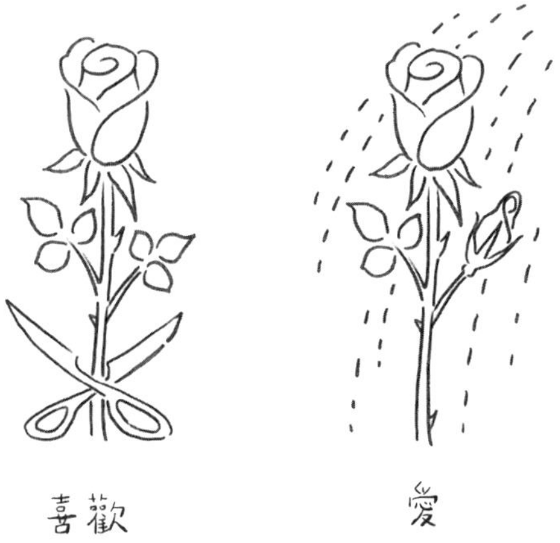

受到愛的吸引，如同受到花的吸引。初時是因爲它的美和魅力，但想維繫它的生命，唯一方法就是持續的照料與關注。

愛是日復一日的努力。

這本書想和你一起養成愛的習慣。我會介紹一些練習、觀念及工具，幫助你以一種每天都能得到回饋的方式去愛，一季又一季。

有句話說：人生最偉大的追求就是愛與被愛。

愛是一種信仰——受到情愛故事的吸引、渴望擁有屬於自己的愛情、希望眞愛眞的存在，這都是我們的天性。但許多人也知道，一朵花被折斷、困在死水裡、等待凋零、失去生命力是什麼滋味。或許這也是你曾有過的感覺，或許你也曾折斷、丟棄過幾朵花，又或許，你還沒找到愛、正在尋尋覓覓。

愛的失落可能有多種形式：以爲正在戀愛，卻發現是場誤會；以爲是愛，卻發現只是情欲；確認是愛，卻發現不過是謊言；期待天長地久，卻只能看著感情變淡。或許你害怕承諾，或是你愛上了害怕承諾的人；或許你的標準太高，誰都沒有機會接近你；或許前任還在你心裡，又或許你在情場上連連失意。我想讓你體驗到你希望的深遠之愛，而不是誤信虛假的承諾，或不履行諾言的伴侶，而在心碎中感覺挫敗又絕望。

「愛情」是既熟悉又複雜的主題，古今中外的文化都用過無數方式去刻畫。哈佛大學人類心盛學程的講師、心理學家提姆．洛馬斯，分析了五十種語言，彙整出十四種不同類型的愛。[2]

古希臘人說愛有七種基本類型：Eros是性欲或激情，Philia是友情，Storge是親情，Agape是博愛，Ludus是露水姻緣或缺乏承諾的愛，Pragma是基於責任或利益的愛，Philautia則是對自己的愛。[3]

分析三千年前到五百年前的中國文獻，也揭露了許多形式的愛，有激情、迷戀、犧牲奉獻的愛，或是隨意輕率的愛。[4]

主要分布在印度、斯里蘭卡等南亞地區，有兩千年歷史的泰米爾人使用的泰米爾語當中，使用了高達五十多個詞，用來描述各種愛的形式及細微差異，例如慈愛、一段充實的關係當中的愛，以及內心因爲愛的感覺而融化的狀態。[5]

在日文中，「恋の予感」形容的是新認識一個人，覺得自己注定要愛上這個人的預感；[6]「告白」則是宣示內心的愛。[7] 在印度的博多語當中，onsra形容的是知道感情會消逝的心情。[8]

流行文化也用了許許多多的方式描述愛。

看看Billboard不朽情歌榜前五十名的金曲：[9] 蒂娜．透娜說「愛是一件二手貨」、俄亥俄玩家（Ohio Players）說「愛就像搭雲霄飛車」、黛安娜．羅絲說「愛是一場宿醉」、皇后樂團說「愛是瘋狂的小東西」。就是愛讓現在的碧昂絲看起來那麼瘋狂，而里歐娜．路易斯爲愛血流不止。❶

電影也經常將愛情理想化，但很少透露圓滿大結局之後的事。每天都有這麼多關於愛的觀點、刻畫和寓言包圍我們，但我希望這本書能幫助你寫下自己對愛的定義，並練就每天活在愛裡的能力。

二十一歲時，爲了前往孟買鄰近村落的僧院修行，我缺席了大學畢業典禮。我在那裡當了三年的僧侶，和其他僧侶一起打坐、讀經、勞動。

在我們研讀的印度經文中，最古老的一部是《吠陀經》。五千年前，《吠陀經》的經文是以梵文寫在棕櫚葉上。多數棕櫚葉佚失了，經文卻仍傳了下來，甚至部分還可以在網路上看到。

我研究《吠陀經》十六年了。《吠陀經》的存在，與它們和現代世界的關聯，總是令我讚歎，也總是給我帶來啓發。在那三年的僧侶生活中，我研究得更是深入。經文中的智慧實際又受用，於是我開始透過podcast、書籍和影片，和全世界的人分享《吠陀經》的奧義與眞知灼見。

時至今日，我的工作有很大一部分是在指導個人及伴侶，並訓練有意願的人擔

❶ 譯注：此處作者分別引用碧昂絲〈Crazy in Love〉當中的歌詞，和里歐娜．路易斯〈Bleeding Love〉的歌名。

任和我一樣的角色。我訓練了兩千多位合格教練，用的都是我根據《吠陀經》研發出來的課程。

本書概念正是來自於《吠陀經》的智慧。

這些古老的經文以我聞所未聞的方式談愛，將愛的概念說得簡單、易懂，古老的鏡片卻提供了嶄新的視野。

《吠陀經》介紹了「愛的不同階段」「愛是一段過程」「人人都渴望愛與被愛」等基礎概念給我。《吠陀經》的智慧確實能運用在各種眞實人生的考驗，在輔導個人和伴侶解決感情問題，或面對戀愛與失戀的過程中，我見證了這一點。

從影片下方的留言、podcast得到的迴響，我看到一再重蹈覆轍、爲感情苦苦掙扎的人們。當中許多人的問題，我都曾成功以《吠陀經》的概念爲客戶解決過類似困擾。我寫這本書的目的，就是希望任何人都能接觸到這些概念，並與親人、好友及伴侶討論。我的心得來自《吠陀經》的開示、爲客戶做的努力、旅行各地的經驗，以及和僧侶夥伴的相處。

我熱愛現代科學和古老智慧交會的火花，這本書因爲有這兩種體系的結合，因此能以前所未有的方式活用《吠陀經》，將修行的概念運用於塵世的感情。

愛的修行

從來沒有人好好坐下來教我們如何去愛。

我們總是被愛環繞，卻很難從親友身上學到，因爲大家通常也只是見機行事。有人尋尋覓覓。有人愛得神魂顛倒，對未來滿懷希望。有人互相欺瞞，或被彼此牽著鼻子走。有人同床異夢。有人實在處不來，只好分手。也有人甜甜蜜蜜，對一切都很滿意。每個人都有一套見解：愛是我們需要的一切；遇到了就會知道；你可以改變對方；談戀愛就該輕鬆自在；異性相吸是自然法則……但我們仍是很難知道要聽誰的，又該從何開始。

我們從未受過愛與被愛的教育，自然不知道該怎麼愛、如何回應別人的感情、如何了解別人的心意，以及如何建立、呵護一段彼此共榮的關係。

多數有關愛的建議，都局限於如何找到對的人。

我們以爲世上有個完美對象、靈魂伴侶，或命中注定的人，交友軟體更強化了這種觀念。遇到完美對象很美好，但這不會發生在每個人身上。完美對象也不會永遠完美。

這本書不一樣，我們要談的不是找到完美的對象或感情，剩下的就看著辦。我想幫助你有意識地建立愛的關係，而不是一味憧憬、渴望，和等待一份圓滿的愛降臨。我想幫助你在愛的旅途上面對各式挑戰和不完美。我想幫助你創造的是能每天成長、擴展，和蛻變的愛，而不是配對成功就大功告成、一切到此爲止的愛。我們無從得知將在何時、何地覓得愛，但我們可以做好準備，時機對了，就能將學到的實踐出來。

《吠陀經》描述了人生的四個階段，[10] 依序是：學生期、家住期、林棲期，和遊方期。❷

這四個階段就是我們要用來學習愛的法則的四個道場，能幫助我們辨認出眞愛，並好好把握。愛的四個道場不是虛無飄渺的概念，而是一連串的步驟、階段和體悟，清楚勾勒出一條循序漸進的道路。學完一個階段，就能更進一步。若是忽略了某個階段的功課，或者沒做好，必要時就得重新來過——生命會將我們推往該去的地方，將該做的功課做好。

如果查英文字典，會發現「ashram」的意思是「隱居」。[11] 梵文原意其實有更深的含義，英文定義往往簡化了許多。我將ashram定義爲一座自我發展的聖殿，或一所提供學習、成長和支持的學校，有點像我度過幾年僧侶生活的道場。我們在人生的每個階段都有要學的功課。

將人生想成一間又一間的道場或學校，我們會在裡頭學習各式各樣的功課。

每個道場都帶我們來到愛的不同層次。

道場一：愛的準備期

在第一階段「學生期」，我們要為愛做準備。沒在安全的空間學過開車、考到駕照、練好必備技能，必不能貿然上路。應徵新工作之前，可能要先學會新的程式、了解職責，或複習任何可能用到的技能。

尤其，在愛的準備期，我們要學習如何在獨處中愛自己。學著了解自己、為自己療傷，以及照顧自己。學習慈悲心、同理心和耐心（法則一）。有了這些準備才能分享愛，因為我們在愛別人的時候也需要這些特質。同時，也需要檢視過去的感

---

❷ 譯注：印度婆羅門的人生規畫分為四個階段：「學生期」學習知識及自制，也稱梵行期。「家住期」結婚成家，負起婚姻及家庭的責任。責任已了、功成身退後進入「林棲期」，隱居在森林中，追求精神生活。最後來到「遊方期」，捨棄世俗得解脫，亦稱遁世期或棄世期。

情，避免在未來的感情中犯下相同的錯誤（法則二）。

道場二：愛的實踐期

第二階段「家住期」，是當我們將愛擴及到旁人身上時，也依然愛自己。這個階段的三個法則，說明了如何了解和體會別人的心意，以及如何與想法、價值觀，及喜好不同的人合作。

我們很容易過度簡化愛的概念，認爲那只是化學作用，與是否合得來的問題。浪漫的感覺和吸引力是點燃愛火的起點，但什麼才是深刻的愛？我的定義是：欣賞這個人的個性、尊重對方的價值觀，且能在長久、穩定的關係中，幫助伴侶朝向自己的目標邁進。你和朋友之間或許也是如此（我希望是），但我說的是，當你和一個人一起生活、每天都會相見、和他共度一切喜怒哀樂和日常的瑣事與壓力時，仍能保有這些愛的特質。

在「家住期」，我會和你討論究竟怎樣算是愛一個人（法則三）、如何和伴侶一起學習、成長（法則四），以及如何在感情裡排出優先順序、管理個人的時間與空間（法則五）。

道場三：愛的保護期

第三階段「林棲期」是一個療癒之地，我們將退到這裡尋求平靜。來到這個階段可能有各種原因，或許是因爲分手、喪偶，或是家庭生活起了變化、家中不再需要我們如同以往的關注等。

在第二階段「家住期」，我們學會了爲別人付出愛，也確實付出了很多愛。接著，我們來到第三階段，在「林棲期」裡回顧愛的經驗，反思是否有什麼妨礙了我們愛人的能力，並爲療癒與原諒做功課。在「林棲期」，我們會學習如何化解衝突，以保護我們的愛（法則六）。此外，爲了保護自己、保有愛人的能力，我們需要學習判斷分手的時機，以及面對分手後的生活（法則七）。

道場四：愛的圓滿期

第四階段「遊方期」是無所不在的愛——將愛擴及到每個人及人生的每一刻。在這個階段，愛變得沒有極限。我們隨時都能和任何人經歷愛。我們將學習如何一再去愛（法則八）。雖然力求圓滿，圓滿卻從來不會到來。

許多人都曾經歷這四個階段，卻沒有學會該學的功課。

在第一階段抗拒獨處，因此錯失獨處帶來的成長。在第二階段迴避伴隨關係而來的挑戰。在第三階段，不爲療癒自己負起責任。至於第四階段的博愛，則是想都沒想過，因爲不知道那樣的愛確實存在。

本書按照這四個階段的順序展開，本質上，這四個階段也呼應了感情發展的週期——從準備愛、實踐愛、保護愛，到臻於圓滿的愛。

考量這四門課之淵博，我抓出重點，整理成八項法則。從一個階段進行到下個階段需要學習的功課，及需要養成的特質，都在這八項法則中了：準備期有兩項、實踐期有三項、保護期有兩項，致力追求圓滿的階段則有一項。

這八項是放諸四海皆準的不朽法則，我會帶著你依序學習。

這些法則是循序漸進的，一項建立在另一項之上。不分年齡、在感情中的任何階段都適用。有些看似不合常理，例如獨處才是愛的起點，將自己的目標排第一位、伴侶的目標擺第二，並說明伴侶爲什麼是你的導師。這些新的視角，將幫助你提高找到眞愛的機會：第一次約會要觀察些什麼、有特定喜好的「類型」該怎麼做、如何表現自己、何時該說「我愛你」、何時許下承諾、處理衝突的方法、如何

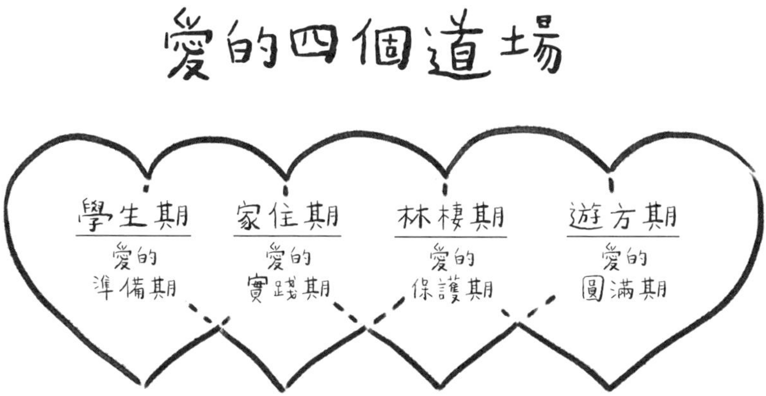
愛的四個道場
學生期
愛的
準備期
家住期
愛的
實踐期
林棲期
愛的
保護期
遊方期
愛的
圓滿期

持家，以及何時該喊停。

無論單身、穩定交往中，還是面臨分手，每一項法則都會協助你養成一種愛的心態。有對象時也可以練習獨處。無論處於何種狀況，都可以轉換面對衝突的心態。這些法則在人生的各種情境中都能發揮作用。

這本書不是技巧操控大全。不會教你成功機率百分之百的搭訕台詞，不會告訴你如何讓自己變成對方想要的樣子、或讓對方變成你想要的樣子。

我們要談的是擁抱你的喜好和意願，才不會在不適合的人身上浪費時間。

我們要談的是展現自己的價值觀，而不是推銷自己。

我們要談的是放下那些蒙蔽內心和阻礙愛人能力的憤怒、貪婪、我執、自我懷疑，和迷惘。

也會教你如何度過孤單寂寞、放下期待、拉近距離，及療癒情傷的方法。

決定向拉蒂求婚時，我一心想安排史上最美好、最浪漫的驚喜。

我向朋友請教如何挑選訂婚戒指後，買了典型的鑽戒。在二〇一四年春天，一個美麗的夜晚，我們約在倫敦橋附近，沿著泰晤士河岸散步（當時我們住在倫敦）。我已經先告訴拉蒂，我們會去一間高檔餐廳晚餐，如此一來，她就會爲這個夜晚愼重打扮。

我們經過倫敦最美的景點時，一位陌生人突然獻給拉蒂一大束鮮花。正當她在欣賞美麗的花朵時，我安排的阿卡貝拉樂團出現了，和獻花人一起高唱火星人布魯諾的〈我們結婚吧〉。這時，我單膝下跪向她求婚。她感動得哭了，我也是。我在泰晤士河畔安排了一張餐桌，在拉蒂說了「我願意」後，全植蔬食餐點送上桌，我們開始坐下享用。拉蒂以爲大張旗鼓的求婚儀式就到這裡爲止，我們起身回家，但在彎過一個轉角時，她赫然看到一輛白色馬車守在那。我們登上馬車，開始繞過全市主要的景點。她大聲喊道：「我訂婚了！」路人都爲我們歡呼。最後，我們前往拉蒂父母家，和他們分享這個好消息。

然而，從臉部開始，拉蒂沿路都在起紅疹。抵達拉蒂父母家時，她已經全身布滿了蕁麻疹。迎接我們的不是「恭喜」，而是：「妳的臉怎麼了？」就在那天，我們才發現她對馬過敏。

我以爲自己安排了一場完美的求婚儀式，但隨著時間過去，我才漸漸明白，我所有的點子都來自迪士尼電影和網路上瘋傳的求婚影片。

拉蒂眞的愛聽阿卡貝拉樂團的合唱嗎？是的，但她不愛張揚。她愛逛泰晤士河畔，或坐著馬車遊倫敦嗎？不盡然。和馬近身接觸、渾身長滿蕁痲疹，顯然不是她夢想中的約會場景。而且，鑽石戒指並非她心中的首選。拉蒂眞正想要的是什麼？她愛美好的全植食物。雖然我安排了一家很棒的餐廳外送到河畔，但送達時已經過了一段時間，嚐起來沒那麼好吃了。這個拉蒂會喜歡的環節，卻是我計畫得最少、執行得最糟的部分。更有甚者，拉蒂深愛她的家人。若是我考慮到這一點，安排他們從樹叢後跳出來給我們祝福，而不是選擇合唱團，或許會好得多。她愛的是這種驚喜才對。

我們還是很開心，我也十分幸運——拉蒂說了「我願意」，且對這一切毫無怨言。但我的求婚儀式稱不上是專爲拉蒂打造的。我總是看到別人用浮誇的浪漫之舉示愛，就以爲那就是唯一一種表達心意的方式。蕁痲疹正是一個委婉的提醒，暗示我其實不知道自己在做什麼。我該思考的是眼前這個我最重視的人喜歡什麼，而不是童話故事不斷拿來轟炸我們的畫面。

我這一生都被這些教我如何示愛的故事環繞。不只是我，大家都一樣。不論是在愛情還是其他方面，多數人總不自覺走在刻板的老路上。

絕大多數的異性戀伴侶是由男方求婚。在婚顧網站The Knot上，九十七％關於求婚的問題是準新郎貼的，[12]八成的準新娘會收到的訂婚信物是鑽戒。[13]根據《新娘雜誌》的市調，超過八成的新娘會穿白色婚紗，七十六％的女性會冠夫姓。[14]

核心家庭仍是美國最常見的家庭結構，五個美國人只有一個生活在大家庭——比例就跟一九五〇年代以來差不多。[15]七十二％的美國人生活在自幼成長的城市或附近。[16]即使自稱追求「開放式婚姻」的人數有攀升的趨勢，[17]仍只有四％至五％的美國人，是眞的在雙方同意下經營「非一夫一妻制」的婚姻關係。[18]

我爲拉蒂展示了故事書上的愛，但並不是這種愛維繫了我們的感情。童話故事、電影、流行歌曲和神話傳說，不會告訴我們如何每天實踐愛。要將愛落實到日常生活，我們得破除種種愛的迷思，重新學習愛對於兩個個體的意義。這就是爲什麼我在這裡分享我的不完美求婚故事。

我並非無所不知，也並未參透一切。關於愛，拉蒂教了我許多，我們都仍在學習。我將這本書中的一切和你分享，是因爲我知道這些法則有多實用。生命本就不完美，我們和伴侶都不完美。但重點不在於安排完美的求婚儀式，或建立完美的關係，而在於學習在不完美中摸索。我希望這本書幫助你找到方向。

LOVE

第一部

獨處：學習愛自己

第一階段是為愛做準備的「學生期」。

我們會在這裡學習如何獨處，並從過去的感情經驗中反思，學習如何改善下一段感情。在獨處中學習愛自己、了解自己、療癒自己，及照顧自己。我們要來感受什麼叫「atma prema」——對自己的愛。[1]

法則一　讓自己獨處

當你孤單一人或置身黑暗之中，但願我能讓你看到因你的存在而發出的奇光。
——哈菲茲，波斯詩人[1]

沒人想孤零零一個人，這點大家應該都同意吧。事實上，許多人寧可守著不幸福的感情，也不願自己孤家寡人。如果你在搜尋引擎輸入「我會找到……」系統就會預測你接下來要打的是「眞愛嗎」，因爲人對未來最常問的問題就是「我會找到眞愛嗎」。

這個問題暴露出我們對自己一人的不安、恐懼和焦慮，而妨礙我們找到眞愛的，正是這些感受。

多倫多大學透過一系列的研究發現，人在害怕孤單時，更可能委曲求全。[2]更精確地說，是指即使這段感情已經無法滿足我們的需求，還是會因爲依賴對方而不

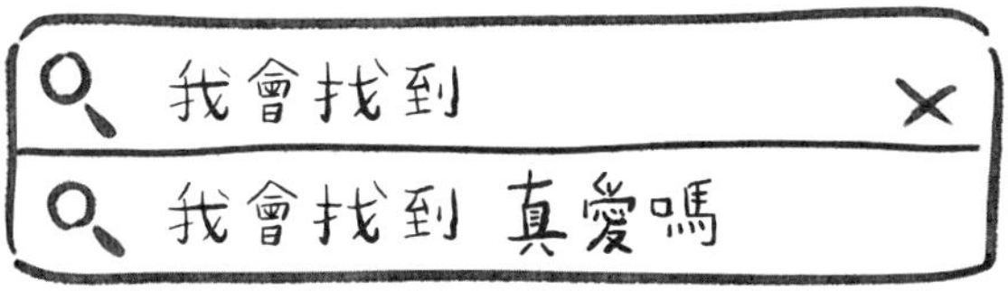

願分手。抓住一個對象看似是解決孤單寂寞的解方。人們不就是因爲沒對象才感到孤單寂寞嗎？然而，對孤單寂寞的恐懼，卻會干擾我們對情感的判斷力。

我的客戶里奧，跟女友伊絲拉交往近一年時，女方因工作關係，從費城搬到了德州的奧斯汀。伊絲拉對里奧說：「你應該做對自己最好的選擇。我想跟你說清楚，因爲我不確定我們有沒有未來。」里奧無法決定。然而，在伊絲拉離開後一個月，里奧搬去了奧斯汀。

「我的朋友大部分都有對象啊！伊絲拉不在身邊，我覺得自己跟單身沒兩樣。而且，我不想要一個人孤孤單單，所以就決定搬去她住的城市。」里奧的目的是避免孤單，而非搬家須面臨的利弊得失——他的工作該怎麼辦？離開了費城，他需要捨棄什麼？他在奧斯汀有認識的人嗎？他會喜歡那裡嗎？他搬去奧斯汀，對兩人的感情會帶來好處嗎？

里奧搬去奧斯汀的一個月後，伊絲拉提出了分手。里奧搬家是爲了逃避孤單。在奧斯汀他誰也不認識，從事遠距工作，反而感到前所未有的孤單。

要基於不安與心急選擇或維繫一段感情，還是要以滿足與喜悅爲基礎？在孤單寂寞的驅使下，我們急於投入感情，或守著錯誤的對象，以爲有比沒有好。

在單身時，或是有對象但一個人獨處的時候，我們應該把握時間了解自己——自己的興趣、喜好，以及價值觀。學會愛自己，就能培養出慈悲心、同理心和耐心，這些特質都可以用來愛人。如此一來，即使一個人也不孤單，反而能自在且自信地做出決定、聽從自己的心、反思自身的經驗——這就是做好準備愛人的第一步。

害怕落單

難怪我們害怕落單。

終其一生，我們都被灌輸了對落單的恐懼。

一個人在操場玩的小朋友？他一定是怪咖。慶生會那天，班上的小朋友都沒來？壽星一定覺得自己人緣很差。沒能攜伴參加婚禮？他怎麼會這個年紀了還單身。在青春校園電影中，一個人吃午餐的淒涼畫面是很常見的橋段，《男孩我最壞》[3]片中的邊緣人「史蒂芬．格蘭斯堡」，還因此被收錄進俚語字典，表示「學校裡每天自己一人吃午餐的那個小孩」。

外界一再向我們灌輸：要攜伴參加舞會、畢業紀念冊上要收集到很多簽名、要總是有一群朋友一起。

落單就等於孤單寂寞。孤單寂寞被刻畫成喜悅、成長與愛的敵人。我們想像自己被困在一座孤島，茫然、迷惘、無助，就像《浩劫重生》的湯姆．漢克斯，[4]只有一顆名叫威爾遜的排球聽他說話。孤島是不得已的選擇，沒人想到此一遊，更別提在這裡定居。

三年的僧侶生活中，我獨處的時間比這輩子加起來還多。僧院有很多僧侶，但我們大部分時間都在靜默與獨處中度過，當然也沒人談戀愛。情感上的獨立，培養及鍛鍊了我各種能力，而這些能力往往難以在感情的喜悅與壓力中養成。

舉例來說，第一次參加靜修營時，我很訝異不能帶ＭＰ３去聽。當時音樂就是我的生命，我無法想像在休息時間時不聽音樂。但靜修營過後，我卻發現自己愛上了那份沉靜。發現自己不需要任何娛樂也能過得很好。靜修營期間，我沒有受到談話、打情罵俏或期待的干擾，也沒有音樂或電子產品盤據我的心思。我的意念前所未有地專注在當下。

如果你沒做好某個階段的功課，人生會用各種方式迫使你回去重修。第一階段學生期的許多重要課程，都必須在獨處中完成。首先，來了解一下你平常會花多少時間獨處，獨處又帶給你什麼感覺吧。無論是否單身，這項基本的認識都很重要，可以看看自己有沒有好好利用獨處的時間了解自己、做好愛人的準備。

試試看

獨處狀況自我檢測

步驟一

追蹤自己一星期當中所有的獨處時間，也就是沒人陪伴的時間。這些時間不要用來看電視，也不要心不在焉地滑手機。我要你追蹤自己「主動選擇」單獨度過的時光，例如一個人看書、散步、靜坐、運動，或從事烹飪、逛博物館、集郵、玩樂高、創作等興趣的時光。不，睡覺時間不算。不用刻意安排獨處時間，目前只是在進行觀察而已。

在時間旁邊記下自己做了什麼，接著寫下沒人陪伴的心情是如何。一個人洗碗覺得愉快還是痛苦？是因為這件事讓你想起自己曾為心愛的人煮飯嗎？一個人散步覺得自在還是孤單？想想你為什麼覺得自在或不自在。哪些時候你覺得自己一人很自在？這項檢測的目的，是要在開始練習獨處之前，先檢視自己平時是如何度過獨處時光。

時間	活動	心情（自在／不自在）	（自在或不自在的）原因

步驟二

了解自己的獨處狀況之後，接著，開始每星期從事一項新的獨處活動。這步驟開始，我希望你能有意識地選擇度過獨處的方式。請挑選一種以往不曾或很少一個人從事的活動，例如：

- 看電影、表演，或是體育競賽
- 逛博物館
- 和餐廳預訂單人晚餐
- 在餐廳吃飯時暫時不用手機
- 爬山
- 為自己慶生
- 度假
- 自己出席派對
- 參加一次志工活動

・上一堂線上課程

接下來一個月，每星期嘗試一項單人活動，並在過程中觀察自己對這項新嘗試的想法。請利用下列問題，反思腦海中是否有浮現干擾你享受獨處的念頭：

・你過了多久才感覺比較自在？
・有人陪伴的話會有什麼不同嗎？
・你現在能自得其樂了嗎？
・會希望有人陪你一起嗎？
・會在活動中很難知道下一步要如何進行嗎？
・你會因為活動中其他人的反應，影響對這個活動的觀感嗎？
・（依活動而定）你是否會常忍不住在過程中想用手機、電視或podcast分散注意力？
・這次獨處的經驗，你喜歡的部分是什麼？
・一個人做這件事有什麼好處和壞處？

覺得單獨吃飯很彆扭，怎樣才能比較自在？或許你發現自己喜歡帶本書，或帶點工作去做，因為這樣就能沉浸其中，或覺得這段時間比較有收穫；也或許只要友善地和服務生寒暄，就能打開你獨自愉快用餐的開關。

獨自觀影時想念有人分享的感覺？這時不妨為自己找個新的表達方式，像是寫部落格、到相關網站留言，或寫篇和這部電影有關的日記。參加課程也是一樣。學習到什麼？喜歡什麼內容？重上一次的話，會想改變什麼？也可以用錄音的方式說說自己對這堂課的感想。與人交流看電影、參加課程或聽演講的心得很好，但自己一個人去也很好，這能幫助我們在不受他人的影響下，鍛鍊自己的想法和觀點。

不習慣一個人爬山？試著為自己設定一個輕鬆、有趣的目標吧。可以是體能上的，像是用最短的時間爬完某段路；也可以是尋寶或拍照之類的，找件吸引你注意力的東西帶回家，或是拍張可以留做紀念或貼到社群媒體上的美照。

這項「單飛練習」是為了幫助你和自己相處起來更自在。學著不受他人的影響了解自己的喜好，也學著和自己對話。

自得其樂是孤單寂寞的解藥

神學家保羅．田立克說：「人類創造了『孤單寂寞』一詞來表達獨處的痛苦，也創造了『自得其樂』一詞來表達獨處的美妙。」[5]孤單寂寞和自得其樂，是我們看待和度過獨處時光的不同觀點。認爲自己孤單寂寞，容易使我們在不安之下做出壞的決定；能夠自得其樂，則易於讓自己保持開放與好奇。

因此，享受獨處是我們建立愛的基礎。獨處不是愛的無能，而是愛的起點。

無人相伴的時光，能讓我們以有別於以往的方式過日子，對自己與世界都更觀察入微。在一項研究中，研究人員發給五百多位參觀美術館的民眾一雙特殊手套，手套會監測參觀者的活動模式，記錄心率之類的生理數據。數據顯示，當參觀者沒有與同伴交談時，對藝術品的情緒反應更爲強烈。如同研究人員的分析，獨自參觀的民眾更能「五感全開、觀察入微，深入展覽的堂奧」。[6]

研究人員也邀請民眾在參觀前後填寫問卷。結果顯示，相較於獨自參觀的民眾，團體參觀者在思想上受到的激盪，與在情感上獲得的感動皆較少。當然，輕鬆觀看、開心閒聊沒什麼不好，但想想這些團體參觀者錯過的啓發，再把同樣的道理套用在日常生活中。總是被人群包圍，將讓我們錯過不只是一場美術展覽的細膩之處，還有省思及了解自己的機會。

事實上，研究顯示，無法獨處顯然更難學到東西。在《心流》中，作者米哈里．契克森米哈伊寫道：「目前我們針對天才少年的研究顯示，許多孩子的天賦之所以未能發展成專長，不是因爲他們有認知缺陷，而是因爲他們無法承受獨處。」[7] 契克森米哈伊發現，無法獨處的孩子較難養成寫作或彈奏樂器等創意技能，因爲這類技能的鍛鍊，往往在獨處的狀態下進行最有成效。[8] 如同這些天才少年，避免獨處將讓我們難以培養出各種能力。

從孤單寂寞到自得其樂之道

獨處本身無法帶給我們經營感情所需的能力。決定要藉由獨處了解自己，不代表就做得到。但如果能做到，確實能透過獨處的時間，以多種方式做好去愛的準備。別忘了，在一段健康的感情中，對自己的個性、價值觀和目標有清楚的了解，才能處理好兩個不同的人的生命交集。因此，在走出孤單寂寞、邁向自得其樂的路

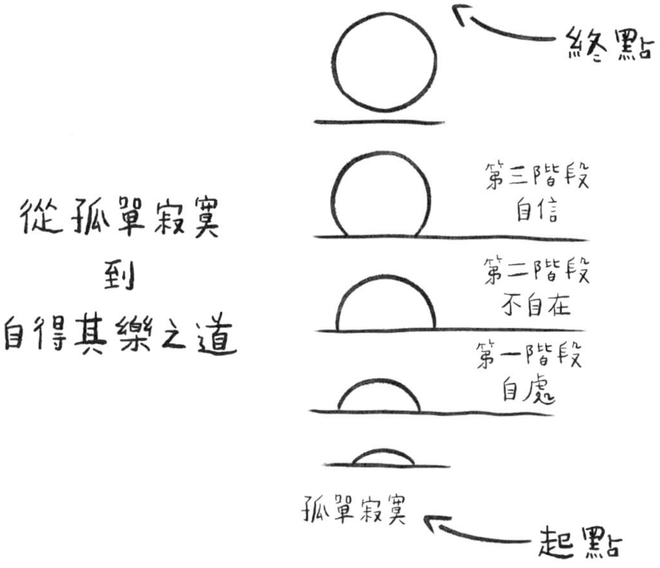
從孤單寂寞
到
自得其樂之道
終點
第三階段
自信
第二階段
不自在
第一階段
自處
孤單寂寞
起點

上，我們需要的是探索自己的個性、價值觀和目標。

從孤單寂寞到自得其樂有三個階段：自處、不自在和自信。

自處

善用獨處時光的第一步是和自己相處。

即使沒和別人在一起，我們也經常很忙碌，心思被各種事情占據，跟自己很疏遠。若能注意到自己的感受、意識到自己所做的決定，我們就能了解自己心中的優先順序和價值觀。我們所做的各種決定，正取決於這些價值觀。跟自己相處、認識自己的價值觀，可以讓我們了解自己是誰、想清楚這是否是自己想成爲的樣子。一生中，我們花最多時間相處的人就是自己。利用獨處的時間欣賞自己的優點、承認自己需要改進的地方，在進入一段感情時，就能清楚自己可以爲對方帶來什麼，以及自己有哪些可以改進的地方。我們很少思考「自知」對一段感情的重要性，但有自知之明，就代表我們可以克服自己的弱點，並發揮自己的優點。

試試看 了解自己的價值觀

在這個練習中，我將帶你一一檢視自己在生活各方面的選擇，是否符合自身價值觀。有沒有哪些習慣想改變？你可以看看下列各分類項的描述，是否符合你對事物的想法，如果不符合，也可以另行寫下你的狀況。無論這些部分你是喜歡還是想改變，對自己的了解越明確，就越知道該如何調整。

時間的選擇

・社群媒體：我喜歡記錄自己的生活給朋友看。／經營社群媒體非我所好。／我喜歡專注在當下。

・週末／旅遊：我想到處看看這個世界。／如果有空閒時間，我只想放鬆或休息。

・約會夜：我喜歡在家下廚和對方一起享用。／我喜歡兩人一起出去逛逛。

・電視：每天晚上我都會打開電視東看西看。／我總會慎選節目，只守著愛看的頻道。

．準時：我向來很準時。／我常常遲到。

．計畫：我喜歡規畫，而且一定會照著做。／我不喜歡被計畫綁住。

生活習慣

．紀律：我是有條不紊的人，從不遲繳帳單。／但願我能再有條理一點。

．運動：我很好動，或我會為了健康運動。／我找不到運動的動力。

．食物：我吃得很健康，或盡量追求健康。／人生苦短，美食萬歲。

．睡眠：我只要能賴床，就會睡久一點。／我總是早睡早起。

金錢

．個人開支：我的目標是替未來存錢。／只要有錢，我就會花掉。

．度假：我喜歡奢華的行程。／我是省錢背包客。

．房子、車子、衣服：我覺得簡單就好。／我喜歡精緻的東西。

．購物：我買東西很隨性。／我向來精打細算。

人際互動

・朋友：我喜歡和一群人聚在一起。／我比較喜歡一對一相處，或和自己獨處（如果是後者，你可就命中本書要談的法則了。）

・家人：我會盡量多跟家人見面。／逼不得已時，我才會和家人見面。

・談話：我各種話題無所不聊，而且喜歡說得鉅細靡遺。／我只說重點。

了解自己的價值觀，就能確保伴侶尊重你的想法。不尊重彼此的價值觀，雙方也就較難理解對方的選擇和決定，就可能導致誤會與衝突。即使價值觀不同，也不必相互爭吵或爲自己的想法辯護，但我們確實必須了解自己的價值觀，才能尊重自己，也需要了解伴侶的價值觀，才能尊重對方——反之亦然，伴侶也需要理解你和他自己。

不自在

如果不習慣獨處，剛開始可能會覺得渾身彆扭、很不自在。獨自面對自己的思緒也可能很難。或許會覺得自己一人沒什麼事可做，或不知該拿自己怎麼辦，感受不到獨處有什麼好處。

爲了習慣獨處，一開始我們可以給自己一些小小的挑戰，例如我在前面提出的單飛練習。同時，我們也要給自己更大的任務，及更深刻的體驗。

試試看 善用一個人的時間

你有什麼想嘗試的新鮮事嗎？以下提供了三種方法，希望能幫助你利用獨處的時間多了解自己一些。請選出最吸引你的一項（這個活動同時也希望幫助你了解自己的喜好），也可以自己想一件吸引你的活動。

學習一項需要數週、數月，或更久才能學會的技能

例如，報名一直想去的歌唱課、溜冰課，或加入自居家隔離期間開始流行的料理熱，學習自己烤出酸種麵包。這項技能吸引你的是什麼？為什麼等到現在才學？學會新技能對你的自信和自我價值感有什麼影響？它符合你心目中的

自我形象，或你想成為的人嗎？不一定要一個人練習，也可以找老師學，例如向音樂老師學習樂器演奏。重點在於為自己創造在獨處中思考的機會，透過這個新活動，你對自己有了什麼新的了解？

一個人旅行

藉著規畫一個人的週末之旅來了解自己。你很快就會知道自己有多獨立。這是一個很棒的練習，尤其如果你先前很害怕一個人出門的話。

試著觀察在過程中，自己是：

- 很猶豫／很果決
- 行李很輕便／打包了一大堆東西
- 行程很鬆／行程很滿
- 覺得滿足／覺得無聊
- 整齊／凌亂
- 規畫完善／隨性而為

我通常會：

- 在心裡跟自己對話，還是什麼也不想、保持安靜無聲？
- 對自己的選擇是確定還是懷疑？
- 覺得很不自在，還是自信滿滿？
- 旅行這件事的哪些部分最吸引我？
- 下一站想去哪裡？

去做一件不曾做過的工作

如果有全職工作，這件事可能不好安排。但如果忙得過來，不妨去嘗試一個不同型態的工作：到圖書館當義工、報名當共乘司機、服務生、保母、老師……都可以。先說清楚——很多工作都需要與人互動，但重點在於，這是你自己做的決定，你自己一個人去，也自己一個人反思這次經驗。

透過這次經驗，你對自己有什麼發現？

- 無論做什麼工作，自己有什麼不變的特質？
- 挑選工作的標準，是自己一直很好奇的工作，還是能賺取越多額外收入越好？
- 喜歡跟人合作，還是獨立作業？
- 喜歡上級給出清楚的指示，還是自己想辦法完成任務？
- 事先請示和先斬後奏，你是哪一派？
- 這份工作讓你活力百倍，還是覺得很累？
- 在往後的人生中，你想繼續發展這個新的工作機會嗎？

多了解自己、知道自己喜歡什麼，可以讓我們在獨處時更自在。我們會更樂於把時間用在追求自己的興趣，不須總是依賴同伴作爲安全網。我們選擇的活動和從中得到的自我認識，不只能讓我們更了解自己，也有助善用獨處的時間。

自信

一旦適應了獨處，我們就能培養自信。牛津線上語料庫字典將「自信」定義爲：基於對自身能力或特質的欣賞，而產生相信自己的感覺。[9]在感情中自信很重要。有了自信，和伴侶談話時，才不會一味尋求對方的認可，對自己的觀感也不會仰賴於對方的反應。當我們的喜好和選擇不求伴侶認同時，我們就能對伴侶出於善意的意見心懷感激，但不受到誤導或干擾。

缺乏自信會讓我們覺得自己不可愛，但我可以和你保證，你很可愛，雖然這並無法讓你體會到自己的可愛。建立自信的辦法，是針對自己重視的部分多下功夫，讓自己討厭的地方，就想辦法改進。

我們總是有兩個選擇：改變心態，或改變自己不喜歡的地方。養成自我評估的習慣，努力改善自己的人生吧。

多數人在立定目標時，考慮的都是外在成就，例如要達到財務自由或是買房子。但在底下的練習中，**我們要達到的目標主要是成長，而不是成就**。知道自己的目標有助我們爲愛做好準備。到時候，和可能的對象聊到人生目標時，你就可以解釋為什麼這些目標對你很重要。對方可能會表示支持、否定或不置可否。如果對方沒注意，你可以特別提出來，跟對方強調：「這對我來講其實是一個很重要的目標，原因在於……」伴侶不只要尊重你的目標，也要尊重你追求這些目標的原因。

別忘了，在兩個人的關係中，除非你採取行動實現目標，否則對方不會知道這件事對你真的很重要。有時，你得開始著手進行才能完全令對方信服。但無論如何，如果不知道自己的目標，也就沒辦法知道雙方的目標合不合得來了。

試試看　找出自己最需要成長的地方

讓我們從個性、情緒健康、身體健康、人際關係和金錢五個面向，三百六十度零死角檢視一下你的人生。選出最符合你的敘述，選完之後看看自己的情況、想想自己希望達到的目標，最想在哪一方面有所成長？

個性

a. 我不喜歡自己。

b. 別人喜歡我的時候，我就喜歡自己。

c. 不管我有什麼缺點，我都很欣賞自己，並且努力改進。

□ 我對現況很滿意。□ 我想改變。

情緒健康

a. 我常常覺得焦慮不安。

b. 為了把事情完成，我會先拋開個人情緒。

c. 我了解自己的情緒，且會努力調適心情。

□ 我對現況很滿意。□ 我想改變。

身體健康

a. 我不注重或不喜歡自己的身材。

b. 我積極健身，因為我很重視自己的外表。

c. 我欣賞自己的身材，也懂得好好照顧自己。

□ 我對現況很滿意。□ 我想改變。

人際關係

a. 我對某些人際關係很沒有安全感。
b. 我需要靠別人的陪伴帶給我快樂。
c. 我付出心力經營人際關係，好讓這些關係有所成長。

□ 我對現況很滿意。□ 我想改變。

金錢

a. 想到錢，我就擔心又焦慮。
b. 想到錢，我的興致就來了，野心也被點燃了。我嫉妒那些錢比我多的人。
c. 想到錢，我覺得很滿足。如果有什麼不滿足的地方，那就是我想賺得更多也給出更多。

□ 我對現況很滿意。□ 我想改變。

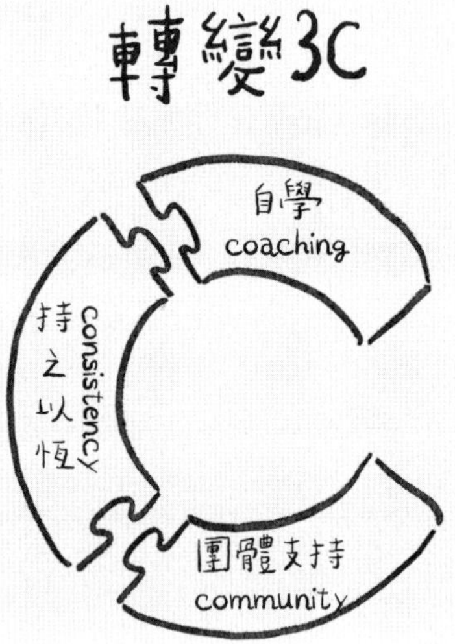

如果你一直都有亂花錢的毛病，發現自己最需要改進的是財務問題，獨處的時候就可以針對這件事採取行動。關於如何循序漸進實現目標，我可以寫出一整本書來，但先用「轉變3C」來研擬一套成長計畫，是很好的第一步。

1. 自學

我們活在一個很容易就能在網路上找到專家和資訊的世界。開始上網去找豐富的資源來幫助自己改變吧！找一本書，或是找相關的podcast、課程、朋友、專家、TED演講、線上講座或影片。你會發現，這些資源多數都會教你把目標拆成可以實現的小步驟，集中火力對付曾覺得應付不來的挑戰。

2. 持之以恆

針對要解決的問題，已收集到的資訊擬定一套可持續的計畫，訂出一個年底可達成的目標。這個目標應以「行動」為重，而不是「成果」；也就是說，目標不建議設為「賺一百萬」，「在財務方面持續努力追求成長」才是比較適合追求的目標。

3. 團體支持

找一群能支持你為目標努力的夥伴。天下之大，每件事都能在網路或實際生活中找到支持團體。找一個有各種成員跟你處境相同、正處於改變過程，以及已成功改變人生，可提供經驗參考的團體。看你比較喜歡能激勵自己的團體，還是資訊豐富的團體，抑或兼具這兩種特點的團體。誰知道呢？說不定你會在那裡遇到未來的伴侶。

研究顯示，有自信不只能開創更令人滿意的職涯、[10]擁有更健康的身心狀態，[11]也預告了更良好的人際關係，及更美滿的感情。[12]你或許會納悶：難道不是反過來嗎？不是美滿的感情提升我的自信嗎？聽起來好像有道理，但研究卻顯示出相反的結果。事實上，有自信的人，就算感情觸礁也無損他們的自信。他們不認爲感情生活的幸福與否，直接反映了他們的自我價值。

獨處的收穫

度過充實的獨處時間，能讓我們開始了解自己的個性、價值觀，以及目標，養成經營感情的各個階段需要的多項特質，爲愛做好準備。

獨立思考

我們養成不受他人想法影響的能力，學會以自己的眼光看待和認識自己。著名的墨西哥女畫家芙烈達．卡蘿曾說：「我畫自畫像，是因爲我常常一個人獨處。」[13] 自畫像不就是一個人對自己的研究、一種將自我認知具象化的嘗試嗎？獨處讓我們成爲自己的學生，更了解自己的複雜與多元。

我朋友瑪莉住的第一間公寓，她和室友時不時就會碰到大蟲子滿天飛的問題。

瑪莉坦承：「我實在處理不來。幸好室友伊凡是個殺蟲高手。回家要是看到蟲，我寧可再出門去喝一杯，等伊凡回來收拾牠。」後來，有一次伊凡度週末去了，星期五晚上（瑪莉一個人度過的第一晚）回到家，她就發現房間裡有隻蟲，而且是在她的枕頭上。「我連忙打電話給伊凡。她叫我揮開牠，但我就是不敢。我坐在那裡，盯著那隻蟲好久，心想，我那麼喜歡蝴蝶，怎麼就這麼討厭蟲呢？這也太偏心了。接著，我打開窗戶，用掃帚輕輕把牠趕了出去。」短短一瞬間，小小的一隻蟲，讓瑪莉對自己多了點認識。若是繼續讓伊凡替她解決問題，瑪莉永遠不會對自己有這層認識。

一個人的時候，一切得靠自己。得想清楚自己在乎什麼、試著了解自己是怎樣的人，也學習自己面對挑戰。當然，我們可以歡迎別人伸出援手，但最好不要將希望寄託在別人身上，或依賴別人的幫忙。

讀過我第一本書《僧人心態》的讀者或許有印象，《薄伽梵歌》是我最常引用的文獻之一。作爲將近三千年前的《摩訶婆羅多》的一部分，《薄伽梵歌》是戰士阿周那和天神克里希納在戰爭前夕的對話。聽起來和現代人似乎沒什麼關係，但《薄伽梵歌》是《吠陀經》中最類似我們這個時代的「勵志書」了。在《薄伽梵歌》中，克里希納說：「喔，阿周那，人的感官何其強大、何其衝動，即使是一個明辨是非的人極力控制自己，他的心也會被感官強行帶走。」[14]換言之，只要一不小心，我們就可能受到膚淺或虛假的東西吸引。我們必須訓練自己，不要一眼就愛上全場最迷人的那個人，或立即地信任對方，忘了自己根本不認識、不了解這個人。

獨處能幫助我們駕馭感官與自己的心。獨處時，我們要處理的只有一顆心、一副思想。這年頭，一切都在爭取我們的注意力。我們的感官不斷受到過度刺激，不只是人，也包括大量未經過濾的資訊。置身於這些雜音，讓我們失去分辨重要事物的機會。俗話說，愛是盲目的，被感官刺激淹沒的我們是看不清楚的。感官會不斷把我們吸引到最新、最好、最炫的事物上，不給我們先思考一下的機會。

感官不會做出最好的選擇。

《薄伽梵歌》說：「如同強風捲走水面上的一艘船，人心只要受到感官吸引，隨便一個飄忽的感覺，都能捲走一個人的理智。」[15]受到吸引沒什麼不對，但我們很容易被看起來誘人、感覺很好，或聽起來不錯的東西迷惑。獨處能讓我們學會在感官刺激及明智抉擇之間創造思考空間。

如果我們不斷找一個人來愛，或一直把重心放在伴侶身上，就沒辦法專注在自己身上、好好地了解自己。不了解自己，就可能被伴侶的喜好和價值觀牽著走，無意間使伴侶的看法也成爲了我們的看法。

我們或許會基於欣賞而接受某個人的看法，例如欣賞一位廚師的廚藝，因此欣然接受他的指點。但如果是因爲不了解自己，而按照別人的意思來塑造自己，那可就不是我們想要的了。在諮商輔導的過程中，我遇過許多客戶，和伴侶在一起都二十多年了，才發現自己早已迷失自我，因爲他們把對自己的認識「外包」給對方了。若是能表明自己的喜好，伴侶雙方才能有自信、有主見地結合彼此的喜好。

獨處時做的決定，讓我們爲自己想要的生活以及愛與被愛的方式，訂下了自己的標準。有了一個人的空間，由自身觀點出發、寫自己的故事，我們就能漸漸擺脫電影、書籍、父母、監護人的影響，或伴侶的期望，釐清自己對愛的看法。

獨處讓我們了解到，無論是戀愛前、戀愛中、戀愛後，「自己」永遠在最前面，即使有人愛、有人陪，我們也能走自己的路。如此一來，當我們的故事和別人的故事交會，就不會根據一時的迷戀做出決定，也不會盲從別人對愛的看法，或因爲不知道自己想要什麼，而被動地任由事情發展下去。相反地，我們會慢慢表達出自己抱持的標準，看看彼此的標準是否合適。再次獨處時，我們還會繼續反思、繼續精進。

自制和耐心

人在獨處時學到的兩個關鍵能力，就是自制和耐心。兩者相輔相成。自制力越強，就越有耐心。缺乏這兩種能力，將使自己很容易被感官牽著走，無論吸引我們的是什麼。

自制是我們在「受到吸引」和「做出反應」之間創造的時間與空間。上師仁增息波寫道：「欲望是我們向外投射到他人或物體上的東西。我們以為它存於外、存於我們渴望的人事物上，但欲望其實存於我們的體內和心裡。這就是為什麼我們會被欲望所產生的感覺牽動。」[16] 如果能將渴望的感覺及渴望的對象分開，我們就能比較不受欲望的控制、不再被感覺牽著鼻子走，退一步從較為抽離、不那麼急切的角度觀看。我們創造出的距離給了自己自制力，確保我們做出的反應符合自己想要的樣子。而對自己的認識更強化了這種約束自己、跳脫來看的能力。

獨處給了我們「受到吸引」和「做出反應」之間的時間與空間。

讓我們自問：這對我來說眞的健康嗎？這對我有幫助嗎？長遠來看，這對我是好的嗎？我們養成停下來問自己這些問題的自制力，也養成花時間回答這些問題的耐心。我們學會區分一時的快感和長久的充實感。對我們有益的事物往往是先苦後甘的，運動是最明顯的例子。同樣的道理也適用於一些更複雜的決定，例如放棄在假期去幫朋友搬家，或結束一段明知沒有未來的感情。對我們有害的事物，則往往是先甘後苦的。想想，吃一大塊巧克力蛋糕是多棒的主意，但這麼做其實對健康並無益處。同樣的道理也適用於一些更重大的決定，例如因爲不想一個人參加婚禮就攜伴前往，即使明知這麼做會讓人誤會。

完整的自我

社會不斷灌輸我們要去找「另一半」，或一個讓我們更「完整」的伴。意思是我們就只有一半嗎？沒有伴侶就不完整嗎？即使只是不經意說出口，諸如此類的用語，也會陷我們於依賴之中，而對別人的依賴是永遠無法滿足的。基本上，這就像在向伴侶尋求一切的解藥：「好無聊喔，我們要做什麼。」「好累喔，幫我想想該如何振作起來。」「氣死人了，幫我想想辦法啊！」「我好沮喪，快安慰我。」

「我不開心，快逗我笑。」我們把伴侶當成眞人萬靈丹，總是期待他們帶來立即的解脫。

這種期待也不完全是錯的。伴侶之間確實會產生交互作用——你的身體變化牽動著對方的身體變化，反之亦然。神經學家麗莎・費德曼・巴瑞特寫道：「和自己在乎的人在一起時，你們的呼吸會變得同步，心跳也是。」[17]這種同步作用，從我們還小的時候就開始了，一直持續到長大成人。嬰兒時期，我們的身體會與照顧者的節奏同步，接著才學會自己調整節奏。但正如巴瑞特所言：「對你的神經系統最好的是另一個人，對你的神經系統最不好的也是另一個人。」與別人同步既能讓我們受到好的影響，也能讓我們受到壞的影響。這就是爲什麼我們需要自我調適、自我安慰、自我冷靜，或自我激勵。如果我們總是要別人幫忙調節自己的情緒，就會一直處在嬰兒般的狀態，無法靠自己安慰及支持自己。運氣好的話，難過時伴侶會知道如何安慰你。旁人是可以幫忙，也確實會來幫忙，有人幫忙的感覺很好，但不見得是我們需要的。如果有人和我們保證一切都會好起來的，這話聽起來很順耳，得到愛與支持的感覺也很好，但我們眞正需要的可能是一個人靜一靜，想清楚如何改善自己的處境。

期待別人滿足我們之前，我們最好先在獨處中練習自己滿足自己。你對自己好嗎？你對自己誠實嗎？你有沒有照顧自己的情緒？你肯定自己的努力嗎？不需要現在就回答。獨處的時間越多，會越知道如何回答這些問題。旁人多半是藉由觀察我們對待自己的方式，來決定如何對待我們。你怎麼說自己，別人就怎麼跟你說話。你讓別人怎麼對你說話，別人就覺得你值得怎樣的說話方式。

你跟別人的關係不會治好你跟自己的關係。

心理師、朋友和伴侶，或許能幫助我們釐清和處理傷心難過的原因，但許多人還是覺得伴侶不了解自己。我們的文化常常鼓勵我們把了解自身感受的責任交給別人。我們期待別人了解自己的心情，即使我們自己都不明白。別人可以幫忙，但如果不試著了解自己，沒有人能代替我們做到這件事。我們都聽過朋友說「你說的對」「你說的有道理」「我應該聽你的」，但你聽得出來，他們沒有要採納你的建議，他們得靠自己想通才行。

希望伴侶解決自己的問題，就像找人替你寫期末報告。我們得自己去上課、學習課堂知識、把報告寫出來，否則什麼也學不到。你可能會想：「好極了，哪裡有教我如何過得有意義的課？幫我報個名吧！」

但你已經在上這門課了。這就是獨處的意義。以完整的自己進入一段關係，不求伴侶來完整自己，彼此才能眞正地相知、相愛。你知道自己喜歡怎麼安排時間、什麼對你來說是重要的、你想如何成長。你有自制力，可以等待一個能和你幸福作伴的人出現。你有耐心欣賞已經跟你在一起的人。你明白自己可以爲別人的人生帶來價值。在這個基礎上，你就可以無所求、無所懼地付出愛。

當然，我們確實能從人際交流中得到療癒，但善用獨處時間是一個很好的開始。我們要的是和對方**一起**踏上旅途，而不是讓對方成爲我們的旅途。

獨處的階段是要幫助我們學習愛自己。不學著從獨處中了解自己，不會知道自己哪裡可愛，也不會知道自己有什麼可以付出。在日常生活練習獨處，正是在做好和別人在一起時也不迷失自我的準備。「獨處」是本書最難學的一門功課，也是本書最重要的一條法則。

在獨處中學著更了解自己的每一步，都將對愛別人帶來幫助。因爲除了知道自己能爲對方帶來什麼以外，學習了解自己和愛自己的過程，本身就能幫助我們明白愛別人需要的努力。我們爲了解自己所做的努力，能讓我們明白了解一個人有多難，即使對方是我們在乎的人。

或許，獨處最寶貴的一課，就是讓我們明白自己並不完美，而這又讓我們做好愛別人的美和不完美的準備。

法則二
不要忽視業力給的教訓

不要被別人牽著走，喚醒自己的思想，累積自己的經驗，決定自己要走的路。

——《阿闥婆吠陀》1

艾密特在一次靜修營中認識了強尼，兩人一拍即合。艾密特說：「這像是世上最自然的一件事。約過幾次會後，我們開始每個週末都在一起。他說他愛我。」

但在一起才三個月，強尼就提出了分手。

艾密特告訴我：「這是第三次有人跟我說他『沒辦法給我我想要的』，可是我要的只是一段認眞的感情啊！」說起來也沒錯，艾密特要的確實不多，但業力不是艾密特或多數人想的那樣。

業力是因果定律。每個行動都有後果。

換言之，目前的選擇不分好壞，都會決定未來的遭遇。「業力」的意思被普遍認爲是「惡有惡報」，例如現在有人跟你分手，是因爲以前你跟別人分手。事實上不是這麼一回事。業力的關鍵在於**我們做決定時的心態**。在做決定或採取行動時，無論有沒有想清楚，我們都會得到相應的後果。

瞞著女友偷偷參加派對，卻在派對上碰到她最好的朋友，女友被告知你出現在派對，因此很難過——這就是業力的因果報應。做出決定，就必須承擔這個決定的後果。因果報應的目的不在於賞罰，而在於教我們一課——以派對這個例子而言，因果報應要教你的是坦誠。我不希望你將世上的每件事，不分好壞都歸諸於業力。這麼想沒有好處。

將業力視爲一項工具，會比將業力當作一種解釋更好。這能讓你將過去的經驗視爲工具，爲現在做出最好的選擇。

業力循環

業力始於銘印。從出生那一刻起，我們就受到了各種決定：環境、父母、師長、朋友、學校教育，到宗教的教誨，浸淫在各種塑造我們的資訊與經驗中。

這些外來的影響不是我們的自由選擇，但我們會觀察並吸收它們的訊息。梵文的「銘印」是संस्कार（Samskara），[2]我們從小就從外界收集各種銘印。外來的銘印影響著我們的思考、行爲，和反應。當銘印越來越強，就會開始塑造我們的決定。如果你自幼學到的是先把鮮奶倒進碗裡、再把早餐穀片加進去，這就會成爲你的習慣。後來你搬出去住了，室友跟你說這樣不對，先放穀片再加鮮奶比較合理。這下子，你就得做個決定了。是堅持自幼養成的銘印，還是試試不同的做法？隨著年齡增長，透過選擇自己想看什麼、想聽誰的，我們有了主導這些銘印的智慧，也有了重新審視、調整，及捨棄過去的銘印的機會。

小時候是別人替你做決定，這些決定成爲銘印。

長大後，你用這些銘印來爲自己做決定，這些決定將產生連帶的效應、後果，或下場。

如果對結果很滿意，你可能就不會想改變自己的銘印；但若是不滿意，你可以重新審視自己的銘印，看看它是不是誤導你了。若是如此，你可以形成一個新的銘印，打破舊的循環。新的銘印帶領你做出新的決定，你將從這個新的決定得到新的結果。

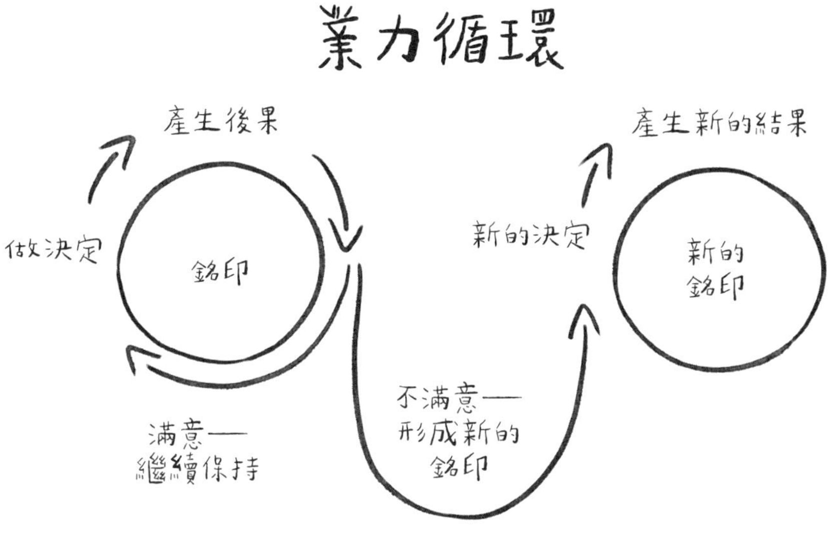
業力循環
產生後果
做決定
銘印
滿意——
繼續保持
不滿意——
形成新的
銘印
新的決定
產生新的結果
新的
銘印

這就是業力循環。[3]

我們應該要從業力的循環中學到東西，並用它來當成做決定時的參考依據，但這並不容易。人生很忙，我們以為從前學到的就是事物的眞理。但說到愛與早餐穀片，從前形成的「銘印」可能對我們產生誤導。

業力與感情

我有位客戶的前男友，在她心裡留下了銘印。前男友的事業心很強，很努力地想在新跑道上站穩腳步。她欣賞他的衝勁，同時也不滿他總是不在身邊。

後來，這位客戶遇到一個對她關懷備至的人。第一次約會結束時，對方隨即約了下次見面的時間。從那之後，他就總是繞著她打轉——傳簡訊、約見面、問候她的一天過得如何。這不就是她要的嗎？不出幾星期，他們就幾乎成天膩在一起。然而，幾個月後，她恍然大悟。這不是關懷，是占有。對方的關注是出於不安，而不是愛。他的占有欲很強，深怕她會離開他。

我的客戶根據銘印做了決定，但她的觀點不夠廣闊，只關注在缺少陪伴這件事。業力法則給她上了一堂課，告訴她這個銘印的反作用力。其實她不需要、也不想要男友無時無刻將全副注意力放在她身上，只要兩人一起時，彼此都專注於對方就夠了。在前後兩段感情中，這位客戶藉由業力，釐清了自己對理想伴侶的想像。

早年形成的銘印告訴我們愛應該是什麼樣子。什麼特質吸引我們、什麼特質對我們沒有吸引力；我們應該如何對待別人、又該受到什麼對待；對方應該從事什麼專業；誰應該為晚餐買單……一切都受到銘印的影響。如果不知道自己的銘印是如何形成、做出決定的根據是什麼，就會不斷重複相同的因果循環，讓同樣的銘印導引出相同的選擇。

我們愛人的方式，會呼應我們被愛的方式。若能循著銘印的脈絡觀察，就能明白這些因果的源頭，有機會以智慧創造出新的銘印。舉例來說，如果明白「製造罪惡感」的循環是怎麼形成的——之所以故意造成伴侶的罪惡感，是因為從前母親會故意造成我的罪惡感——有了這層領悟，就有機會打破這個循環。兒時種下的銘印不由我們決定，但了解這些銘印是如何形成，正是釋放自己的第一步。

根據新銘印所做的選擇，將是出於自己的意識，我們可以看看自己是否更喜歡新的結果。如果兒時父母的關係不穩定、相處起來總是很火爆，我們就很可能會留下銘印，以為愛就是這樣。但如果我們很清楚自己不喜歡那樣的相處模式（有時即使年紀很小，也能早早意識到自己不喜歡的事物），我們就會創造出新的銘印，知道自己要找的愛和父母示範的愛截然不同。如此一來，我們就會以避免火爆場面爲優先。

新的銘印可能會帶來新的挑戰——我們可能會過於保守、可能會一心想著「不想要的」，卻忘了思考自己「想要的」是什麼。但我們確實已經有所覺察，將自己從最初的銘印底下釋放出來，有機會透過試誤創造出新的銘印。我們之所以選擇不對的人、在感情上重蹈覆轍，是因爲我們從過去帶來的銘印。我希望大家都能從經歷中學到如何做決定，而不是無意識地被過去牽著走。

業力是一面鏡子，讓我們看見各種選擇帶來的不同結果。爲了掌握銘印造成的影響，首先要認清這些銘印，這麼做有兩個原因：一來是從經歷中學習，藉以修復過去；其次是認清過去的銘印，將有助我們不再走上同樣的路。

挖出心裡的銘印

早年愛的經驗，形塑了我們對感情的期待與渴望。想想，自己最早是從哪裡學習到愛應該是什麼樣子，以及什麼感覺。最強烈的影響，可能源自我們從父母或監護人身上目睹的愛、他們給出和沒給出的愛、最早看的愛情片、第一場認眞的戀愛。在追尋愛的過程中，我們總會下意識地試圖重複或修復過去的經驗，要麼仿照過去、要麼引以爲鑑。但我們往往賦予這些早年的影響過重的分量。無論好壞，過去都影響著我們的選擇、干擾著我們的判斷，影響力超乎我們的想像。

就我所知，觀想是穿越到另一個時空最好的辦法，就讓我們從觀想開始：試著放下對自己的認知、潛入自己的潛意識。

試試看　年少的我靜心冥想

試著挖出自己過去的銘印，釐清這些銘印如何影響你對愛的想法。請了解這麼做只是為了找出早年影響我們的情感模式，而不是要指責或嘉獎誰。

可以將這個冥想練習當成考古探勘。我們要來挖掘古物——有些寶物埋得很深、有些若隱若現，也有些根本沒有價值。它們顯示出從前的多姿多采及累累傷痕，關於人生，它們有很多東西要教給我們。

訪問十三、十四歲的自己，找出當時未能解決及未能滿足的渴望。給年少的自己需要的話語、智慧，及擁抱。抱一抱年少的自己。有什麼話是當時的你需要聽到，卻沒人對你說過的？

你很美／你很帥。

你很勇敢。

相信自己。

你會好好的。

你才不笨呢！

年少的你會怎麼回話呢？

謝謝你回來告訴我這些。

別給自己那麼大的壓力。

你應該要重拾唱歌的興趣。

談話結束後，給年少的自己一個擁抱，謝謝他給你的建議。

在我帶人做這個靜心冥想時，多數人都從年少的自己身上發現了某種不安，而那個年少的孩子依然還在他們心裡，依然在為一樣的自我懷疑掙扎。

有一次，一位男士在做完這個靜心冥想後告訴我，年少的他看著現在的他說：「拜託一下，老兄，別難過了，振作起來，向前走吧！」在我感覺起來，年少的他就彷彿在說：「堅強一點。男子漢大丈夫，沒什麼擺不平的。」他下意識在保護自己的脆弱。有時我們的傷痛埋得很深，自認沒有需要醫治的創傷，事實上卻是傷口深到連自己都看不見。我們不知道是時候該好好檢視一下自己的狀況了，卻仍咬緊牙關告訴自己沒事。

時間快轉到一年後，這位男士突然傳訊息給我：「我發覺我對自己和我愛的人，都應該更體貼才是。從小沒人教過我如何體貼，我發覺自己總沒空體貼別人的想法和情緒。」我回覆：「沒事的，你也沒有體貼自己的情緒啊。」他花了一年，終於準備開始學習體貼自己了。

「年少的我靜心冥想」能幫助我們認清自幼跟著我們的「恩賜」與「匱乏」，但這只是擺脫不好的銘印、將感情的抉擇掌握在手裡的第一步。接下來，我們還要檢視三個形成銘印的來源：父母、媒體，及初戀的經驗。

來自父母的恩賜與匱乏

在《紐約時報》的〈現代愛情〉專欄中，作者蔻蔻．梅勒斯描述自己曾愛上鄰居，對方卻和她表示還不想定下來。她附和說自己也沒想定下來，卻明白這不過是謊言，並承認自己「儘管當時沒有意識到，但我在複製一套熟悉的模式。成長過程中，我一直追著父愛跑。我的父親就跟這位鄰居一樣忽冷忽熱，愛或不愛得看他當天的心情。」[4]

在印度教當中，梵文的「Matha Pitha Guru Deivam」是一組反覆出現的詞語，意思是「母親、父親、老師、天神」。[5]母親是我們的第一位老師，她不是透過言教，而是透過親子互動教會我們什麼是愛、關懷與照顧，而父親通常會和母親一起擔任這樣的角色。佛洛伊德提出了一條基本法則：成年人會複製早年和父母或照顧者的互動關係，[6]就像梅勒斯複製她的父女關係。在我們年紀還小時，一切都要依賴父母。我們會不由自主想吸引他們的注意、勾起他們的母性或父性、感受他們的愛。他們給我們的愛塑造了我們付出愛的方式。「Matha Pitha Guru Deivam」想表達的正是這樣簡單卻饒富深意的概念。

湯瑪斯．路易斯、法里．阿明尼，和理察．藍儂都是加州大學舊金山分校精神醫學系的教授，三人在合著的《愛在大腦深處》中寫道：「在愛與被愛的舞蹈中，不假思索踏出的每個舞步，都反映了潛意識裡對愛的認知。有心智健全的父母，孩子對愛就會有健全的認知，例如愛是保護、照顧、專一、奉獻。孩子之所以對愛有這些認知，不是因爲身邊有人說這就是愛，而是因爲他的大腦已自動將滿滿的訊息濃縮成幾個固定的原型。但如果父母的心智不健全，孩子就會在不知不覺間，記住充滿問題的親子關係給他的教訓，例如愛是窒息的、憤怒是可怕的、依賴是丟臉的，或產生其他成千上萬種扭曲的認知。」[7]

孩童在兒時受到的照護方式，會形塑出他認爲愛的樣貌。成長過程中，如果孩子感受到的愛是保護、照顧、專一和奉獻，愛在他心中就會是這個樣子。而在童年時代受創、受虐的孩子，也會以爲那是理所當然的（至少在當時是如此）。有天，當別人以不同的方式來愛他、展現出愛的不同面貌時（例如愛是喜悅的、豐沛的、願意付出時間的），他就會需要花費較久的時間才能意識到那是愛的表現，也需要較久的時間才能懂得欣賞、珍惜這些特質。

然而，說到尋找眞愛，我相信就算有「健全」父母的人，也會面臨自己的挑戰。被父母珍愛的孩子，很可能成爲善良的好人，但也可能因此對愛有很高的要求。

除非下功夫檢視自己的銘印，否則我們將對這些銘印缺乏自覺，以爲自己的所思所感都是合理的。如此一來，父母的「恩賜」將等同於「匱乏」，兩者皆可能成爲陷阱。無法從父母身上獲得的「匱乏」，我們會期待他人來塡補；從父母身上獲得的「恩賜」，我們會期待他人給出同等級的待遇。

我母親給我的愛是恩賜——它讓我也能對別人付出愛。但我的父母不曾來看過我的橄欖球比賽，這樣的「匱乏」讓我開始尋求來自同儕的肯定，想讓學校裡的朋友認爲我很強、很厲害，因爲我從家中得不到這方面的支持。

即使成爲僧人，我還是找不到辦法來滿足自己對獲得肯定的渴望。但在僧院修行期間，我照了照業力這面鏡子，發覺就算得到渴望的肯定，我還是無法滿足。就算別人給我眞誠的讚美，我還是無法滿足——我認爲別人不懂我吃了哪些苦、受了什麼罪，才得到這樣的好結果，而別人往往也確實不懂。一開始，我們從身邊最親近的人那裡尋求肯定。這份渴望得不到滿足，我們又從外人那尋求肯定。最後，我

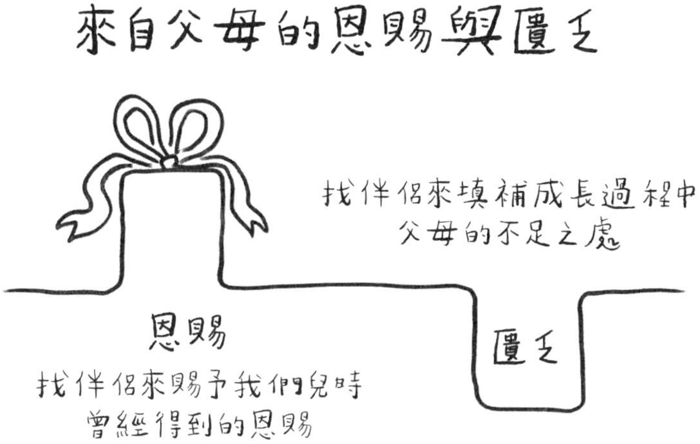
來自父母的恩賜與匱乏
找伴侶來填補成長過程中
父母的不足之處
恩賜
找伴侶來賜予我們兒時
曾經得到的恩賜
匱乏

們才開始從自己身上找尋肯定。到頭來，來自我父母的匱乏教會了我這一課——我必須自己肯定自己。

來自父母的恩賜與匱乏，以各種方式展現在我們的感情世界。

爸媽總會在生日當天送我禮物，讓我覺得自己很特別。相形之下，拉蒂的家人給她的禮物是陪伴的時光。這些都是我們兒時相當珍貴的回憶。但在我生日當天，我可能因此十分期待收到拉蒂的禮物，拉蒂給予我的卻是陪伴。清楚自己有什麼樣的期待、這些期待從何而來，就能與伴侶溝通、協調自己的需求。

每個人對來自父母的恩賜與匱乏都有不同的反應。

從小開始看父母吵到大的孩子，可能成爲好辯或防衛心很強的大人，但也可能走出父母吵架的陰霾，有意識地不讓自己和父母走上相同的路，甚至還會去幫助他人化解衝突。如果父母總是營造出不穩定的家庭氣氛，你可能會想時時維持和諧，不自覺藏起自己的眞實感受。

業力讓我們選擇如何做出回應。即使是瑣碎的小事，也能有各式各樣的應對方式。無關對錯，重點是注意哪些業力對我們的感情有助益、何時用對了業力、何時還是做著無意識的決定。有個混蛋老爸的女孩，可能會交一堆混蛋男友，直到自己終於恍然大悟，選擇和一個好男人定下來。這就是我們能從業力習得的教訓。

許多人覺得父母提供的養育條件不好。可能是沒照顧到我們的基本需求，也可能是沒給我們贏在起跑點的機會。就算父母相信我們、鼓勵我們發展特長、安慰我們人生遇到挫折不是世界末日、不斷用各種方式建立我們的自信，他們還是沒辦法把一副成熟、健全的心智打包好交給我們。更何況，許多父母自己都做不到有自信、自尊、自我進步、愛自己，或照顧自己。父母自己都面臨同樣的挑戰，也就很難將這些特質傳給孩子了。

聽起來似乎一切都注定好了，但我向你保證，事實並非如此。

我們只是太著重於父母該怎麼做，或但願父母有不同的做法，而不去想自己可以做出什麼改變。無論出生背景如何，我們都可以從業力中學習，在業力的引導下，選擇自己想要的對象、經營自己選擇的感情。

試試看

覺察來自父母的恩賜與匱乏

回憶

- 寫下三個最美好的兒時回憶。
- 寫下三個最不好的兒時回憶。
- 回想一個兒時遇到的難關，父母幫助你度過難關了嗎？他們是怎麼做的？這件事對你有什麼影響？

答案不見得非黑即白。溫柔慈愛的回應或許安慰了你，也或許養成你依賴的習慣。嚴厲的回應可能傷了你的自尊，也可能鍛鍊了你的韌性。重點並非你是否擁有天下最好的父母，而是他們對待你的方式如何影響你的發展。

期望

・父母對你有什麼期望？這些期望給了你激勵還是壓力？你和父母的關係是否因此受到了影響？

如果父母期待你達到一定的成就，或期待你跟他們心目中的理想對象在一起，你可能會一味追求他們想要的結果，也可能會跟他們唱反調。父母的期待如何影響你的人生？

我有個朋友的父母，灌輸給她的觀念是結婚要找事業心強的對象，但上一任男友之所以提出分手，就是因為他「不想當她的事業夥伴，而是想當她的男友」。她必須放下父母的期望，重新思考自己要的是什麼對象。

示範作用

・父母為你示範的伴侶相處模式中，有哪些你喜歡或不喜歡的地方？

我們在感情中的表現往往會和父母相同或相反。父母很愛吵架，你可能會因此避免衝突；父母有特定的互動模式，你可能會期待自己跟伴侶也像他們那樣，或不惜一切代價也要避免和他們一樣。

情感支持

．你但願父母給過你什麼樣的愛與支持？你認為自己缺乏什麼？

一旦意識到自己帶著什麼樣的恩賜與匱乏進入一段感情，就可以開始處理相關的銘印。

1. **覺察**：第一步是覺察這個銘印在何時何地對你造成不當的影響。這個銘印是從社群媒體冒出來的嗎？是伴隨特定的某群人而來的？是當你想跟伴侶一起慶祝時冒出來的嗎？還是在你們一起去旅行的時候？

2. **自我提醒**：自我提醒是給自己的筆記，我們要記住自己想成為什麼樣的人，或不想成為什麼樣的人。想一個能及時制止自己的辦法，避免自己表現出不想要的行為。眼前你是否面臨什麼挑戰？你是否期待通常不支持你的伴侶，這次能給予你支持？看到伴侶和一群人互動熱絡，你會不會吃醋？是否有特定的行為總會激怒你？在那一刻發生之前，找個辦法提醒自己，你想在那個當下、那個時空做出改變。或許是在浴室鏡子上貼一張便利貼、特別在日記裡寫下來，或是請伴侶提醒你。

3. **複誦**：把你的自我提醒當成座右銘，時時對自己複誦。或許是「愛是沒有罪惡感的」，或許是「生氣不是辦法」，也或許是「先問清楚，再下結論」。如此一來，在需要時這句話就比較可能自動從腦海中浮現。

4. **減輕／降低**：在某個反應或期望消失之前，你會發現自己反應沒那麼大，或期望沒那麼高了。讓伴侶察覺到你的改變，他才會知道你已經努力在減輕自己的反應或降低自己的期望了。

5. **移除**：在持續注意與反覆練習下，久而久之你就會打破期望的習慣了。

在各種大大小小的地方，無論父母是疏忽或滿足了我們，剛開始離家獨立時，向他人而非自己尋求肯定與滿足是再自然不過的。我們受到能爲我們塡補匱乏的人吸引，也可能對更適合我們的人緊閉心扉。

業力這面鏡子，能幫助我們不再藉由他人來滿足童年的情感需求，轉而導向自我滿足。與此同時，我們能意識到自己的人生受到哪些影響，也越能看見伴侶是如何受到他們父母的影響。如此一來，對自己或伴侶，我們都將給予更深的理解，與更多的耐心。

電影的魔力

關於愛情這回事，父母不是我們唯一的銘印來源。

電影、電視、音樂等媒體，從小就不斷在灌輸我們一套美化的愛情觀。白雪公主唱著「總有一天我的王子會出現」。[8]童話故事向我們保證夢中情人出現時，我們將一眼就能認出對方。這個命中注定的人會令我們神魂顛倒、帶我們迎向幸福。

在電影《阿甘正傳》中，主角阿甘上學第一天搭校車時，珍妮就邀請他坐在自己旁邊。阿甘的內心話藉由旁白說出：「我一輩子沒見過這麼美的畫面，她就像天使一樣。」[9]愛情故事就從這裡開始。浪漫愛情片要我們相信一見鐘情，但在《顏值：從第一印象到刻板印象，臉孔社交價值的科學解密》一書中，作者亞歷山大．托多洛夫教授表示第一印象很可能是錯的。「看起來陽光開朗的人，讓我們覺得比較值得信任；看起來一臉疲態的人，則讓人感覺腦袋不是很靈光。儘管這些印象都沒有事實根據，我們一般對『典型』的樣貌印象較好，儘管人的面孔並沒有平均標準可言，我們還是喜歡較符合『典型』長相的面孔。」[10]儘管第一印象並不可靠，但賓州大學的一群心理學家，梳理了上萬名快速約會參與者的資料，發現多數人會在僅僅三秒內就斷定自己是否受到某個人吸引。[11]

研究顯示，諸如此類的第一印象，很容易受到我們從未想過的因素影響。在一項研究中，耶魯大學的心理學家請受試者先拿一杯熱咖啡或冰咖啡一會兒，接下來，研究人員遞給他們某位陌生人的資料，請他們評估這個人的個性。相較於拿冰咖啡的人，拿熱咖啡的人對資料中的人的描述要溫暖得多。[12]（記得，下次安排和心儀對象的初次約會時，最好是帶對方去喝熱可可，別去吃冰淇淋了。）

說到人與人之間的邂逅，「情境效應」指的是相遇時的氣氛會如何影響第一印象。[13]想像自己剛看完一部電影就在電影院大廳邂逅了一個人。比起剛看完紀錄片《蛞蝓：自然界的小流氓》，看完浪漫喜劇後遇到的人，將更有可能被你當成戀愛對象。或者，想像自己在親友的婚禮上認識了一個人——參加婚禮的效果就像剛看完一百部浪漫喜劇。比起在酒吧認識的對象，婚禮上認識的人更有可能被你當成結婚對象。

電影賦予愛情的形象爲兩個人應該如何墜入愛河設下了標準，而且往往讓我們覺得自己沒達到應有的標準。電影《戀夏500日》中，負責爲賀卡撰寫文案的湯姆給老闆看了一張情人節賀卡，說道：「凡斯先生，如果有人送我這張賀卡，我就把它吃掉。都是這些賀卡、電影和流行歌害的，一切的一切、所有的謊言與心碎都要怪它們。」[14]

好萊塢恐怕不是唯一的罪魁禍首，我小時候看的寶萊塢電影也對我影響很大。我對寶萊塢電影向來標榜的「王子與公主從此過著幸福快樂的日子」充滿憧憬。你可能以爲我當僧侶期間就看破這一切了，但正如我在引言中所述，向拉蒂求婚時，我對許下終身的想像是來自電影情節給我的銘印，所以才會有河畔燭光晚餐、阿卡貝拉樂團、浮誇的馬車這些東西。感謝老天，拉蒂和我順利結婚了，但她對馬的過敏反應提醒了我，我應該想想我眼前這個眞實的人的喜好，而不是盲從無孔不入的媒體。

同理，當我想爲拉蒂買訂婚戒指時，我問朋友訂婚戒指該怎麼挑。他說在我負擔得起的範圍內買最好的，差不多花我兩、三個月的薪水就對了。沒問這數字怎麼來的我就照做了。如果我問了，我猜他大概會說：「喔，這是我訂婚時別人告訴我的。」

幾年之後，我才得知二次世界大戰之前，只有十%的訂婚戒指是鑽戒。[15]後來，鑽石產業想方設法將鑽石變成愛與婚姻的象徵，達成目標後，過了將近五十年，他們又設法暗示一個男人應該花多少錢買一枚戒指。一九七七年，戴比爾斯珠寶公司拍了一支廣告，畫面呈現出沙灘上一對男女的側影，男人將鑽戒套到女人的手上，金色的戒指是廣告中唯一的色彩。兩人一邊接吻、旁白一邊說道：「除了訂婚戒指之外，還有什麼能將兩個月的薪水化爲永恆？」[16]就是珠寶商！是它們告訴全世界的男人應該花多少錢買訂婚戒指！這是什麼牟利手法？廣告播出時我朋友甚至還沒出生，但這卻影響了他、我，以及千千萬萬的人，讓大家以爲深愛一個人就是要撒大錢買鑽戒。

現在電影工業製作的浪漫喜劇少多了，但在檢視自己對愛情的想法時，我們必須回溯到年輕時種下的觀念——在我們懂得抱著批判的眼光看電影之前，在我們有任何親身經驗可供參照之前。莉莉・詹姆斯在二〇一五年的電影中飾演灰姑娘時，鑲滿施華洛世奇水晶的玻璃鞋其實並不合腳，她告訴《華盛頓郵報》：「天底下沒有任何女孩子穿得下那隻鞋，王子注定要孤獨終老了。」[17]「王子與公主從此過著幸福快樂的日子」的願望，卻成爲幸福快樂的阻礙。

試試看

媒體刻畫的愛情

回想第一次聽到一首情歌或觀看一部電影，它是如何塑造，或改變了你對愛情的想法？它所呈現的愛情是什麼樣子？你相信愛情就是那樣嗎？在你過往的戀愛經驗中，你達到過媒體所刻畫的樣子嗎？

「你只說了聲『哈囉』，我就愛上你了。」——《征服情海》[18]

「但願我知道怎麼戒掉你。」——《斷背山》[19]

「在我眼裡，你是完美的。」——《愛是您．愛是我》[20]

「一切都會如你所願。」——《公主新娘》[21]

「你要月亮嗎？只要說一聲，我就丟個繩索上去，把它套下來。」——《風雲人物》[22]

「我也只是一個女生，站在一個男生面前，請求他的愛。」——《新娘百分百》[23]

一旦明白媒體呈現的愛情故事在我們心裡種下的銘印，我們就有了選擇。不再只能在自己的感情世界裡複製好萊塢式的完美愛情，而能開始嘗試細水長流，或更多不同的方式，展開屬於自己的戀情。

初戀經驗的影響

情竇初開的經驗也會影響我們對愛情的想法。

二〇一五年，藝術家蘿拉．布魯邀請民眾匿名貼出給初戀情人的話，上百萬人響應這個活動，貼出諸如「你毀了我，但我還是會下意識在紙盤或紙巾上寫你的名字」「你是我最刻骨的回憶」「我爲你迷失了自己，但都過了這麼久，我還是找不到自己」「只要閉上眼睛，我就可以把他當成你」等等的訊息。[24]

初戀會形成銘印是有生理上的原因的。前額葉皮質區是人腦中很重要的區域，要到二十五歲左右才會發育完全。[25]如同腦部專家丹尼爾．亞曼所述，前額葉皮質區幫助我們「三思而後行」「講話經過大腦」，也幫助我們從錯誤中學習。[26]

年輕人是用感覺來「思考」的。缺乏成熟的前額葉皮質區幫忙過濾，我們許多的思維活動都是透過杏仁核來進行——杏仁核是大腦負責恐懼、焦慮等情緒反應的中心。隨著年齡增長，理性和自制沖淡了激情，我們不再年少輕狂。記憶中年少時陷入熱戀的感受，可能比成年後任何一段戀情都更強烈，即使那段戀情並不理想，甚至不健康。

第一次盲目陷入熱戀，對方可能會令你心碎。如果沒記取教訓，出於盲目再次陷入熱戀，那麼到了第二次，你或許會認爲自己很反常，變得不像自己。第三次，對方搞不好會偷走你的錢。業力會一次次透過不同的人，或同一位伴侶，一而再、再而三地帶給你相同的教訓，直到你開始改變。

在吠陀思想中，智慧有三個層次。[27]

第一個層次是，有人告訴你玩火會燒傷，你聽進去了，從此學會不要玩火。

第二個層次是，你藉由親身體驗發現玩火會燒傷，於是你學會不再玩火。

在第三個層次，你老是燒傷，卻總是學不乖。

如果不注意自己的業力，我們就會一直卡在第三個層次，創造出累累傷痕。過去的教訓已經告訴我們重蹈覆轍的下場，我們卻沒有記取教訓。認爲自己戀愛運欠佳的癥結，往往是由於我們一再忽視業力留下的線索、沒有記取業力的教訓。換言之，沒有學到教訓就會重複相同的錯誤。業力鼓勵我們要反思自己的抉擇，檢討自己做出決定的原因，想想下次應該有什麼不同的做法。

我們來深入探討幾種交往對象的「類型」，以及他們能提供什麼業力啓示。

・**反骨型**：在一九九七年的電影《是誰搞的鬼》當中，朱莉對雷說：「我討厭這樣，眞的很討厭。你要走了。你會愛上一個理光頭、穿黑衣、渾身刺青又穿環的哲學系學生。」雷回道：「聽起來挺迷人的。」[28]

從《簡愛》的羅徹斯特[29]、《咆哮山莊》的希斯克里夫[30]，到《暮光之城》的愛德華[31]，文學和電影作品中一再出現這樣的人物。愛上不受體制約束的人不見得有錯，但如果老是期待「冒險」和「捉摸不定」會變成「專一」和「負責」，那就是時候記取這種選擇給你的教訓了。爲什麼自己總是被這種性格的人吸引？他們能給予自己想要的穩定關係嗎？如果已經準備好要定下來，就要根據合適的人格特質選擇對象，而不是一味受到反骨性格的吸引。

・**苦追不得型**：有時我們會受到情感或物理距離上遙不可及的人吸引。他們一直在移動，但有時會暫停一下，讓我們懷抱希望。我們的心就這樣懸在那裡，安慰自己：「他總有一天會停下腳步，把時間和注意力放在我身上的！」「只要他注意到我，他一定就會愛上我！」於是，我們一心一意追著那個人跑。「他人在哪裡？」「本來可以跟我在一起的時間，他是如何度過的？」「他什麼時候會打電話來？」「如何讓他看見我的存在、覺得可以接近我，但又不顯得我很飢渴、很迫切？」

一旦陷入這種追逐，我們就不是在認識這個人、評估雙方是否適合，也不是在相互了解、一起成長，而是一個勁兒地付出癡情，卻沒有得到回報。

人類學家海倫・費雪是配對交友網站Match.com的首席科學顧問。在她的著作《我們爲何戀愛？爲何不忠？讓人類學家告訴你愛情的眞相》中，費雪解釋，苦追不得會產生一種她稱之爲「挫折吸引力」的現象。

她寫道：「障礙強化了浪漫的感受……可能因爲當獎勵延遲時，大腦和愉悅、能量、專注、動力有關的神經通路就會持續運作。」[32] 然而，她也補充道，研究人

五種吸引我們的類型

員檢驗了苦苦追求的最終結果發現，並無證據顯示苦苦追求有助於建立長久、穩定的關係。無論是苦追的一方，還是被苦追的一方，只要雙方沒有花時間相處，就無法建立關係。

如果你受到這場追逐的快感吸引，請注意自己做了什麼選擇。愛上總是要到各地巡迴的音樂家，就不要期待對方會放棄事業，把所有時間都用來陪你。一般而言，無法陪在身邊的人會一直維持這樣的狀態。對方吸引你的原因，是因爲你想找個跟你一樣忙的對象嗎？還是由於在成長過程中父母經常不在身邊，所以你覺得自己就只配得到這點愛？找出業力想教給我們什麼，意識到自己選擇了誰、爲什麼要選擇這個人，以及對方是否適合自己想過的生活——如同在〈法則一〉中開始探索的：我想要的是什麼樣的生活？他適合嗎？

・**待援型**：有時伴侶需要拯救，不得不提供對方照顧、關注、協助與保障。這可能剛好符合你喜歡照顧別人的天性。短期而言，你會覺得自己很能幹，大小事都由你主導，對方是如此需要你，你覺得自己可以幫他過上更好的生活。但長久下來，當情況依舊如此，你會覺得很累、很哀怨，因爲你的角色已經成爲了對方的照顧者。雙方並不平等，你對這段關係的付出遠大於對方。

主導一段關係會抬高我們的自我，讓我們覺得自己很重要。在這樣的關係裡，我們不必懷疑自己，或不必聽從對方的建議，但長期來看，將對我們試圖形成的情感交流造成妨礙。我們是受到這種互動模式的吸引，而不是受到這個人的吸引。如果就是喜歡扮演主控者、帶領者和指導者，可以試著從人生的其他面向尋求滿足。

試試看　感情裡的角色

下列問題可以幫助我們檢視自己在最近一段感情中扮演的角色，或未來伴侶關係中期待自己扮演的角色。這是你要的嗎？你可能會扮演下列所有角色，但我們的目標是：**扮演彼此的「支持者」，同時有意識地讓雙方適時扮演「解救者」及「依賴者」**。

第一型：解救者

你是否發現自己一直在解決伴侶的問題、照顧對方、協助對方，或讓對方好過一點？你是否努力攬下伴侶自己的責任，設法幫助他實現目標？

解救者彷彿懷著一顆父母心，覺得照顧、呵護伴侶是自己的責任，伴侶的幸福快樂是首要考量。這對雙方的關係可能有好處，但也可能照顧過頭了，**把自己當成伴侶的父母，就是在把伴侶的行為變成小孩**。

第二型：依賴者

你是否覺得自己太過依賴伴侶？有任何問題都向對方尋求幫助，期待他幫忙解決所有問題？

依賴者抱持的是孩子般的心態，很依賴伴侶，事事都希望對方幫忙想辦法。要是伴侶不能幫忙解決所有問題，就會不高興。擁有強勢的伴侶，有時就會陷入這種心態。讓對方主導一切可能會覺得很安心，但當我們沒有按照自己的心意走自己的路、建立自己想要的生活，就是迷失自我的開端。

第三型：支持者

你是否喜歡伴侶的個性、尊重他的價值觀、希望自己能幫助他實現目標？

你是否尊重對方個人的時間和空間，還是一直想改變他？

支持者是伴侶的神隊友。扮演的角色不是父母也不是小孩，因此能和伴侶並肩同行。支持者會試著負起責任、培養耐心、幫助對方成長，但不會試圖管東管西、主導一切。這就是金髮姑娘「剛剛好」的心態。❶

如果想釐清自己在伴侶關係中扮演的角色，請參閱RelationshipRoles.com中相關的測驗。

感情過程中，在三種角色間切換來、切換去是很自然的事。有時由我們主導，有時交給對方比較輕鬆。要避免的是讓自己一直卡在同一種角色裡的交往對象。

當一個全天候的解救者，意味伴侶沒有為自己負起責任。我們沒有權利攬下對方的責任。修理一件或許根本就沒壞掉的東西不是我們該做的事。當一個全天候的弱者，則意味你缺乏自信，需要尋求他人的肯定。你認為自己壞掉了，希望別人把你修好。和願意替你解決所有問題的人一起，只會妨礙自己的成長、喜悅，和負起責任的能力。

成為支持者才是我們該努力的目標。伴侶雙方平等交流。伴侶總是在向我們學習，我們也總是在向伴侶學習。明白雙方是在教學相長，才形成了所謂的伴侶關係（詳見法則三）。

・**性欲型**：交往對象到處亂搞，表示他對一對一的關係沒興趣。如果你要的是一對一的關係，不妨好好思考，美好的性愛是否值得你守著這段關係。

對於「要跟誰在一起」和「要不要繼續在一起」，性會擾亂我們做出正確抉擇的判斷力，「催產素」這種荷爾蒙是造成擾亂的一大原因。神經科學家和精神病學家丹尼爾・亞曼指出，催產素和戀愛的感覺有關，[33]這種荷爾蒙的分泌不但有助於擦出火花和形成信任感，甚至能加速情感的催化。

一般而言，男性的催產素指數較女性低，但性愛將導致男性的催產素指數飆升逾五倍。紐約大學神經科學家羅柏特・弗朗基形容，催產素的作用就像音量鍵，

---

❶譯注：此處典出金髮姑娘與三隻小熊的故事，金髮姑娘喜歡不燙、不冷、溫度剛剛好的粥，也喜歡不硬、不軟、軟硬適中的床鋪。後世稱之為「金髮姑娘原則」，意指凡事恰到好處，過猶不及。

「不管你已經有什麼感受，催產素都會增強和放大相關的腦部活動」。[34]做愛中和做愛後，戀愛的感覺會更強烈，但那其實不是愛。化學作用讓我們感覺彼此更靠近，儘管在情感上雙方並沒有更親近。更有甚者，荷爾蒙暫時阻斷了負面回憶的影響，因此原先困擾彼此的「小問題」，或事前有過的爭執，在做愛後都煙消雲散了，[35]儘管那些問題或爭執可能是很重要的警訊。

在我的podcast節目上，當我訪問夫妻關係的專家約翰．高特曼和茱莉．高特曼時，約翰說催產素是導致「判斷力變差的荷爾蒙」。他表示：「這種荷爾蒙給了我們安全有保障的感覺，於是我們一直以爲一切都會好好的，看不見其實對方發出了『我很不可靠』的警訊。」[36]

．**條件型**：《薄伽梵歌》談到六種「富足」：知識、名聲、金錢、美貌、力量，和遁棄。[37]我們可以把《薄伽梵歌》提到的「富足」想成一個人擁有的「條件」。

有時我們受到擁有其中一種「條件」的人吸引，就足以讓我們一股腦地墜入愛河。碧昂絲的〈光環〉歌詞中正提到了類似的概念：環繞某個人周身的光環，讓她確定了這個人「不只是（她）要的，甚至多過（她）所需要的一切」。[38]

然而，一個人的「光環」未必準確顯示了他是什麼樣的人。

心理學提出「光環效應」（又稱「月暈效應」或「暈輪效應」）是一種認知偏誤——根據某個特徵或特點，就對某件人事物形成偏頗的印象。[39]舉例而言，遇到一個很有魅力的人，我們就容易將其他正面特質也加到他身上，例如聰明、機智或善良。這種光環效應稱爲「魅力偏見」。一項研究顯示，在面對面的實體課程，老師會給較有個人魅力的學生較高的分數，但在看不見學生的線上課程中就不會有這種現象。也有其他研究顯示，在顧客眼裡較有魅力的服務生會得到較高的小費。看到一個儀表堂堂的人，我們可能會下意識假設這個人有錢多金、企圖心旺盛、值得喜歡等，在魅力偏見的影響下被對方吸引。

《薄伽梵歌》提到，六種「富足」顯示了欲望的謬誤。我們渴望獲得關注，但一百萬個「讚」都不足以讓人覺得被愛。我們渴望美，於是追求青春永駐，殊不知青春不是唯一一種美。我們渴望發財，但金錢買不到幸福——如果你需要證據，google一下「樂透得主」，看看他們的下場就知道。

如果我們在伴侶身上尋求種種「條件」，那麼，吸引我們的就只是一份暫時的貨物清單而已。《薄伽梵歌》說，神聖的愛是知道他們的偉大，但受到他們的可愛吸引。[40] 你或許知道伴侶所有的榮耀與成就，但榮耀與成就並不能定義一個人。受到伴侶擁有的事物或成就吸引不是壞的起點，但也不是好的終點。能力和成就不如特質和行爲重要。我們很容易犯下「依據個人能力把其他特質也加在對方身上」的錯誤，於是我們以爲善於溝通的人一定很可靠、作家一定深思熟慮、管理階層做任何事都很有條理。

想知道一個人眞正擁有的特質，唯一的辦法就是透過相處觀察。唯有近距離深入了解一個人，才能發現他的可愛之處。

試試看　反思過去的戀情，記取過去的教訓

我們往往會以時間來衡量一段感情的成功，但一段感情真正的價值，在於我們學到了多少，及有什麼成長。明白這一點，我們就可以檢視自己所做的抉擇，評估自己為什麼會選這個人、哪裡出了差錯。培養出更好的判斷力，下一次就能更清楚該選擇什麼樣的對象，和有沒有需要做出改變的地方。

1. 選擇跟前任在一起時，你正處於什麼樣的能量？

・**無知**的能量：[41] 在這種能量中選擇對方，可能只是因為無聊、沒有其他人可選，或是寂寞。無知之下做出的選擇帶來的是憂鬱、痛苦，和壓力。

・**衝動**的能量：[42] 在這種能量中選擇對方，是因為你想得到前述六種「富足」或「條件」中的一種。始於衝動的抉擇沒什麼不好，但雙方必須要有更深入的了解和尊重，否則最後不會有好下場。

・**良善**的能量：[43] 在這種能量中選擇和這個人在一起，是因為你覺得兩個人心意相通又很合得來。你們互相尊重，就算這段感情結束了，對彼此還是保有一份尊重。

2. 為什麼結束？

在評估這段感情哪裡出了差錯時，盡可能對自己誠實。

3. 記取教訓

下次你能想到什麼不同的做法嗎？你可以讓自己在良善的能量中進入下一段感情嗎？你可以先將「條件」擺一旁，專注觀察一個好伴侶應該有的「特質」嗎？

用什麼凸顯自己，就會吸引到什麼

「條件論」點出了一種理解業力的具體方式。

受到一個人的事業心吸引，得到的就會是一個以事業爲重的對象。事業心重沒什麼不對，直到你發現自己想要的是能有很多時間陪伴的對象。有時，我們覺得眼前的人選都沒有自己想交往的對象，這時就得問問自己：我有的爲什麼是這些選項？我吸引來的爲什麼是這些人？如何才能吸引到我想要的對象？

答案就在業力裡。

我們給世界什麼，世界就回以什麼——這是業力的最基本形式。用金錢凸顯自己價值的人，就會引來認爲金錢就是他的價值的人。我們呈現自己的方式，正是在發送「我想要什麼樣的互動」「我期待受到什麼樣的對待」「我認爲自己值得什麼」的訊號。

我有位客戶是個成功的企業家，他很不高興遇到的對象都「只是看上他的錢」。但他在網路上的照片不是坐在超級跑車裡，就是站在又一棟新買的房子前。他說：「我本人不是這個樣子的。」但他不該訝異自己的表現總是引來特定類型的人。

用**財富**來凸顯自己、打動別人，就得有心裡準備要付出一切代價維持富有。然而，或許有一天你會不想再過這種日子，希望伴侶看重的不只是自己的淨資產。

用**外表**來凸顯自己、打動別人，就會置自己於非凍齡不可的處境中。然而。容貌終究有天會衰老。屆時，一個年復一年愛你不渝的伴侶，或許才是你眞正想要的。

用**社會地位**來凸顯自己、打動別人，或許會發現一旦出現社會地位更高的對象，你的伴侶就會被吸引過去。或者，你想要的其實是即使發生變動、改變了自己的社會地位，也仍願意共患難的對象。

用**聰明才智**來凸顯自己、打動別人，到頭來，或許會發現自己和伴侶在情感上很疏離。

用**性愛**來凸顯自己、打動別人，則是在爲肉體上的滿足設下標準。萬一激情不再，你們雙方或其中一方，恐怕就很難繼續這段關係。

無論是在第一次約會、社群媒體，還是交友網站的自我介紹，我們呈現自己的方式，同時就在說著：「這是我希望你會愛上的我。」你要呈現出的，是你**想讓別**

人受到吸引的樣子，而**不是**你認爲別人會受到吸引的樣子——這是兩碼子事。試圖用某種形象去吸引人，要麼永遠維持那樣的形象，要麼終將被對方發現你的眞面目。

一項研究顯示，五十三％的網路交友者，都在自我介紹中說了謊——女性說謊的比例高於男性，且往往是關於外貌（例如貼的是一張年輕時的舊照）；男性則往往是在經濟地位方面說謊。[44] 有鑒於男性一般相當看重潛在對象的外貌，女性看重的則是對方在經濟上的成就（至少就異性戀的關係而言是如此），結果可想而知。即使你的自我定位沒那麼誇大，也願意無限期扮演自己創造出來的角色，但在內心深處，你還是很清楚對方愛上的不是眞正的你。對方愛上的不是眞實的你，而是你創造出來的角色。假裝成別人只會爲自己的人生帶來衝突，省下這種時間和精力吧！

想呈現自己最好的一面是很自然的事。

你或許會想透過凸顯自身條件呈現出最好的自己，無論是在談話中有意無意提到自己念的學校、帶約會對象去很貴的餐廳以顯示自身財力，或者是將最性感的照片上傳到交友網站。我們一不小心就會落入用條件評價自己的陷阱。一不小心就會誤用物質、財富、朋友數、粉絲數、外貌的吸引力來展現自己。然而。你一定也曾認識那樣的人，以大眾標準來看，他們「身價」很高，卻總認爲自己的「自我價值感」很低。

有句話是這麼說的：窮人在廟外乞討，富人在廟裡乞討。套一句英國演員羅素·布蘭德的話：「我原先以爲名利和別人的評價會帶給我快樂。但我離這些東西越遠，眞相就越清楚。」[45]用自身條件來推銷自己，長期而言並沒有好處。**展現自己真實的個性、價值觀和目標，別人才會因為我們所看重的價值愛上我們**。

反之亦然。

請注意自己是否被伴侶的某些條件吸引，對方吸引你的，是否只有這些條件？我相信你不想和一個只有外貌或社交生活吸引你、只在工作上有交集，或只有外在成就令你崇拜的人在一起。這些條件都和一時的處境與特定的情況有關，無法長久。一旦條件不復存在，關係也將隨之消逝。

認識拉蒂的時候，我一無所有。不，這麼說也不對，應該說，打從我只有自己可以給她的時候，我們就在一起了，而這樣似乎就夠了。

試試看

你呈現的形象

當我們吸引伴侶的地方和喜歡自己的地方有出入，就可能需要花費很大的力氣去符合伴侶心中的形象。

首先，列出你喜歡自己的地方。想想自己最自豪的「特質」，盡量不要朝「條件」的方向去想。你是否心地很好、很會照顧人、工作勤奮、誠實、有創意、懂得感激、頭腦靈活、為人可靠？

現在，回想自己每一段長久或決定性的關係，列出你認為對方在你身上看到並欣賞的特質。

對方愛我們的也正是我們愛自己的地方，這才是我們想要建立的伴侶關係。

想從別人那裡得到什麼，得先要給自己

一旦對多年累積的銘印有更清楚的認識，就可以開始了解這些銘印是如何影響我們的決定，以及我們是否喜歡自己得到的結果。

我們不想一而再、再而三重蹈覆轍。我們想把過去的恩賜帶到現在，但不能假設伴侶會恰如我們的預期接受這些恩賜。我們不想將過去的匱乏帶進現在的關係、期待伴侶替我們填滿這些匱乏。我們要自己填滿匱乏。

在觀察伴侶或可能的對象時，想想對方吸引你的是什麼地方？你的判斷是否受到過去某個不合時宜的標準影響？父母給你的關注是否足夠？你期待伴侶多關注你一點嗎？年輕時看過的電影是否影響了你，讓你嚮往轟轟烈烈的愛情？你的初戀是否遙不可及、難以靠近，於是讓你一再落入同樣的互動模式？

我有一位客戶，只要太太下班晚回家就會勃然大怒，我問他為什麼反應這麼大。經過一番討論，他才意識到，原因出在他的母親從不準時回家，這件事讓他父親很不安，而他「遺傳」了他父親的焦慮。我問他，太太晚回家，對他來說意味著什麼？他想了想，說道：「感覺就像她不在乎我、不想花時間和我相處。」我提議他向太太問清楚，並和他討論了問話方式，例如不要以指責的口吻質問對方「妳為什麼老是晚回家」，而是用「妳最近在忙什麼啊？是有趣的案子嗎？壓力會不會很大？」之類的問法。一問之下，他才知道太太為了一個專案壓力很大，她心想忙完這三個月就可以早點回家了。她沒想過只要讓他了解這個專案和結案的時間，他就可以安心一點。但更重要的是，他明白太太晚回家的原因跟他的解讀截然不同。結局並不完美，但他可以退一步接受太太的情況，而不是默默忍受從爸爸那裡繼承而來的焦慮。他請太太週末騰出時間來討論，最後，他們一起想出了滿足雙方需求的辦法。

伴侶關係不該用來反映父母有做或沒做的事，也不該用來撫慰年少時的不安。期待伴侶為我們填補情感上的匱乏，只會為伴侶平添壓力，因為這等於是要伴侶為我們的幸福負責，就像在說：「除非伴侶幫我加滿油，否則我就不開車。」為什麼要等別人來為你加油呢？這也就是為什麼**我們一定要為自己的療癒過程負起責任，而不是怪罪伴侶或把責任轉嫁給對方**。如果想藉伴侶來填補過去的匱乏，就會選到錯誤的對象。伴侶沒辦法填滿所有的空白，也沒辦法替我們卸下情緒包袱。只有滿足了自己的需求，才能看清一段感情可以帶給我們什麼。

我們想要的事物總能由自己給予。想犒賞自己，可以嘗試去沒去過的地方、為自己辦一場慶生會，或為即將到來的活動盛裝打扮一下。想在工作上受到尊重，可以為自己列一份清單，記錄自己為每個專案所做出的貢獻。在伴侶關係中受到欣賞、感激、尊重和疼愛，是我們的核心需求，但當我們每天都在各種小地方滿足自己的需求，就不需要等待伴侶隆重奉上我們需要的東西了。

試試看

想要的東西，自己給

想辦法填補自己的匱乏；想要別人怎麼對待你，你就怎麼對待自己。

・我從不覺得受到父母的肯定。

如果你想受到肯定……

你希望別人肯定你什麼呢？

你每天可以做什麼肯定自己的事？

・我從不覺得自己在父母眼裡有什麼特別的。

如果你想讓人覺得你很特別……

你希望別人覺得你哪裡特別？

你每天可以做什麼讓你覺得自己很特別的事？

・父母從不尊重我的感受或意見。

如果你想覺得受人尊重……

你希望別人尊重你什麼？

你每天可以做什麼尊重自己的事？

這些問題很難回答，請給自己時間想一想，或許不是馬上就有答案。好好想個一天、一週，你可能漸漸就會意識到，有些反覆出現的負面念頭來自你的過去。老是告訴自己：「除非有人說我是個咖，否則我什麼也不是。」你會很容易落入焦慮、不安和壓力之中。常常告訴自己你不夠好，那你就會真的變得不夠好。我們要打破這些負面思維，建立新的思考模式。一開始可能感覺很勉強或很虛假，但熟練正面的新思維之後，你就會真的越來越正面了。

早晚三分鐘自我觀照

在一天開始前和即將結束時，請各爲自己留下三分鐘，以確保你塡補了自己的匱乏。在一天的開始和結尾培養新習慣，會很容易習慣成自然，這是將需要的行動和信念融入生活最好的辦法。

在一早騰出來的三分鐘裡獨自靜坐，爲今天選一件能改善這一天的事——約有陣子不見的朋友吃午餐、去上瑜伽課，或在起來的第一個小時不接電話。什麼都不做就希望今天很美好，是將選擇權交給運氣；主動做件能讓今天變得美好的小事，才是眞正將選擇權交給了自己。

在一天最後的三分鐘裡，想想你對今天選來做的那件事有什麼感覺。這件事對這一天有幫助嗎？明天該不該再試一次，還是該選別件事來做？

擴大我們的愛

愛的準備始於兩條指引我們如何獨處和自省的法則。我們開始練習在獨處中將孤單寂寞轉化爲豐盈的時光。我們回溯自己的過去、揭開過去的銘印，以記取業力給我們的教訓。無論你正處於穩定關係、正在尋找對象，或是剛分手，這兩條法則都有助於鍛鍊及保持愛與被愛所需的能力。

現在，相較於多數人，你對愛已經有了更好的準備！這樣的準備爲你打開了與人分享愛的大門。《薄伽梵歌》的其中一位譯者埃克納斯·伊史瓦蘭曾說：「愛唯有在實踐中才會成長，別無他法。」[46]

接下來，我們要開始進入愛的實踐期，建立體認愛、定義愛、發展愛、信任愛的能力。準備好了嗎？我們要來擁抱愛囉！

書寫練習

寫一封情書給自己

寫一封信給自己，有助於開啓我們和自己的對話，並從中了解自己的想法和感受。而了解自己，又有助我們做決定和邁出人生的下一步。

親愛的自己：

打從一開始我們就在一起，多虧了你，我才能體驗人生。你跟我比任何人都親近，只有你知道我的一切。不管是我看過、還是做過的一切，只有你透過我的雙眼去看這個世界。只有你知道我最幽深的想法、最黑暗的恐懼，以及最遠大的夢想。

我們一起經歷了好多好多——事實上，我們一起經歷了一切。高峰與低谷、逆境與順境。最輝煌的時刻，有你和我一起。那些悔不當初的時刻，你也和我一起。無論如何，你總是守在我身邊。我們是真正的夥伴——毫無疑問，你是唯一一個我敢說，一定會和我永遠在一起的人。

然而，儘管你對我這麼忠誠、這麼在乎我，有時我卻忽略了你。當你告訴我，怎麼做才對我最好，或當你想推我往正確的方向前進時，我卻不一定會照你說的做。我沒有專注在你身上，而是其他人。我只顧別人做了什麼、說了什麼，卻沒有去聆聽你。有時，我不但沒有好好照顧你，還把你逼得很緊，但你始終對我不離不棄。你總是原諒我，總是不帶論斷、不加批評地歡迎我回家。

我要為這一切謝謝你。

謝謝你溫柔待我。謝謝你那麼堅強。謝謝你總是願意和我一起從犯錯或成功中學習、成長。謝謝你一再為我映照出我內心最好的部分。

謝謝你讓我看到無條件的愛真正的意義。

愛你的我

靜心練習

一個人獨處的靜心冥想

這個冥想的重點在於愛自己。練習愛自己和感激自己，是在為愛的土壤添加養分。愛的種子將在這片土壤中扎根，長出各種形式的愛、開出各種各樣的花。

這個冥想最好是睡覺前或起床後在床上練習。

1. 讓自己調整到一個舒服的姿勢。
2. 如果覺得閉上眼睛比較舒服，就閉上眼睛；若否，只要眼部放鬆即可。
3. 無論閉眼或睜眼，都輕輕將視線往下移。
4. 深吸一口氣後，再吐出來。
5. 發覺心思飄走了也沒關係，請輕輕拉回思緒，再次回到平靜、平衡、平穩的狀態。

感謝自己靜心冥想

1. 注意自己的呼吸模式，請正常、自然地呼吸。

2. 將注意力轉移到身體。注意身體跟床有接觸和沒接觸的地方。如果蓋了被子或毯子，注意一下被毯接觸皮膚的感覺。

3. 現在，注意力來到腳底。注意腳底板有什麼感覺。謝謝雙腳爲你做的一切。「謝謝你支撐我的身體，謝謝你讓我可以踩踏在地、與大地相連。」想用任何話語表達感激都行，感覺自然、合你心意就好。

4. 注意力往上來到小腿、膝蓋，和大腿。注意每個部位的感受，一一向它們表達感激。「謝謝你的穩固。有你幫忙，我才到得了各種地方。」

5. 注意力來到手臂。注意上臂、手肘、前臂和雙手的感覺。表達你的感激。「謝謝你協助我跟外界互動，讓我能照顧自己和表達自己。」

6. 注意力轉移到臉部。讓你聞到味道的鼻子、讓你吃吃喝喝的嘴巴、讓你得以看見的雙眼，以及讓你聽得見聲音的耳朵。表達你的感激。「謝謝你豐富了我的生活，讓我可以享用營養的食物、聽音樂、聞到花香、遍覽自然美景及周遭世界。」

7. 現在，注意力來到皮膚底下的體內世界。從腦部開始，由上往下慢慢掃描。向大腦發揮的各種重要功能表達感激。「謝謝你爲了協調和監控『我』這個神奇的有機體所做的一切。謝謝你讓我能夠消化資訊、思考、開玩笑、欣賞、同理他人，和採取行動。」

8. 注意力往下來到心臟。注意心臟在胸腔裡跳動的節奏。表達你的感激。「謝謝你日以繼夜運作不息，不管我懂不懂得欣賞你或肯定你，你都那麼努力。」

9. 將注意力轉移到肺臟。注意肋骨如何隨著一呼一吸輕輕地一張一縮。表達感謝。「謝謝你讓我充滿生命的氣息。」

10. 注意力往下來到胃部。注意胃裡有什麼感覺。謝謝你的胃。「我很感激你爲我消化食物，給我一天所需的能量。」

11. 慢慢將注意力拉回全身。向自己的整副身體、心靈，或任何當下想到的地方表達感激。

LOVE

第二部

互容：學習愛別人

第二階段「家住期」，是我們將愛擴及到他人，也同時依然愛自己的人生階段。這個階段的挑戰是要在日常生活中學著了解、欣賞，和感激另一個人，並與另一個人的思想、價值觀、喜惡協調合作。在這裡，我們要來探討什麼叫做「kama」或「maitri」——愛別人。[1]

法則三

在思考愛、感受愛，或說出愛之前——先定義愛

我男友才說他愛我，過一星期就跟我斷絕所有聯繫了。

我跟伴侶說我愛她，她只回我一句「謝謝你」。

我跟一個女生交往了幾星期，當我跟她說我可能愛上她了，她卻回覆她需要多一點空間。

我們在一起三年了，睡前固定會說「我愛你」，每晚都是如此，現在我不確定每天說這句話是否還有任何意義。

我們或許會說「我愛你」，或等待說出口的正確時機，或希望別人對我們這麼說，但大家對於這句話的意思並沒有一致的共識。

有人認爲這句話表示「我想和你共度一生」；有人認爲這句話意味「我想和你共度一夜」。在一生和一夜之間，還有無數種不同的意思。也有人認爲這句話沒什麼特別的意思，只不過當下萌生貌似愛的感覺，因此話就這麼脫口而出了。

於是有了很多混淆、溝通不良，和錯誤期待的空間。

作家莎曼珊．泰勒：「我第一次和現在的老公說我愛他，是我們剛開始交往的時候。那年頭大家眞的會講電話。我們老是抱著電話聊一整晚。就在聊得昏昏欲睡、神智不清的情況下，我告訴他，我想跟他說我愛他，但我怕會將他嚇跑。他說：『別擔心，對我來講，說『我愛你』沒什麼大不了的。我愛我媽、我愛我的朋友、我也愛妳。』好極了，他愛我就像愛他媽，還眞浪漫啊。」他的意思是他對「我愛你」的定義跟她不一樣。他的定義比較廣、壓力沒那麼大，也不特別浪漫。她補充道：「幸好，他對我一定還是有些浪漫的情愫，不然我們也不會結婚，現在都當了快十年的夫妻了。」[2]

對家人、對朋友、對情人，在許多不同脈絡下，我們都會說「我愛你」——沒什麼別的意思，只代表有一份情誼存在。然而，我們卻會根據自己假設的意思，對他人有所期待。「我愛你」是不帶承諾的。不代表要一起生兒育女，也無法保證彼此會努力經營這段感情。「我愛你」是一個很美的開始，但並不能替代其他許多有意義的對話。

一項調查顯示，相較於女性，男性會更快說出「我愛你」，平均只須八十八天；女性則平均需要一百三十四天。此外，高達三十九%的男性會在相識後的第一個月就開口說愛；女性則只占了二十三%[3]。很難想像才幾個星期就說「我愛你」的人，他們的伴侶會認爲這句話背後代表了什麼意義。

或許你自認爲了解對方，因爲你們相處過一段時間、你也很喜歡他的個性，但你可能不知道他的夢想、價值觀、優先考量，或對他來說什麼事情很重要。你以爲自己很了解對方，但其實你對他只有很粗淺的認識。

愛需要時間。

這並不是在說要完全了解一個人才能愛上對方。我們對伴侶會不斷有新的認識。但只基於一點粗淺的認識就貿然愛上一個人？在人生的其他方面，我可不認爲你會在資訊量這麼少的情況下做出重大決定。

愛不是非黑即白——愛、不愛，只能選擇一種。有人每十年重立誓約，或藉此鞏固曾許下的諾言，或藉此表達愛意的滋長。有人談的是遠距離戀愛。有人是炮友。有人離婚，但找到辦法和平、自在地一起照顧子女。近來，我參加了一場婚禮，婚禮上有人跟我分享自己的故事，說他剛結束一段感情。他們在一起很久了，但他說道：「我們很相愛，但離開才是繼續相愛最好的辦法。」離開也是一種愛。否定愛的各種形式，就是在抹煞許多美好的可能。

認識愛的不同面貌，才能知道該如何定義兩人之間的愛，並尊重彼此對愛的定義。一旦將「我愛你」說出口，就要兌現這句話的意義——不只是我們認為的，還有我們所愛的人的想法。反之亦然，接受他人的愛時要明白，每個人自有對愛的一套定義，不一定和我們的定義相同。

在確定自己愛上對方前、開口說出「我愛你」前、判斷對方說的「我愛你」是什麼意思之前，我們必須想清楚自己如何定義愛。

我們期待的愛是什麼感覺？我們如何判斷自己愛不愛對方？又從何而知對方愛自己？避免溝通不良唯一的辦法，就是不要只用三個字來談愛。這項法則有助於釐清我們說出的「我愛你」是什麼意思、當伴侶說「我愛你」時又可能是或不是什麼意思，以及雙方要如何達成共識。

愛的四個階段

在告訴彼此「我愛你」時，我們很少加以說明。那些浪漫的誇飾不算，像是我愛你「那麼多」或「願意爲你摘月亮」。

說愛和沒說愛還挺黑白分明的——要麼說了，要麼沒說，我們沒給各式各樣的愛或不同程度的愛太多空間。

但關於愛的實踐，我們可以從「奉愛」的傳統中得到一些啓示。奉愛是印度教在西元八世紀的一項運動❶。奉愛運動將愛上神的歷程分成幾個階段：第一階段是「信心」，信仰的火花讓我們對神產生興趣。請注意，就連與神連結也有一份渴望存在。好奇和希望驅使我們投入，進而帶我們來到下個階段：「親近聖賢」，亦即渴望與精神境界較高的人來往。在這個階段，我們找到一位有助我們更上一層樓的靈性老師／嚮導／前輩。在親近聖賢之後則是「奉愛行動」，將信仰化爲禱告和參加宗教儀式等行動。隨著信仰的堅定，我們漸漸掙脫物質的羈絆，達到堅定不移的自我實現，並找到事奉神的「熱情」。這份熱情又讓我們對神的依附更深，來到「極樂」——這是對神純粹的愛的預備階段。最後，我們達成對神「純粹的愛」。

這是至高無上的人生階段，也是愛神的最高境界，我們和神的關係不受敬畏、敬仰，或任何高下尊卑的束縛。[4]

奉愛的階段論，說明了人和神之間親密、直接的關係，這套觀點在許多方面都能用來解釋人與人之間如何相愛。因此，我決定以入世的角度重新詮釋，用它來闡述理解他人與愛人的實踐方法。

說到愛情，大多數人會抱持遇到就知道了的想法，但在不同時期，我們對愛可能有不同的體會。接下來要講的愛的四個階段，可能每個階段看起來、感覺起來都像愛，而且都是愛的旅途的一部分。

如何判斷自己愛上了一個人？天天電話熱線不是愛、用餐時幫你拉椅子不是愛、看到對方就覺得喜滋滋、暈陶陶，也不是愛。

愛不是純情的童話故事，但也不用務實地從清單上勾選條件。認識愛的四個階段，有助對愛產生不同理解、找到自己對愛的定義，並清楚表達我們對愛的感覺。與此同時，認識愛的不同程度，有助我們了解伴侶對愛的想法，爲什麼和我們不

❶譯注：在印度教當中，「奉愛」指的是對最高神祇三相神的信仰，亦即為至尊主奉上的愛。

同。知道自己處於何種階段，能讓自己為進入下個階段做準備。還沒準備好？可以先享受一下目前這個階段，但心裡要清楚這樣的狀況無法長久維持。

愛情的進展不見得會按照這個順序，本書剩下的部分，會展示出我們是如何在各階段之間來回。不只是伴侶，和人生中的每個重要他人，我們都會在愛的不同階段之間來回。這就是愛的練習與實踐。

愛的四個階段：

1. **吸引**
2. **夢想**
3. **掙扎與成長**
4. **信任**

階段一：吸引

在第一階段，我們擦出了好奇、興趣和吸引的火花，想知道這個人是否值得我們付出時間和心力。

根據研究結果，「愛」的感受其實是大腦中三股不同的驅動力——欲望、吸引、依附。[5]

人都渴望人際互動。當「欲望」轉變爲「吸引」，我們就會開始將這種與人互動的欲望，集中在特定的某個人身上。大腦中產生「欲望」的化學物質，和產生「吸引」的化學物質不同。[6]欲望主要來自睪固酮和雌激素，吸引則和多巴胺（產生獎勵作用的神經傳導物質）及正腎上腺素（大腦版的腎上腺素，與多巴胺結合就會產生圍繞著目標對象的幸福感）有關。在這個階段，血清素會下降。血清素是讓人感覺良好的荷爾蒙，血清素下降，會導致我們在受到吸引初期產生焦慮和急切。懷抱目標對象可能是「對的人」的希望和信心，會讓我們充滿好奇、產生激動、興致勃勃，於是我們「向右滑」。❷

愛情往往始於這種令人激動的可能性暗示。「激動」表示感興趣及想要更多。

---

❷譯注：在Tinder之類的約會交友app當中，軟體會跳出一張張個人照片，向右滑是「喜歡」，向左滑是「不喜歡」。用戶雙方都「向右滑」表示喜歡，就會成功配對。

這種化學作用很美妙。然而，請小心，不要認爲愛情皆始於化學作用，更不要以爲化學作用就是愛情的全部。這種感覺眞的是愛嗎？時間自會提供答案。

想想，一張在網站上看起來很好的椅子、很適合照片展示出來的空間，於是你下訂了。但實際到貨後，它坐起來很不舒服。在「吸引」階段，我們憧憬對方呈現出來的樣子，卻無從得知和對方實際在一起會是什麼樣子。我曾認識一個花心的傢伙，每個月都會說自己又愛上了一個女孩——或許是偶然邂逅的人或在IG上認識的人。他會爲對方神魂顚倒個一星期，但幾星期後就換了對象。

在受到吸引的階段，我們瞥見愛情的美妙。停留在受到吸引的階段很愉快。面對新認識的人，我們只露出最好的一面。小心展現自己想讓對方看見的形象，幾乎沒有爭吵、期待，和失望。我們可以繼續維持彼此是絕配的美好想像，但要離開第一階段、進入下個階段，雙方勢必需要更深入的交流。

科學研究證實，深入交流是關係緊密的好預兆。

亞利桑那大學土桑本校的馬太亞斯・梅爾教授團隊，研究了談話對情緒健康的影響，尤其是日常閒聊及有意義深談之間的差異。[7]他們請七十九位受試者配戴記錄器度過四天的生活。記錄器是用來錄下環境音的片段。四天期間，每位受試者產生了大約三百段錄音。接下來，研究人員聆聽這些片段，整理出受試者獨自一人和與人交談的時段，並記錄他們談話內容的深淺。較深的談話如：「她愛上妳爸？所以，他們後來很快就離婚了嗎？」較淺的談話如：「你手上拿的是什麼？爆米花？看起來好好吃喔！」研究人員也透過一系列的自述，來評估受試者的情緒健康，例如：「我自認是一個快樂的人，對生活很滿意。」發現相較於閒聊，與人深談能獲得更高的幸福感。

「深入交談」不是一種對話技巧，而是透過真心誠意的談話建立起的真正交流。我們可以在與人建立互信關係時，檢視自己敞開心扉和暴露弱點的意願。社會科學家說，脆弱促成了有來有往、循序漸進的自我揭露，[8]意指隨著時間拉長，伴侶開始向彼此暴露自己脆弱的一面——這就叫做自我揭露。

自我揭露不代表一口氣展示出所有的自己。在聊得渾然忘我的當下，有時確實會有毫無保留、掏心掏肺的衝動，但這裡不是指這種情況。而是隨著時間漸漸顯露自己真實的個性、價值觀和目標，讓彼此藉以判斷雙方的契合程度。抱持「慢慢來」的態度暴露自己的脆弱，能讓人更有安全感——感覺起來，自己並不是太快就對一個還無法完全信任的人暴露太多。順利的話，便可以按照自己覺得自在的步調，道出更私密的心事——這就是循序漸進的自我揭露。這樣的揭露是一份禮物，雙方都給出這樣的禮物——這就是有來有往的自我揭露。在有來有往、循序漸進的自我揭露之下，便能開啓對彼此眞正的了解。

三次約會法則

根據我輔導個案的經驗，通常三次約會就足以判定雙方是否適合。這三次約會**不見得是最初的三次，也不必接連約三次**。可以將三次約會分散開來。有時只是看個電影就已足夠！

在三次約會中，需要觀察三項重點是：自己是否喜歡對方的個性、能否尊重對方的價値觀，以及是否想協助對方達成他的目標。在每次約會過程中，你可能會發現某個重點的某些部分。但爲了簡單起見，我建議依序注意這三項重點，每次約會注意其中一點就好。

首先從個性開始。這是最容易發現、了解，及找出共同點的部分。從對方的個性中，你可以看到過去是如何塑造了現在的他。接著探索對方的價値觀。價値觀定義了今日的他。第三次約會則要設法了解對方有哪些目標，包括他未來想要什麼。

第一次約會

首次約會的重點，是評估雙法是否喜歡彼此的個性。

你們在一起開心嗎？享受彼此的陪伴嗎？談話流暢嗎？哪些部分讓你感覺自在？如果有不自在的地方，原因是什麼？爲了達到這個目的，請適當穿插閒聊與深談。最愛的電影或旅行計畫之類的趣味話題，無助於深入了解一個人。不妨問些讓雙方都能吐露更多個人細節的問題，像是彼此的怪僻和缺點。還記得嗎？在認識與建立信任的過程中，逐步暴露自己脆弱的一面。這次約會的重點在於看看自己是否喜歡、欣賞對方的個性。設法多了解對方一點，或發掘你不曾看過的一面。

底下有一些在第一次約會可以問的輕鬆問題。你會看到這些問題都是關於品味和愛好，涉及的領域多數人都不會覺得不自在，但卻有機會讓人展現出眞正的熱忱所在。當你問人吃過最棒的是哪一餐，這個問題不單單是關於食物，而是要開啓一個更大的話題，接著延伸這一餐是在哪吃的、在什麼時候吃的，以及爲什麼很特別。問問對方是否有什麼是想多了解的，藉此可以發現對方好奇的主題及想追求的興趣。如果聊到某個很強烈的愛好，例如對電影和書籍的品味，可以深入挖掘對方的偏好以更了解他的想法。即使自認爲很了解對方，答案也可能令你訝異。

- 有什麼事是你愛做的？
- 你有最愛去的地方嗎？
- 有沒有哪一本書或哪一部電影，讓你看了不只一次？
- 目前占據你心思的是什麼？
- 有沒有什麼事是你想多了解一點的？
- 你吃過最棒的是哪一餐？

這不是面試。任何一場對話都是雙向的。這些問題不只能讓彼此了解對方的個性，也能藉此判斷對方是否對你感興趣。他是否也反問你相同的問題？當談話焦點轉移到你身上時，他的行爲是否表現出想了解更多？

試試看 為第一次約會做準備

回答下列我建議你提出來的問題，寫下自己的答案。

- 有什麼事是你愛做的？
- 你有最愛去的地方嗎？
- 有沒有哪一本書或哪一部電影你看了不只一次？
- 目前占據你心思的是什麼？
- 有沒有什麼事是你想多了解一點的？
- 你吃過最棒的是哪一餐？

知道自己的答案後，問問自己，這些答案透露了什麼訊息給對方？這些問題顯示出你最強烈的愛好了嗎？這些問題展現出自己最重要的特質了嗎？若否，是否有其他問題可以問出重點？把那些問題列出來，在下次約會時用上。

第二次約會

這裡指的「第二次約會」不是眞正次序上的第二次，可以是一起去跳舞、逛博物館，或輕鬆的吃飯聊天之後的某一次。

知道兩人都愛同一部電影或同一道菜，無法說明雙方的價值觀是否合拍。溫和地鼓勵約會對象分享有意義的人生故事及個人細節，互相回答問題。再次切記：這不是面試。事實上，如果對方對某個問題產生猶豫，你可以說：「我知道這是一個很難的問題，我先回答。」你的答案可以呈現出你的價值觀。如果問題是關於你這輩子見過最有趣的人，不要只說名字，試著分享更多，說說這個人哪裡有趣、你從他身上學到什麼、如果可以再見到他，你想問他什麼。如果聊到你曾做過一件違背個人原則的事，可以進一步告訴對方，怎麼做才符合你的原則、你爲什麼抱持這種原則，又是什麼原因讓你違背了自己的原則。

如果對方還無法敞開來談也沒關係，循序漸進的自我揭露是逐步累積的過程。有時我們自己準備好了，就以爲對方也是，但每個人都有自己的步調和時機。提出問題並洗耳恭聽，看看對方是否有所遲疑。給對方改變話題的空間，問問：「這個話題是不是太沉重了？」或：「好像現在先不要聊這個比較好？」

然而，不只要避免拷問約會對象，也要避免自己說得太多。以不請自來、太深入的私事占據所有談話，只會令人渾身不自在。以自己舒適的步調逐步敞開心扉、暴露弱點，就能幫助對方卸下心防、分享現階段願意分享的心事。

以下是第二次約會可以問問看的問題。這些稀奇古怪的問題，有助於讓雙方了解彼此重視的事物、覺得什麼有趣、如何面對挑戰、如何承擔風險、如何做決定等。

- 你見過最有趣的人是誰？
- 你做過最瘋狂的事是什麼？或有什麼很瘋狂的事是你想做的？
- 你的人生發生過很大的轉折嗎？
- 如果中樂透，你預計怎麼花掉獎金？
- 你做過最隨興的一件事是什麼？
- 能不能聊一件你遇過的困難？
- 有什麼事是讓你覺得還挺驕傲的嗎？
- 如果賺夠了錢、再也不用工作，你會想做些什麼？

請注意，讓這些問題在不帶壓力、不勉強的情況下進入更深的談話。先別問對方人生最痛苦的經歷或內心最黑暗的祕密。上面列出的這些問題，是想讓你們以輕鬆有趣的方式了解對方。不要認爲自己的看法比較好。兩人提出的只是來自不同背景、不同經驗、不同教養方式的不同觀點罷了。

第三次約會

第三次約會，應該安排在可以自然分享你對未來的想法時。

正如同兩人不需要有相同的價值觀，彼此不一定要有相同的目標。其中一方可能對人生有完整的規畫，而另一方還在摸索人生的意義。第三次約會可以嘗試問得深入一點，例如以下這些問題：

- 你有沒有什麼希望有天能實現的夢想、工作目標、旅遊計畫，或個人成就？
- 你的人生有沒有想改變的地方？
- 你有沒有想見的人？這個人是誰？

・有沒有哪一刻或哪件事改變了你的人生？

・有沒有哪個人是你心目中的良師益友？

以這三次約會得到的資訊和體驗，判斷自己是否**喜歡**對方的個性、能否**尊重**對方的價值觀，以及願不願意**支持**對方追求他的目標。

請注意這裡使用的動詞。兩人的個性不一定要相同，只要都喜歡彼此的陪伴。兩人不一定要有相同的價值觀，只要能彼此尊重。對方的人生目標甚至不必是自己喜歡或想要的。重要的是，你是否有興趣讓這樣的人，以及他想追求的事物，成爲你的日常、貼近你的生活，或陪在你身邊？某些目標當然免談，例如搶銀行。在合理範圍內，你是否喜歡這個人到只要是對方想追求的你都想幫他？或者，如果對方的目標是解決洛杉磯街友無家可歸的問題，這樣崇高的目標，就顯得他更有魅力了。

受到吸引之後是編織夢想。隨著時間過去，如果還是受到這個人的吸引，我們就會開始想像兩人關係可能的發展，來到了第二階段。

階段二：夢想

到了愛的第二階段，許多人會進展得很快。這個人對我們的吸引力，說明他可能符合我們的理想，但眼光有可能被理想蒙蔽，使得我們認不清這個人，也忽視了自己的需求。

在這個階段我們要破除錯誤的期待，不以夢幻的想像、而是務實的期待爲基礎，勾勒、構築，及維護一份穩固的關係。

錯誤的期待

在這個階段，我們心裡往往有一份伴侶應該具備的特質清單。有時是很具體的要求或條件，例如事業有成、有房有車、愛看籃球、年紀幾歲、體能如何、預計明年結婚等。

心理學家麗莎．費爾史東曾表示，科技誇大了不實的期待：[9]「交友網站助長了『世上有無限選擇』的錯覺，導致有人永遠在尋覓，或落入某個研究團隊稱爲『關係購物』的循環裡——像拿著購物清單在採買，不自覺想尋得一個完美對象，或符合心中（或交友網站的自介檔案中）各項預期標準的人。」[10]這種列清單的做法，可能會將理想條件變為必備條件。每個人都有自己的過去、缺點，甚至創傷，符合清單上每項條件的人很可能就是不存在。

比較可行的做法，是以多樣的人際關係來滿足清單上的不同需求。研究顯示，快樂的人擁有多種親近的人際關係。因此，無論有伴與否，我們都不該期望能藉由同個人滿足自己的所有需求。研究愛與感情的神經科學家約翰．卡西歐波告訴《紐約時報》：「兩人感情好的其中一個祕訣，在於受到對方吸引是出於選擇，而非需求。」[11]

我們希望伴侶在人生中想要的東西和我們相同——相同的生活水準、相同的朋友關係、相同的家庭結構、相同的喜惡、相同的金錢觀（存錢和花錢）、相同的未來規畫（工作應該多努力、多成功、住在哪裡、如何應付出乎意料的挑戰、何時該有一點變化）。即使沒說出口，甚至不曾去想，我們也會下意識認為，雙方要有相同的價值觀和目標才能相愛。當一方想要全家人一起共度星期天、一方卻想去打高爾夫球；男方想見女方親友，但女方還沒準備好，雙方都可能貿然將此視為彼此不合的徵兆。或者，當兩人感情已經很深，一人想移居到別的城市、另一人不想，其中一人也可能將此解讀爲「他不愛我了」；一人想結婚，另一人還沒這打算，其中一人或雙方，或許就會覺得這段感情沒戲唱了。

這階段還有一個常見現象：期待伴侶會讀心術——最好一開口，對方就懂我的意思，而且和我有同感。我們期待對方呼應我們的情感和渴望、選中我們夢寐以求的禮物、猜到我們想怎麼過生日，或今天晚餐想吃什麼、知道我們想受到多少關注、又想要多少私人空間。

然而，創造共同的回憶要好過想要相同的東西。如何處理差異，要比找到共同點更重要。

在第二階段，我們要將夢想融入現實，透過建立節奏和規律創造空間，小心呵護地慢慢培養兩人的感情。

節奏和規律

與其追逐「從此過著幸福快樂的日子」的美夢，不如花時間了解對方、建立彼此之間的交流。美夢是虛幻不實的。現實有意思多了。在理性、制式的職場，我會建議領導者融入情感，軟化冰冷、僵硬的組織及流程。但在感性的伴侶關係中，我鼓勵大家以制度化的方式爲感情世界建立一點條理與秩序。

節奏和規律能幫助我們維持穩定的步調，逐漸認識眞實的彼此。我們知道彼此都在尋求長久穩定的關係，並希望對方就是自己要找的人。相較於設法符合錯誤的期待，雙方共同建立起的節奏和規律，能讓這段關係以更實際的「相處時間」及「相處方式」爲基礎。不必再揣測自己感興趣的人下次什麼時候會打來，也不必玩等個幾天再回電的遊戲。

我們也開始設下健康的界線，同時觀察伴侶對這些界線的反應。界線有可能是身體上的（有人選擇慢慢來的親密關係），也可能是時間或情感上的。加拿大高接觸通訊公司做過一項調查，結果顯示多數人期待朋友、家人或交往對象在五分鐘內回覆簡訊。但如果在上班時間，大家給朋友和家人的時間會拉長至一小時，卻依舊期待交往對象能在五分鐘內回訊！[12]（我個人的經驗是要給拉蒂五天左右，而且還要提醒她才行！）

臨床心理學家塞斯．梅耶斯建議剛交往的情侶謹愼行事。[13]他在《今日心理學》中寫道：「立刻就有許多肢體上的互動，會讓感情更濃烈，也會蒙蔽你看對方的眼光。」透過激情的眼光去看，可能導致你忽略一些警訊，若是沒有受到肢體接觸（尤其是性愛）產生的化學作用影響，這些警訊會更明顯及令人憂心。立刻和對方有過多肢體接觸，等於是在跟一個你不太了解的人貿然拉近情感上的距離。梅耶斯寫道：「如果你其實不了解勾起你的激情的這個人，你可能會置自己於風險中。如果這個人心地善良、人很好，而且想要的東西和你一樣，那沒問題；如果這個人談戀愛的目標和你不同，你說不定會落得孤單寂寞或遭背叛。」他建議：在剛交往的第一個月，雙方一週見面不要超過一次，一切順利的話再慢慢增加約會的頻率。「舉例而言，剛認識一個或許可以結交的朋友時，你可能不會在第一次見面後，就急著要每星期都見上幾次，」梅耶斯寫道：「投入新戀情的準則爲什麼要和認識新朋友那麼不同呢？」

雙方分開的時間及空間，和相處的時間一樣，都有加分的作用。請試著在兩人時間、獨處時間、和各自朋友在一起的時間，以及和共同朋友在一起的時間之間找到平衡。在一週當中，或許可以選擇一個晚上自己獨處、三個晚上兩人共度、兩個晚上和彼此的共同朋友聚聚，還有一晚和自己的朋友度過。

如此一來，兩人不僅擁有相處的時間，也有了自我沉澱的時間、結伴和其他人一起活動的時間，以及與不同方式和各自的朋友放鬆的時間。建議規畫時間時，好好告訴對方爲什麼這樣的安排對你來說很重要。只說「我需要獨處」會讓對方疑惑自己是不是做錯了什麼，說「我需要獨處的時間，因爲我壓力很大」則給了對方支持、理解自己的機會。下列的日程表只是舉例，但希望能給你一點靈感，看看你可以如何安排自己的日程。

試試看　安排時間表

雙方一起決定彼此談話、傳訊息和見面的頻率。找出輕鬆的節奏和健康的比例，訂出雙方都可行的時間表，也決定一下自己想如何分配閒暇時間。不用制式到每星期都一樣，但當你清楚自己的時間要如何安排，就不容易產生焦頭爛額的感覺。

- 獨處之夜
- 共度之夜

‧和共同的朋友或家人相聚的夜晚

‧和自己的朋友相聚的夜晚

我們經常不去訂出節奏和規律，只是一味擔心和揣測這段感情會往哪走，或是選擇和朋友訴苦，卻不敢跟和伴侶好好談談，只因爲不想給對方壓力，或讓對方覺得自己很急。

但在這個階段，雙方都敞開來談自己對這段關係的感受，可說是再恰當不過。談話間，對方的反應不見得符合你的期望，步調和投入的程度也可能和你不同。**但這不代表這段感情沒救，只表示彼此可以抱持更清楚的認知繼續交往**。如果談論這類的話題把對方嚇跑了，那也不是你的錯。你可是替自己省下了等待的時間。否則很可能要花上數週至數月，才能看出這段感情的發展。

談話間，你不見得會喜歡自己得知的訊息。然而，就算對方的回覆或反應不如預期，也不代表這段感情走不下去，只代表彼此可以更清楚地朝某個方向前進。

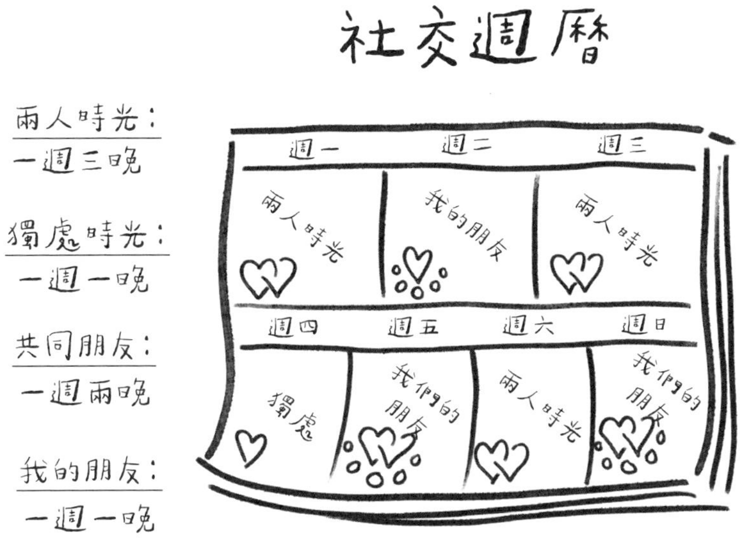
社交週曆
兩人時光：
一週三晚
獨處時光：
一週一晚
共同朋友：
一週兩晚
我的朋友：
一週一晚
週一
週二
週三
兩人時光
我的朋友
兩人時光
週四
週五
週六
週日
獨處
我們的朋友
兩人時光
我們的朋友

不要	而要
揣測對方什麼總是不打來。	協調好聯絡的時間，好過只是懷著希望或交由命運。
認為對方太忙了，沒時間理你。	討論接下來的一週雙方何時很忙碌、何時有空閒。
認為對方太急了。	告訴對方你喜歡慢慢來，但那不表示你沒興趣。
認為對方的進展太慢。	告訴對方，你想確定雙方渴望一樣的目標。
擔心對方還不把你介紹給親友。	透過交談來了解對對方而言很重要的人和重要的原因，藉此熟悉他最親近的人際關係。
揣測對方有別的對象。	直接詢問對方是否想和自己一對一交往，聽聽對方的想法。

階段三：掙扎與成長

人都渴望相愛、相戀、相守，但不可能每天都過得像情人節。摩擦碰撞是難免的，伴侶一定會發現各種彼此不同調的地方。在階段三，我們開始得面對這些差異和失望，想清楚自己願意付出多少心力解決問題，或與問題共處。

你可能想像得到，我在當僧侶時有很多自省時間。有次，上師請我們一群人，以一到十分評估自己內心的掙扎。由於功課很繁重，我們每個人都給自己的掙扎程度打了很高的分數。接著，上師說：「好，現在想像一下，這樣的兩顆心試著要一起相處，又會有多掙扎。」

兩個人來自不同的家庭，各有各的信仰、價值觀、期待和夢想，相處起來勢必無法一帆風順。愛一個人，意味你重視對方到願意面對棘手的相處問題。

伴侶關係是項精緻、微妙的設計，就是用來讓我們煩惱的。

一個人過確實比較單純，沒人在旁質疑你的做法，或目睹你的缺失。然而，有伴的時候就不同了。有意識地覺察兩個人的相處狀況是很不容易的。許多伴侶不願認清眞相，認爲眞相是一種負擔。人們總期待伴侶間能自然心意相通。但這是極爲罕見的狀況，而且往往意味彼此沒去處理較爲棘手的難題。我們需要透過犯錯找出有待改進之處、努力做得更好，讓兩人作爲個體不僅能各自成長，也能一起成長。

許多挑戰都是日常瑣事。舉例來說，在我成長的家庭，大家吃完晚餐和點心會先聊聊天、消磨一下時間，然後才洗碗。拉蒂家則是吃完晚餐先洗碗、再吃點心，最後才會放鬆下來聊聊天。我們剛開始以夫妻的身分在家中招待客人時，拉蒂用完晚餐就會一個人先去洗碗。沒幫忙洗碗令我感到愧疚。我總說我晚點會洗，我是說眞的！但她改不掉從小到大的習慣，我也是。通常聽到伴侶說「晚點再洗」，會讓人覺得這不過是懶惰的藉口，但諸如此類的差異，往往源自家庭背景、文化和習慣。

小問題諸如她會打呼、他總是遲到、他想看電視而我想逛博物館、我受不了她的閨蜜、他假日總想和父母一起、他養了三隻貓而我對貓過敏；大問題諸如他欠了一大筆學貸、她的火爆脾氣、遠距離戀愛但兩人都不想搬家、她不想生小孩而我很愛孩子。

大大小小的意見不合考驗著兩人對感情的信心。你可能會想：我以爲我愛你，但……

這種情況下有三條路可走。

其中兩條通往重要的領悟——一是領悟到這個人不適合自己，可以離開這段關係了；二是領悟到這段感情可以有樂觀的進展，兩人可以一起解決問題、一起成長；三是裝聾作啞繼續在一起，不做任何改變。但我建議別選第三條路。

就定義「愛」而言，這個階段很重要。要麼認清這段感情確實走到了盡頭，要麼面對問題、有所成長。如果是後者，彼此都將會體驗到更強大、更堅韌的愛。到了〈法則五〉和〈法則六〉，我們會再深入探討諸如此類的磨合問題。

階段四：信任

一起克服挑戰之後就會有所成長。

經歷了包容、調整和適應，讓雙方能從共同的成長中培養出對彼此的信任。第四階段也是最高的階段。在這個階段，衡量自己對伴侶信任程度的深度及廣度，是了解及定義這份愛的一項辦法。有時，我們以爲信任是黑白分明的：信，或不信。但信任是透過行爲、想法及言語逐步建立起來的。不該因爲一個人對自己好就立即信任對方，應該一點一滴、一天一天付出信任，慢慢透露自己的事，看看對方對我們的坦誠作何反應。經由先前互爲基礎的幾個階段，我們才會來到這個階段。

信任始於自身。我們自己必須是個值得信任的人。這意味想法與言行的一致，表達眞實的想法，並落實到行爲上。這也意味我們可以信任自己。如果今晚想一個人過，那就這麼和伴侶說，並眞的獨自度過一晚，體會獨處的好處、感受給自己的這份禮物、相信自己可以好好照顧自己。我兌現自己的承諾，讓對方看到我值得信任。同樣地，我也爲伴侶做一樣的事，藉此鼓舞對方以同樣值得信任的表現作回應。

當一個人讓你有安全感、當他做出明智的決定、當他的言行舉止符合你認同的價值觀，都會加深我們對對方的信任。

要評估信任伴侶的程度，有**身**、**智**、**情**三個層面要考量。

身的層面是指，對方在身邊時能帶給我們安全感，並感受到對方的關心。在他身邊的感覺很好。他想跟我在一起，而且他不但人在這裡，注意力也在我身上。

智的層面是指，能信任對方的想法、判斷和考量。不需要認同對方大大小小的每個決定，但你確實相信他知道該怎麼做。

情的層面是指，能信任對方的操守、信任他這個人。他對你好嗎？他支持你嗎？不管是對你、親近的朋友，還是對一個服務生，你相信他在你和其他人面前的表現嗎？

如果對伴侶沒有全面、絕對的信任也沒關係。人非聖賢。伴侶可能會犯錯，犯的錯可能會挑戰彼此的信任。發現伴侶的過錯或缺失時，想想這件事有多嚴重、對你會造成什麼影響。在對自己很重要的事情上如果無法信任對方，請坦白說出自己的疑慮，給對方機會修復彼此的信任。兩人之間如果不坦白、有祕密或耍手段，不可能增進彼此的信任。建立信任需要時間，且在過程中需要持續呵護及維繫。

用百分比來比喻，每次的心口如一、言行一致，都能讓彼此的信任增加一個百分點。一開始，我們相信彼此說的是事實——跟誰在一起、正在做什麼、心裡怎麼想。每次說實話，就能讓彼此的信任增加一個百分點。接下來，我們藉由溝通希望伴侶能理解自己的感受，而對方聽了進去，彼此的信任程度又增加了幾個百分點。當兩人能坦白自己的過錯與缺失，這份信任就再更深了一點。然而，信任是變動的。當一方不理解另一方，或故意誤導、甚至背叛，信任就可能瞬間瓦解，需要重新建立。但若能一起克服挑戰，雙方也可能再度重拾信任。當信任到達一定的程度，彼此開始分享計畫與夢想，最後願意揭露內心創傷。

深厚的信任能讓彼此在身、心兩方面，都感覺到安全、有保障的愛。伴侶成爲我們分享好消息和壞消息的好對象，你知道無論好、壞，對方都會在身邊，幫助我們度過挑戰，以及一起慶祝成功。

試試看 信任的日常

平日裡，我最愛用來表現信任的辦法，就是注意到對方兌現承諾了便予以肯定。

當別人大費周章對我們好、給我們驚喜時，我們會致上謝意與感激。伴侶出乎意料準備了美味的晚餐，或做了一件難得的事，我們會用滿滿的感激回報對方。但信任是默默隨著可靠的表現而來的，如果平時伴侶就會準備晚餐呢？我們應該為對方每天的付出表示感激。獲得肯定能讓人越做越起勁。建立信任也是透過相同的方式，表現出來就對了。

請在這週特別感謝一下伴侶，謝謝對方為這段感情的持續付出。說得具體明確一點。不要只說「謝謝你聽我說話」，可以說：「我知道我總是把工作情緒帶回家對你發洩，真的很謝謝你願意聽我說話、給我有建設性的建議。」

愛將一遍遍帶我們歷經這四個階段。我們努力去除雜質，不斷加深對彼此的信任，也不斷發現自己再度受到對方吸引。愛意味著彼此樂於一起經歷這個循環。

現在，你在階段二的夢想成眞了。一切可能和你想的不同，說不定比你想的更好。與其在腦海裡編織美夢，不如一起試著實現新的夢想。

試試看

一起構築腳踏實地的夢想

養成每月「感情健檢」的好習慣。每個月安排一小時聊聊彼此的關係，讓兩人確認哪裡做得好，並調整做不好的地方。

- **找出一個亮點**

  哪件事令你們很感激？這有助於雙方了解自己哪裡做得好。

- **找出一個挑戰**

哪件事令你們很掙扎？這有助於雙方了解自己哪裡需要努力。

接下來這個月，找一件事一起努力。可以是一次約會之夜、一場慶生會、一趟旅行，或是重新布置家裡的一個房間、一起上網研究旅遊資料。這麼做就等於是在一起構築共同的夢想、一起將兩人的感情經營成想要的樣子。

經歷伴侶關係的一切，意味面對愛情各階段的苦與甜。有時人們一直換對象，是爲了逃避愛一個人需要克服的挑戰。你可以每三個月就換個新對象、談戀愛談得很開心，但在調情、親熱、離開的循環中無法獲得成長。

持續的成長與相互理解，有助於維持愛的美妙、愛的連結、愛的信任，及愛的回報。從不認眞投入的人永遠沒有機會體驗愛。當愛來到互信互重的境地，伴侶彼此坦白、分享自己從不讓任何人知道的事，這種交流使對方來到一個獨特的位置。

人們鮮少從教學相長的角度看待伴侶關係，但在下一章，我們要探討的就是這個主題：伴侶如何以彼此爲師、相互學習。

法則四

以伴侶為師

愛不是彼此互望，而是共同望著同個方向。

——安東尼．聖修伯里，《小王子》作者[1]

禪宗有個古老的故事，是關於一個拜師求道的年輕人。

年輕人決定拜訪兩間道場。在第一間道場，年輕人走上前去，朝那裡的上師一鞠躬：「我想拜師求道。您覺得您可以教我嗎？」

這位上師微笑道：「當然。我看你應該是個好學生，我很樂意把我的智慧傳授給你。」

接著，年輕人來到第二間道場，他一樣走上前去，朝那裡的上師一鞠躬：「我想拜師求道。您覺得您可以教我嗎？」

這位上師也向他一鞠躬，但卻搖搖頭說：「說眞的，我懂的不多。但你如果願意晚點再來，或許我們可以一起坐著看夕陽。」

年輕人笑了笑、點點頭，選了第二位上師。

在介紹吠陀思想中的人生階段時，我提到每個階段都是一間道場。道場裡往往有一位德高望重的老師，也就是上師。從古時候起，世人就從四面八方來向拉瑪克里斯納或尼姆．卡洛里．巴巴這樣的上師學習，或前往位於達蘭薩拉的寺廟向達賴喇嘛學習。上師不只是老師、嚮導或教練，他們就像船長，以深不見底的慈悲和師徒之誼，幫助需要的人渡過波濤洶湧的人生之海。

在道場裡，上師會坐在課室後面聽弟子說話。教完課後，會請弟子分享心得。上師不是僧院指派，而是我們自己去找一位上師收我們爲徒。我們選他爲師、他也選我們爲徒。在去僧院以前，我在學校很抗拒權威。或許是自尊問題，當時我總覺得自己被老師品頭論足、打分數。相形之下，我在僧院遇到的上師，都很富有同理心和慈悲心、爲人謙沖自牧。

成爲僧侶初期，我和上師拉德納特尊者在倫敦，住在寺廟附近的寮房，我負責照顧他的三餐及其他需求。每天，他看到我的第一件事，就是在我面前跪下，並以額頭碰地。儘管他都快七十歲了，而我才二十二歲，是個初來乍到的菜鳥，他照樣向我的內在靈魂及精神力量致上敬意。

他不會說「你是徒弟，所以我說什麼、你就要做什麼」，他從不會打出上師這張王牌；我也不會說「你是上師欸，應該要爲我解惑啊」，我從不會打出徒弟這張王牌。我們互敬互重。

一段認眞投入的伴侶關係也是互相敬愛的，只不過方式不同，因爲彼此不是上師和徒弟的關係，而是互爲師徒。

我們通常不會把伴侶想成老師或嚮導，但沒有人可以只憑自己看清自己或世界。從獨處的反思中，我們知道，每個人都是從不同的眼光與有限的眼界看待彼此和世界。

倫敦大學學院的心理學研究者傑若米·丁恩說，一般而言，我們怎麼看待自己，就會認爲別人怎麼看待我們，而我們看待自己的眼光本就存有盲點。[2]

從自己的眼光往外看，我們就是世界的中心，某方面而言，一切都繞著我們打轉；心理學家稱這種現象為「自我中心偏誤」。這不是自戀，只是透過單一眼光看待世界的結果。而他人又是透過不同的眼光（亦即他們自己的眼光）來看我們。誠然，伴侶有他們自己的偏見，但學著由伴侶的眼光來看自己，我們看自己的眼光不只會變得寬廣，也會更為準確。伴侶就像立在我們面前的鏡子。這面鏡子存在的目的不是、也不該令你難過，而是當你在別人面前無所遁形，能讓你變得透明、更清楚看見自己需要改進的地方。在你努力改進自己時，伴侶只是一面鏡子，沒有批判或強迫、只有支持與鼓勵。

你的伴侶應該是一個你想跟他「一起學習」、也想「向他學習」和「透過他學習」的對象，反之亦然。一起嘗試新事物、事後一起反思，這就是「一起學習」。伴侶和我們分享他的專業，或用他的專業來指導我們，這就是在「向伴侶學習」。

「透過伴侶學習」是最難的。

和另一個人的思想、心靈和能量共處時，我們透過觀察這個人對我們的表現來學習。我們要用心觀察，並耐心體會對方的行為，從中找出可以學習的功課。這在伴侶惹惱我們時尤其困難。我們會覺得都是對方不好，殊不知，伴侶的行為和我們的反應，正是能教導我們認識自己的教材。與此同時，我們對伴侶的言行舉止，也爲伴侶提供了教材。這一段共學之旅，就是人生第二階段「家住期」的核心。

身爲伴侶的上師，我們要思考自己的言行舉止將對對方造成什麼影響。**上師帶給徒弟的是不帶論斷的指導、無私無我的智慧，以及不帶期待的愛**。爲伴侶扮演上師的角色，意思不是要灌輸知識、傳授智慧給伴侶（聽起來也不太舒服），但確實需要耐心、理解、好奇、創意，和自制。

我們無法憑空生出這些特質，伴侶是幫助我們學習這些特質的最佳人選。

僧侶之間的關係雖然不浪漫，但生活在共同的空間，意味我們在彼此面前無所遁形。大家都知道你有沒有保持個人衛生、人人都知道你有沒有好好打坐。長期穩定交往的伴侶關係也很類似，但伴侶之間比僧侶之間更暴露。無論好壞，伴侶都知道你的一切。

這一生遇到的每個人，都可能教會你一些東西，但並非每個人都是你的上師。最好的朋友、最親近的家人、一起修行的道友（對有道友的人來說）不能幫我們學習這些功課，因爲他們不像伴侶可以看到我們的一切。同事可能比太太更欣賞我的工作表現，但同事從未見過我的父母和兄弟姊妹。找朋友一起去看足球賽可能更合適，但我不想每天晚上回家都看到這位朋友。像僧侶般生活在一起的室友，勢必會看到彼此大部分的優缺點，但室友可能沒有意願助我克服人生的挑戰。親戚朋友對我的修行，可能有不同程度的敬意，但只有拉蒂知道我今天早上有沒有乖乖打坐！她不只比別人更常見到我，也比別人在更多的場合見到我。沒人比她更有資格幫助我變得更好。

我們結婚一年左右時，我很幸運在事業上有了突破。拉蒂一副無動於衷的樣子。她沒有為我慶祝。我決定到紐約打拚時，她答應和我一起搬去紐約，因為她對我有信心，但在我做出成績的時候，她似乎不怎麼稀罕。

我不禁要想：我太太為什麼不為我高興呢？我很確定她愛我。我們在我一無所有時相識，當時的她可以選擇其他追求者。她說她在許多方面都很愛我，但對於我在物質上的成功，她的反應不如我的預期。

但我想到同一年稍早，當時我們再過四個月就要破產，我告訴她我會想辦法，她的回應是：「我相信你。」頓時，我明白了。

我不想要、也不需要她為了我的成就來愛我。我不需要她來肯定我。肯定一個人的成功很容易，而她給我的是更了不起的東西——無條件的支持與信心。這比她為我的外在成就慶祝更有意義。

拉蒂對物質成功的漠視，幫助我養成「爲我本身的價值愛自己」的特質。她在無意間教了我這件事。她從沒說過「我愛你是因爲你本身的價值」，是我自己透過她的表現體會到的。這就是我們以彼此爲師的方式，沒經過訓練、沒刻意嘗試，甚至沒意識到。一直要到幾年後我告訴她，拉蒂才知道她爲我上了這一課。我很幸運她在我們一無所有時愛上我。如果當時的我已有一定的成就，我肯定會想要一個更欣賞我的成功的太太，那我可就大錯特錯了。

伴侶關係是用來成長的

如果你選擇一個可以一起成長的伴侶，那他就總有東西可以教你。

心理學家亞瑟．艾融和伊蓮．艾融提出「自我拓展理論」，指出人際關係——尤其是伴侶關係——可幫助我們拓展自我，以豐富、擴大我們的人生。[3]

根據自我拓展理論，如果這個人可以爲這段關係帶來我們本來沒有的東西，例如不同的技能（你居然會通水管！）、不同的個人特質（你是派對上的靈魂人物！），或不同的觀點（你竟然是在國外長大的！），就會促使我們想要跟這個人在一起。

伴侶拓展了我們的自我，因爲他擴充了我們能取得的資源。

大家對伴侶最常有的抱怨，本質上就是他不做我要他做的事（「她都不分擔家事」「他對我爸媽很沒禮貌」「他從不稱讚我」「他忘了我的生日」）。

但如果你認爲伴侶就該在你要他做事的時候去做你要他做的事，那麼我想改變你看待伴侶的方式。

這樣的關係不是伴侶關係，而是從屬關係。從屬關係建立在支配之上。這絕不是我們想和伴侶互動的方式。良好的伴侶關係是互相的。互相配合是人際相處的一部分。一起擬定時間表、協調彼此的責任、平衡雙方的生活。但理想的伴侶關係不只要互相配合，還要一起成長。

愛不只是服從或交換，愛是一起克服挑戰。

在前一條法則中，我們談到愛的第三階段「失望與領悟」時碰觸過這個課題。在這一章當中，我們則要探討你們如何透過一起克服挑戰向彼此學到最多的東西。

當你們了解彼此、看著彼此成長、並肩共同成長時，生活會很愉快。我們經常說想一起變老，卻忘記了一起成長的重要性。

互為師徒的互動關係，會讓彼此感覺是一體的。必須為一段關係付出努力，才能從關係中得到回報，但伴侶關係不是自動販賣機，不是只要付出就能保證立刻獲得回報。

付出必須真心誠意，而獲得的東西也將帶來啓發。

試試看

評估對方是不是能相互學習、共同成長的對象

就算剛認識，也可透過一些跡象看出對方或許不只是有趣的夥伴，也是能一起成長的良伴。問問自己下面的問題，你將能判斷對方是否適合一起成長、學習。

針對每個問題，勾出對方「總是」「有時」還是「從不」這麼做。

1. 他對自我認識有興趣嗎？一個人如果沒興趣學習認識自己，那他可能也沒興趣學習認識你。一個人如果熱中於自我成長，那他也會對你的成長有幫助。他喜歡嘗試新事物嗎？他是一個有自覺的人嗎？他對心理諮商、生涯輔

導，或其他自我發展的方式抱持開放態度嗎？他樂意跟你聊他做決定或做選擇的方式嗎？

□總是　□有時　□從不

2. 他了解自己的情緒嗎？你的伴侶善於了解和表達自己的情緒嗎？他只會聊一些很表面的日常瑣事，還是會分享內心的真實感受？他在敘述一件事時會談到自己的感受嗎？

□總是　□有時　□從不

3. 他有沒有試著了解你？他對你好奇嗎？自我覺察往往會讓一個人對別人產生好奇，雖然這並非一定。他有沒有利用自我覺察的技巧來多了解你？如果他的愛與關懷只限於自己，沒能擴及到旁人，那就表示他還在學生期。他還是自己的學生，還沒準備好要跟你一起學習。

□總是　□有時　□從不

4. 他有辦法自得其樂嗎？跟一個樂於獨處的人一起學習比較容易。樂於獨處表示他有自己的路要走，在他身邊你也可以走自己的路。

□總是 □有時 □從不

5. 他願意以開放的態度尋求新的辦法解決問題嗎？舉例而言，如果他和同事不合，他會諮詢你或朋友的建議嗎？他願不願意找那位同事聊、對同事讓步，或是邀同事共進午餐，緩和一下氣氛？學習和成長意味有決心、也有彈性從不同的角度解決問題，同樣的態度也適用於伴侶關係。

□總是 □有時 □從不

6. 他支持別人求進步嗎？觀察他是否努力支持朋友、兄弟姊妹或學生。助人是他生活的一部分嗎？這一點可以讓你看出他是否有家住期必備的能力、能否將愛與關懷擴及旁人。

□總是 □有時 □從不

7. 他是否激勵你變得更好？伴侶可以激發你的進取心——不是為了表現給他看，而是因為他相信你的能力，給了你追求個人志趣的信心。

□總是　□有時　□從不

這份評量表的答案不代表這段關係的成敗。看看你勾了「從不」或「有時」的問題，這些項目顯示出你需要下功夫的地方。如果你的伴侶從不花時間獨處，你必須明白自己要麼接受這件事，要麼鼓勵對方以他感興趣的方式開始嘗試獨處。你或許可以想一些有助他花時間內省的獨處活動（參見〈法則一〉的「試試看」）。或者，他可能缺乏自我覺察，以致影響到你們的關係。如果他不試著了解你，你就必須溫和地教他認識你，例如向他解釋：「下班後很累，我就容易發脾氣。週末再來談我們的財務規畫吧。」

不管是要報名上課，還是要訂Airbnb，我們都會先做功課再決定。諸如此類的練習就是在為伴侶關係做功課。只要願意以開放的態度教學相長，你的伴侶即使不具備上述各項特質，還是可以成為你想一起學習成長的對象。

成爲更好的上師

在《師徒書》（*The Guru and Disciple Book*，暫譯）中，克里帕穆亞·達斯談到傳統的靈性上師和徒弟之間如何幫助彼此。[4]他羅列了十四種上師的特質，這些特質最早是由中世紀哲學家吠檀多·德西迦提出的。我將其中某些特質的梵文和吠檀多·德西迦的翻譯整理如下，以示拙作所述的師徒特質有文獻上的根據。

不以領導者，而是以服務者自居

克里帕穆亞·達斯列出的其中一項上師特質是「dambha asuyadhi muktam」，[5]意思是「沒有自我中心或嫉妒他人之類的習性」。

還記得我的上師拉德納特尊者在我面前跪地鞠躬嗎？上師不會對徒弟擺架子，也不會試圖支配徒弟。禪師鈴木俊隆預計在一個星期三晚上造訪麻州的劍橋佛教協會。幾名會員在前一天開始打掃，以備迎接禪師的到來。就在他們打掃禪坐室的時候，門鈴響了——鈴木老師提前一天抵達。看到大家在打掃，鈴木老師笑了笑，他捲起長袍的袖子，加入打掃的行列。第二天，他又找來一把梯子，刷起窗戶來。[6]

只要對徒弟有幫助，上師都會豪不猶豫放下身段，無私也無我。助人是上師的榮幸，上師很感激。眞正的上師不要權力，只想給夥伴力量。

上師不會試圖命令、要求，或強迫伴侶做任何事，或變成他想要的樣子。上師不會說「你應該這樣做才對」，而會說「我有個主意想跟你商量一下」或「你有沒有從這個角度想過」。

在僧院裡，如果僧侶沒有準時起床，上師非但不會吼著說：「你是怎麼回事？爲什麼沒來做早課？」反而可能會說：「你睡得好嗎？有什麼我能幫忙的地方嗎？」上師關切的是晚起的原因，而不是這個行爲的後果。

在漫威電影《奇異博士》[7]中，外科醫生史傳奇是個不可一世的自大狂，後來他的雙手因爲一場意外受重傷，讓他沒辦法再執刀動手術。他急著想恢復能力，於是遠赴尼泊爾找至尊魔法師「古一」。史傳奇抵達時，他看到一名鬍子留得很長的長者，戴著眼鏡坐在那裡讀一本書。他說：「古一法師，謝謝您接見我。」爲史傳奇倒茶的女人站了起來，說：「不客氣，歡迎你。」他的求道之旅開始了。

古一給他看一張脈輪圖，他不以爲然地說自己已經在紀念品店看過這玩意兒了。接下來，古一施法讓史傳奇身歷其境見識到另一個次元，問他：「你在紀念品店看過這種把戲嗎？」

史傳奇敬畏地說：「教我。」

古一只說了聲「不」。

身爲伴侶的上師，我們雖然沒有高強的法力，給伴侶的教誨也可能無法如此簡單扼要。但重要的是，當伴侶看到你沒有要試圖控制他，或對他擺出權威姿態，他對你的信任和信心只會有增無減。

以身作則

克里帕穆亞．達斯列出的另一個上師特質是「sthira dhiyam」，意思是：即使處境艱難，心志也堅定不移。

這句話說的是上師要以身作則。

拉蒂要我好好吃飯、上健身房，但她不是對著我嘮叨，而是透過以身作則，誘導我養成更健康的生活習慣。她自己絕不偷懶。若不是她如此堅定不移、持之以恆，我也不會改變自己的習慣。上師親自示範良好的習慣，不是因爲他要試圖教育別人、指導別人，或自我炫耀，而是因爲他以身作則得很開心、樂在其中。

我有位客戶抱怨老婆花太多錢買包包和鞋子。但當我問起他的花費，他承認自己才剛買了一輛很炫的新車。太太就算買成千上萬雙鞋子，也不及那輛車的價錢。他用了自己都沒遵守的標準來要求伴侶。如果他擔心家裡的開銷，他可以提議他們雙方都開始注意花錢的習慣，但他不能要求她卻不約束自己。上師不會要求徒弟做自己沒做到的事。上師會從自己做起。聖方濟各說：「光是到處講道沒有用，除非我們所行是我們所傳講的。」[8]身體力行就會明白成長有多困難，因爲你對成長要下的苦工有切身的體會。以身作則讓你懂得同理和諒解伴侶，而不是一味論斷和期許伴侶。

支持對方的目標，而非自己想要的

「Dayalum」是上師對徒弟油然而生的慈悲和善意，我將Dayalum的意思延伸爲上師應該支持徒弟走自己的路。

奉愛經文中有個故事，是說印度和斯里蘭卡之間要造一座跨海石橋，所有動物都來幫忙。強壯的猴神哈奴曼，把巨大的岩石和石塊拋向漸漸成形的石橋，祂注意到急著想出一份力的松鼠把小石子往同一個方向拋。哈奴曼不屑地對松鼠說：「這有什麼用嗎？」

賢能的羅摩王子負責監管造橋工程，他跳出來說：「每個人都是根據自己的能力全力以赴，大石塊跟小石子是一樣的。」他指出小石子能幫忙固定大石塊，並感謝松鼠的貢獻。[9]

伴侶的潛力是我們的驕傲，能注意到伴侶的潛力並鼓勵他們發揮出來，我們也會覺得與有榮焉。但請注意別把自己的目標強加在伴侶身上。我們的目標僅在於幫助對方朝自己的目標邁進，而不是我們替他們設定的目標。

如果伴侶想學習靜心冥想，我們或許可以幫忙找相關的應用程式或附近的靜心中心，讓他們知道怎麼開始練習。但我們不能告訴他們應該多常練習，或應該從練習中得到什麼。如果伴侶跟我們的親人有衝突，我們或許可以指點他們尋求有助和好的資源，或是重新安排原有的計畫，給他們時間找到和解的辦法。但逕自安排伴侶跟親人去度假、逼他們非和好不可，這可不是好方法。同樣的道理也適用於健身、工作，或是跟新鄰居交朋友等目標。**幫助伴侶成為他們想要成為的人、成為他們心目中最好的自己、支持他們的夢想**。我們真心想看到伴侶成長。但如果試圖要對方做我們認爲對他們好的事，很可能只會讓伴侶不相信我們的意見。

成立美國佛教協會的日本僧侶佐佐木指月，剛開始學佛時遇到第一位赴美傳揚佛法的高僧釋宗演。釋宗演聽說佐佐木是一位木雕師，便對這位年輕的僧侶說：「雕一尊佛像給我吧。」幾星期後，佐佐木爲釋宗演奉上一尊木雕佛像，釋宗演卻把佛像丟到窗外去了。佐佐木日後回憶道，釋宗演的舉動看似無禮，實則不然。「他的意思是要我把自己雕琢成佛。」[10] 釋宗演不是要佐佐木送他一件禮物，而是要佐佐木爲自己做件事。上師不會將他們的目標、企圖和進度表投射在弟子身上。上師讓弟子表明如何以弟子需要和想要的方式給予支持（但我強烈建議你不要把伴侶給的任何東西扔出窗外）。

試試看

幫助伴侶找到自己的目標

與其告訴伴侶他的目標該是什麼、如何實現，不如問對方三個問題：

1. 現在對你來說，真的很重要的是什麼？
2. 你需要做什麼才能達成這個目標？

3. 有沒有我能幫得上忙的地方？

透過這種方式讓伴侶自己找到答案、了解伴侶的目標，而不是按照自己的意思調整他的目標，這是我們能給伴侶最棒的禮物。

聽到別人的目標時，我們經常會不自覺透過自己的眼光來評判：這太沒志氣、那太好高騖遠。你的看法很重要，但投射或預測都不是我們該做的。你做不到的事、或你渴望做到的事，都不該投射到伴侶身上。請務必聽聽對方的想法，了解他的動機、為什麼有這個動機，你也會從中學到東西的。

引導伴侶用他的方式學習

在克里帕穆亞・達斯羅列的上師特質中，上師既是朋友也是嚮導，總是爲弟子謀福、願弟子好，這就是「dirgha bandhum」。[11]好的上師會觀察、了解伴侶學習的方式，以最適合伴侶的方式提出你想讓對方學習的事物。如果伴侶不愛看書，可以推薦他去聽podcast。如果他對podcast也沒興趣，看看有沒有他想上的課程。

曾有客戶告訴我：「我的伴侶練靜心或正念練得不夠，我試圖慫恿他去讀你寫的書。」我反問這位客戶：「他喜歡什麼？打籃球？我跟柯比．布萊恩有一場精采訪談。音樂？珍妮佛．羅培茲和艾莉西亞．凱斯都上過我的podcast節目。」讓伴侶本身的興趣結合你們雙方的興趣，是我推薦的好方法。

試試看　找出伴侶的學習風格

下述哪一種學習風格最符合你的伴侶？

- **聽覺型：**喜歡經由雙耳學習新知。舉凡podcast、有聲書，或TED演講，他都愛聽。
- **視覺型：**喜歡藉由真人示範或圖表指示動手做來學習新技能。對這樣的伴侶來說，YouTube影片或MasterClass之類的線上課程，學習效果最好。
- **思考型：**喜歡靜下心來消化資訊，所以他可能會依自己感興趣的主題，閱讀相關書籍、一邊做筆記，寫下自己的心得感想。

- **行動型：**喜歡邊做邊學。他可能會想去上實作課，從實際動手做當中培養新技能。

為了找出適合伴侶的學習風格，先問問對方是否知道自己怎麼學最好。如果不知道，問問他上次是什麼時候、經由什麼形式學到新東西。還是問不出個所以然，觀察一下他在閒暇時都在做些什麼。他愛看紀錄片嗎？愛聽有聲書嗎？你甚至可以從旁協助他嘗試各種不同的學習管道，看看哪一種投他所好。接下來，用我針對上述每一種風格提出的辦法引導他學習。你可以送一件給他啟發的禮物、為他查資料，或和他一起嘗試。

上師會尋求有創意的辦法來分享自己對伴侶的建議，而不是勉強或逼迫對方接受。

想要幫助伴侶，不該跟想要控制伴侶混爲一談。

人們最常用來控制伴侶方式之一，就是把自己的進度表強加在對方身上。你只需要花一天的事情，你的伴侶可能要花一星期。你的進度表不是「正確」的進度表。上師會無限期依循徒弟的時間和步調。

如果我對拉蒂說：「我們現在來談談妳的目標。」她只會緘口不言。但如果對她說：「我們星期天去公園，在日誌上寫下今年的目標，再一起討論要怎麼達成。」她聽了會很樂意。我嘗試順著她的節奏來提議。讓徒弟定出自己的步調，萬一他沒有達到目標、覺得很難過，千萬別說「看吧，我就叫你早點去做吧」，對方在努力實現目標時，我們要保持耐心，體貼地給對方時間和資源，從旁支持他，讓他有信心靠自己做到。不要越俎代庖，但要透過能讓他感受到支持的方式鼓勵和引導對方。這樣的自我約束是在養成你的耐心和同理心，這也就是你身爲上師不只能幫助伴侶成長、自己也會有所成長的道理。

不批評、不論斷、不虐待

克里帕穆亞．達斯說上師不打誑語、總是說眞話，這就叫做「satya vacam」。[12]

我對不打誑語的詮釋略有不同。

套用到伴侶關係上，我想請大家注意自己對伴侶說話的方式，以免對伴侶造成誤導，或導致伴侶封閉自己、不願與我們溝通。

重點不在於說了什麼，而是說話的方式。

罵伴侶懶散無法改變他的懶散。說「不要打電動」是沒用的。想想學習效果最好的環境，那一定是個友善包容、平易近人的空間。對話和活動都能流暢自然地進行。沒人想要一個在課堂上大吼大叫，或叫學生到角落裡罰站的老師。我們要的是尊重老師的學生，以及尊重學生的老師，雙方和平交流、讓這份交流得以持續。

研究人員指出，負評是導致我們落入定型心態最常見的導火線之一。[13] 根據史丹佛大學教授卡蘿．杜維克在《心態致勝：全新成功心理學》中的闡述，「定型心態」指的是我們認為自身特質是固定的，沒有辦法改變。[14] 抱持定型心態會讓我們將他人的負評視為一種定論，認定自己就是很差勁，忽略了這些負評可能提供的成長與改進的機會。

當伴侶對我們說：「你每次洗衣服都會把衣服洗皺！」聽在我們耳裡就成了：「你不會洗衣服，你是家事白癡。」身為上師，我們一定要注意自己提出批評的方式，才能讓伴侶接收到我們想傳達的訊息。例如，和伴侶說：「眞的很謝謝你幫忙洗衣服。根據我的經驗，洗好的衣服如果在烘衣機裡放了一段時間才折，衣服就會變得皺皺的。因此，如果我要出門辦事或有別的事要忙，我就會等忙完回來了再開烘衣機。你或許可以試試不同的做法。但重點是，我們倆都不喜歡燙衣服。你覺得我們可以試試我提的辦法嗎？還是你有更好的主意？」

是的，這種溝通方式要費更多唇舌。

是的，把你的意見組織成這個樣子要花更多的心思。

但這是値得的，因爲這樣對方比較有可能全神貫注聽你說話，並對你的批評指教給予回應。

上師不會以氣話、重話，或恐懼來刺激徒弟。上師知道激將法或許一時有效，但長久下來只會消磨彼此的信任。批評是偷懶的溝通方式，沒有建設性、沒有同理心，也沒有彼此商量、互相協調的餘地。要尋求對方可以有效消化、吸收意見並付諸實行的溝通方式。

給他一個「愛的三明治」，用兩片可口的美言夾住一片有建設性的評論。以建議取代批判。

舉例而言，我有位客戶的先生受到上司不合理的要求，她想對他說：「嘖，誰

別說	這樣說更好
你從不幫忙做這件事；這件事你總是做得很糟。（批評他做不好的地方）	我很感激你幫忙做這件事。（肯定他做得好的地方）
你再這樣我就離開你。	你這樣會讓我覺得⋯⋯
你看到 XXX 的伴侶都為他做了什麼嗎？	如果你也能為我這麼做，我真的會很感動。
都是你的錯，你去給我解決。	我知道你碰到困難了，我可以幫你嗎？
你變了，你以前從來不會這樣。	人會變很正常，我們要重新調整一下自己的期待。

叫你讓他踩在你頭上！」但這麼說只會傷害他的自尊和感情。因此，她轉而提醒他說他很有才華，但他也只是個人，並建議他和老闆聊聊自己在規定時限內能完成的工作量。雖然他的老闆不諒解也不讓步，我這位客戶的先生還是很感謝她的支持。後來經過進一步的討論，他們決定在他完成手上的案子後就開始找別的工作。

想像一次你們期待已久的度假。伴侶負責訂民宿，卻訂錯了日期。你該做的不是砲轟他辦事不力，而是記得他爲規畫這次旅行所做的一切。別說：「都是被你搞砸的，你去給我想辦法！」相反地，在他解決民宿的問題時，你可以先幫忙訂一晚的旅館。別忘了，我們要努力守護伴侶的幸福。我們可以強調他的優點、幫助對方披荊斬棘。放大伴侶的潛力。不要當眾批評他，而是在別人面前和私底下都稱讚他。

成爲更好的徒弟

有人覺得領導比被領導容易，尤其如果伴侶不是一個有技巧、有耐心的上師。但即使在這種情況下，我們也有機會從伴侶身上學到東西。

伴侶成天無所事事？嗯，你之所以看到他放鬆就火大，或許是因爲你不允許自己喘口氣。你的伴侶在無意之間教你：你需要給自己休息時間。

如果伴侶很愛批評，或無心幫助我們成長，請一定要當一個用自己行爲和特質激發上師最好的一面的徒弟。

我在僧院的上師說，以滿分十分來說，如果一個老師有十分，那他的學生可能只有一分，因爲老師會不斷提升學生。但如果老師只有一分，學生就必須要有十分，才能從老師身上學到東西。

換言之，請面對自己要學習的功課。足夠用功、擁有開放的心及靈活的頭腦，你從一個中等老師身上可以學到的，可能將比一流老師還多。

保持開放、好奇的心

克里帕穆亞．達斯也引述了一個好徒弟的十五種特質，其中一種是「tattva bodha abhilasi」，意思是「求知若渴」。[15] 佛教名詞「初心」意指「初學者的心」。[16] **無論在一起多久，面對伴侶關係，我們都要抱持初學者的開放心態和求知意願。**禪師鈴木俊隆說：「在初學者心裡有很多可能，在專家心裡卻沒有幾個可能。」

身爲徒弟，「對新事物抱持開放態度」意味著當伴侶提出建議、邀你探索新領域時，你會欣然接受、樂於嘗試。當上師給你的意見不好、或表達的方式不對，一時想要予以否決或感到生氣是人之常情，但請務必避免這種衝動。改以好奇的態度，透過正確的問話方式，探索伴侶是否眞有些眞知灼見要跟我們分享。不是反問或質問，而是眞心想要了解對方想法的探問，例如：「你能說得具體一點，好讓我了解你確切的想法嗎？」「如果要採納你的建議，我該從哪裡下手呢？」「你可以按部就班地解釋給我聽嗎？」「我很想聽聽你的意見，可以等我們到了一個比較合適的場合再討論嗎？」

有句老話說：「當學生準備好了，老師就會出現。」師生之間是並存的關係。

練習虛心

要問對問題不只需要智慧，也需要虛心。

虛心的意思不是卑屈、軟弱，而是帶著開放的心學習，誠實看待自己和他人的長處與短處。克里帕穆亞・達斯說徒弟的特質是「tyakta mana」——不驕矜、不自滿。[17]的確，虛心對廣義的愛而言是不可或缺的，因爲虛心把「我執」這個愛的敵人制服。對伴侶關係殺傷力最大的莫過於我執和傲慢，絕大多數的誤解都源於這兩者。

我執使我們誤以爲自己永遠是對的、對方是錯的、我們懂的比較多。如此一來，我們就不可能從伴侶身上學到東西。

看到陳巍在奧運會上滑冰，你不會覺得自己滑冰滑得眞爛，我這個人微不足道、一無是處。你會肯定和欣賞他優雅的動作和精湛的技巧，以及他爲滑冰藝術付出的多年苦練。**虛心是尊敬別人的技巧、能力和成長，而不是貶低自己。**

試試看

欣賞伴侶的所知所學

下次跟伴侶談話時，注意對方身上通常被你視為理所當然的優點。

要如何從熟悉的一切當中找到特別之處呢？或許他總是三思而後行。或許他總是寫貼心的小紙條感謝你。當你在工作上不知如何提出要求時，或許他總是給你很好的建議。

找找伴侶身上有沒有你從未予以肯定的能力，找到一個就和他分享自己的發現。對伴侶的長處而言，這份欣賞就是一種養分。

當一個好的解讀者

克里帕穆亞·達斯說，徒弟控制自己的所思所言，正是所謂的「danta」。[18]《與成功有約：高效能人士的七個習慣》的作者史蒂芬·柯維，或許也認同這個觀點。

柯維說：「多數人不是懷著理解的意圖去聽，而是懷著回話的意圖去聽。」[19]當伴侶指出兩人間的問題時，有效的回應有三個步驟。首先，覆述對方說的話。接著，用你的話來向他解釋這句話聽在你耳裡的意思。最後，確定雙方都明白眼前面對的問題了，再告訴對方你的感受。

一般而言，我們在回應時會先說自己的感受，並用對方的話來合理化我們的感受。假設伴侶告訴你：「你沒把我介紹給你的朋友，我杵在那邊覺得很尷尬。」他這是在告訴你他的感受。如果你先回以你的感受，你可能會說：「哦？你跟你的朋友聊天時也沒讓我加入過啊。」但如果你告訴他：「聽起來你好像對我很不滿。爲什麼你會有這種感覺呢？」你就給了伴侶一個機會，確認他是否有效傳達了自己的意思。你讓他看到他的話聽起來是什麼意思，現在，他可以更著重在他說話的方式上，並和你分享他話裡的意思。與此同時，你也表明了你在這段關係裡設法要做的是溝通交流、讓對方感覺受到理解。只要你定下了談話的方向，上師就會跟著你的腳步走。

試試看

提出一個新點子

藉由提起一個新話題來練習溝通技巧，注意聆聽伴侶怎麼說、他想表達的重點是什麼，協助他挖掘並說出話語背後的感受、需求與渴望。選一個你們不曾討論過的開放式問題，啟發雙方一起腦力激盪，想像一件兩人或許可以一起嘗試的新事物，像是：

- 如果我們兩個都辭職一起搬家呢？
- 如果我們花一整年去旅行呢？
- 等有一天退休了，我們的時間要用來做什麼呢？
- 如果有一百萬可以捐出來，我們要捐給誰呢？為什麼？

深入探討的問題（雙方都可以回答這些問題，但重點應該在於傾聽對方的回應）：

・當我提出這個問題時，首先浮現你腦海的是什麼？

・你說的答案哪裡吸引你呢？

接下來，讓你的伴侶知道你聽進去了：

・向他解釋你聽到想法是什麼。

・討論你認為這個想法背後可能有的偏好和優先順位。

・告訴他你從這次談話學到什麼關於他的事。

・討論看看他的目標，有沒有現在就可以落實到兩人生活中的可行方案。

舉例而言，如果你們討論的問題是為期一年的旅行，或許你想要的是到南法旅居，吃一年的法式巧克力麵包，你的伴侶是想騎單車環遊美國。從這當中，你就可以知道他對體能活動的渴望。或許，他也是在表達自己渴望以慢一點的步調體驗旅行，或沿途順便花點時間露營。一旦了解他內心的憧憬，你可以考慮買一輛單車當他的生日禮物，或是規畫兩人週末一起去騎單車。

這是為有一天面臨情緒更沉重、溝通起來更有挑戰性的課題預做練習，到時候，你就知道如何傾聽伴侶的心聲，而不是只顧著如何回話。

感激上師

克里帕穆亞．達斯說，徒弟對知識心懷感激——此所謂「krita-vid-sisya」。[20]當伴侶不求回報、不求獎賞地給我們協助，請注意並感激他的付出。我們很少停下來感謝伴侶一直都在、感謝伴侶願意幫忙、感謝伴侶所做的簡單小事。花點時間感謝你的伴侶。即使是很簡單、很容易的事情，也要注意到他哪裡做得對、做得好。表達感激能創造正面回饋的循環——他對你的感激很感激，也因此受到激勵，繼續以上師的方式對你。

試試看　肯定上師的能力

想想你的伴侶身為上師的能力。他的長處是什麼？你有沒有花時間對他的長處表示肯定？如果覺得對方有什麼短處，你能否從自己的反應中學到任何關於你自己的事？找出你可以向伴侶學習的地方，謝謝他當你的老師。你可以出其不意地表示感謝，也可以在他下次展現這些特質時謝謝他。

1. 透過服務來帶領

為了協助你，你的伴侶願意扮演任何角色，即使那不是他擅長的領域。或許他扮演了經理、會計、電腦工程師，或美食外送員。他會不會出於同理心來幫忙，而不是出一張嘴告訴你該怎麼做？

2. 以身作則

他有沒有什麼貫徹到底、從不懈怠的堅持？如果你一個都想不出來，那你可能找得不夠認真。

3. 幫助你達成你的目標，而非達成他的目標

你的伴侶允許你做自己。他不會強迫或刺激你做出改變。他或許沒給你什麼協助或服務，但只要他不逼你成為別人的樣子，那就是一種形式的支持。

4. 不帶批判、不加論斷、不施以虐待地提供引導

當你犯錯或未達期望，伴侶會支持你、鼓勵你，而不對你施壓。

徒弟也需要受到肯定。針對徒弟的特質，你也可以做一樣的練習。

上師不是上帝

對師徒關係而言，徒弟最重要的特質是保有自我，以及擁有一顆開放的心。

向伴侶學習不代表要根據伴侶的理想來塑造自己，也不代表不再向伴侶以外的人學習，更不代表不再尋求他人不同的意見、不再和別人一起從事不同的活動。

伴侶是上師，不是上帝。伴侶關係能幫助彼此成爲更好的人，但並不表示有一方更優秀。

受到伴侶的感染很正常。研究發現，一對伴侶會開始有相同的言談舉止，兩個人聽起來會很像，甚至食量也變得一樣。[21] 有些習慣的融合是不可避免的，但在伴侶關係中，我們還是要保有自己的個體性。感染伴侶的正面特質並不表示要變成對方（或對方的助理）。

我們在寫的永遠是自己的故事。

邂逅某個人之後，兩人開始合寫你們的故事，將彼此的故事交織一起。在吠陀經書上的說法是兩人交織了彼此的業力，但你們的靈魂並沒有合而爲一。[22]我將它想成是兩個人合寫業力。

業力是你們人生中的活動，但靈魂是你的身分認同。

你們或許會一起改變、一起成長，互相融合彼此的業力，兩個家庭和兩個人際圈的能量互相融合，但請不要失去你的身分認同。記得你自己的個性、價値觀，和目標。不要丟失了你自己的故事主軸。要保有獨處的時間。不要取消和親友的計畫。請繼續追求自己的興趣，而不只是伴侶的興趣。這不是輕視、忽視或背棄伴侶，而是爲了靠自己促進自我成長。這也意味著我們會有更多東西可以給對方。如果兩人已經沒有可以一起成長的可能，那就給彼此時間，分開來成長也無妨。

然而，如果伴侶會虐待，那就勢必要走上分手一途了。上師絕不會用虐待的方式來教導徒弟。

虐待只會讓我們懼怕伴侶、壓抑自己的本性、忽視自己的痛苦，並壯大對方的自我。對任何人來說，情緒、精神和肢體上的虐待，都該是不可碰觸的底線。

將伴侶想成上師時，這一點就很清楚了。上師爲什麼要傷害你呢？在受傷、害怕的狀況下，該怎麼談成長呢？如果你受到任何一種形式的虐待，卻覺得是自己的錯，請試著問問自己：我從這個人身上學到東西了嗎？他有向我學習嗎？這是我想要的學習方式嗎？如果答案爲否，那麼離開就是你給自己最棒的禮物。而且有很多組織都可以幫助你安全地離開。

上師最棒的禮物

我們都聽過人說一對伴侶「漸行漸遠」了，卻鮮少聽到有人說一對伴侶「一起成長」了。

然而，如果兩人沒有漸行漸遠，就很有可能正在一起成長——不動聲色但無庸置疑，在各方面都幫助彼此觀察、學習和成長。相互理解的喜悅抵消了變化帶來的不安。即使感情越來越成熟、彼此也已經十分熟悉，師徒一起成長也將使這段關係常保新鮮有趣。

下一章，我們要探討上師幫助徒弟成長最重要的方式：追求徒弟想要的目標。

法則五　以目標為優先

人生的意義在於找到你的天賦，人生的目的在於貢獻你的天賦。

——大衛・威斯科特，美國著名精神科醫師[1]

法：指南針

多年前，我曾請一位客戶和太太依序寫下自己的優先考量。

他的排序是：1.小孩、2.妳（太太）、3.工作。

太太的排序則是：1.我、2.小孩、3.你（我的客戶，也就是她的先生）。

太太居然把自己擺第一，我的客戶聽了很受傷也很失落。但太太接著解釋道：「我把自己擺第一，是因爲我想給你和我們的家最好的我。」把自己擺第一聽起來很自私，如果你一個人吃掉全部的餅乾或搶占餐桌前最好的位子，那可能眞的是自私。

但要**在一段感情裡呈現最好的自己，不管是誰都必須追求自己的目標或內心的召喚**，也就是印度教思想中所謂的「法」。[2]

「法」是熱情、專長與服務的交集。活出自己的「法」，意味將自己的天分、興趣和這世間的需求結合。

工作不一定是你的「法」。如果追隨內心的召喚可以讓你餬口，那你很幸運，但內心的召喚不一定能跟工作結合。

此外，目標也不必占據所有的人生。

它可能只是某個業餘愛好、參與教堂事務、爲人父母、開公司，或是利用空閒時間志願救援流浪狗、組織當地團體助人擺脫債務、經營省錢旅遊部落格。創作也好，凝聚眾人之力也好，分享自身所學也好，爲別人或這個世界服務也好，「法」的重點不是從事任何特定活動，而是探討爲什麼要從事這項活動。無論是什麼活動，「法」不是偶然的興趣，而是你的熱忱所在。它定義了你這個人。

實踐「法」的過程會讓你有「這就是我」的感覺。「法」是旅途而非目的地。可能要花費很久的時間才能從追尋中獲得意義、喜悅與滿足，但一個人只要在追求自己的目標，就已經是在實踐目標了。

根據吠陀經，「法」是推動人生前進，及造就我們的選擇與行動的四項基本追求之一：

- **法**（dharma）——**目標**。
- **財富**（artha）——**工作與經濟保障**。[3]
- **欲望**（kama）——**歡愉與情感連結、你和他人的關係**。[4]
- **解脫**（moksha）——**超然物外，涵養性靈**。[5]

請注意「法」在四項當中的排序是第一，這可不是意外。即使這些追求在我們的一生中相互重疊、交織，但《吠陀經》刻意強調這個順序。[6]我們或許認爲經濟保障和人際關係才是基本需求，有沒有目標不是那麼重

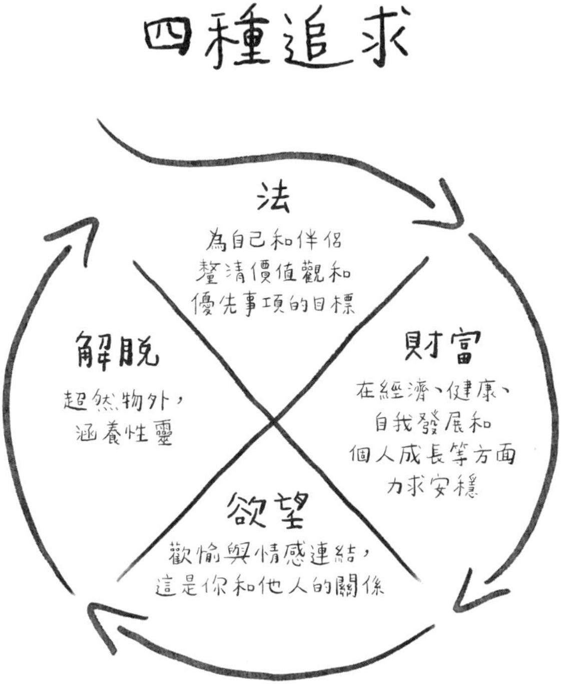
四種追求
法
為自己和伴侶
釐清價值觀和
優先事項的目標
財富
在經濟、健康、
自我發展和
個人成長等方面
力求安穩
欲望
歡愉與情感連結，
這是你和他人的關係
解脫
超然物外，
涵養性靈

要，但目標其實比其他追求更不可或缺。

有目標才能知道該如何運用時間、金錢和心力，這是「法」排在「財富」之前的原因，「法」能賦予金錢意義。人際關係也是同樣的道理——沒有目標的人只追求自己的歡愉，而不會去體貼、同理他人。按照《吠陀經》排序考量這四種追求的輕重緩急時，「法」能爲我們和伴侶釐清彼此的價值觀和優先事項。追求金錢時，清楚知道賺來的錢要怎麼花；追求愛情時，懷著與伴侶共創有意義的人生的渴望。這三種追求最終都會導向解脫。來到解脫的境界後，所有的一切都將成爲靈性之旅的養分。

以目標爲第一優先的不只有《吠陀經》。加州大學洛杉磯分校和北卡羅萊納大學的研究人員，想看看「快感」（成名、發財等虛榮，以至個人利益和一時的享樂帶來的自我滿足）和「幸福感」（人生目標及意義帶來的滿足感）在人體內有什麼不同的表現。[7]

研究人員給受試者一份問卷，問他們多常覺得快樂（快感度）、多常覺得人生有方向或有意義（幸福度）。結果發現，雖然快感度較高的人普遍有更多的正面感受，但他們的免疫系統較弱，包括發炎指數在內、各項讓人容易生病的指標都較高。

康乃爾大學人類發展教授安東尼．波羅帶領的另一項研究顯示，強大的目標感甚至能讓我們對自己在社群媒體上得到（或沒得到）的按讚數免疫。[8]

首先，他和研究夥伴請受試者填寫一系列的問卷，評估受試者人生目標感的強弱。接著，受試者被告知要幫忙測試一個新的社群網站，要先上傳一張自拍照建立個人檔案。研究人員給他們一部相機，假裝把照片上傳到這個虛構的網站，五分鐘後再告訴受試者，他們的自拍照和別人相比得到多少按讚數——高於平均、和平均差不多，或低於平均。最後，再請受試者填寫一份評估自信心的問卷。

結果顯示，人生目標感薄弱的受試者，自信心會隨著按讚數起伏，人生目標感強大的受試者則相對不受影響，能保持自信心的穩定。**目標隔絕了外界的影響，有助於鞏固我們的自信心**。

研究也發現，自信心和人際關係的滿意度成正比。一如波羅所言：「人生總有高低起伏，但『目標』是幫助我們保持穩定的有效成分。」[9]我們將那份穩定帶給彼此。這是伴侶雙方共創人生的基礎。

據說，佛家有個關於兩名江湖藝人的故事[10]——這兩人一個是師傅，一個是助手。師傅爬到竹竿頂端，叫助手跟上來站到他肩上：「表演我們的拿手絕活給觀眾看，觀眾就會給我們賞錢。妳幫我多注意一點、我也幫妳多注意一點，這樣就可以保障我們的安全。」助手評估了一下，搖搖頭說：「不，師傅，你顧好你自己，我也顧好我自己，我們再一起爲觀眾表演，這樣才可以既賺到賞錢又保障安全。」

這就是爲何客戶的太太將自己擺在首位。一對伴侶看待「法」的態度，就該像那位賣藝的助手：「你去做你要做的，我去做我要做的。」

人們美化了爲他人犧牲奉獻的精神，**誤認為以他人為優先是愛的表現**。

確實有許多很美的方式可以爲人付出，但我看過將自己的目標擺一邊的人，犧牲奉獻了幾年後，只覺得迷失自我或受到誤導。他們後悔自己的決定、怨恨伴侶沒支持他們以自己的目標爲優先。會有這種心情很合理——我不是說後悔、怨恨沒關係，但如果你的伴侶有辦法眼睜睜看著你放棄自己的目標，那就不叫愛。**你必須將自己的目標擺第一，你的伴侶也必須把他的目標擺第一**。追求自己的目標將爲你們帶來正面的能量和穩固的自信，彼此才能帶著各自的能量與自信在一起。

或許你會納悶，爲什麼要在一本談伴侶關係的書中，討論尋找自己的目標？

事實上，**即使有人相伴，這也是我們要獨自摸索的事**。就像先前談到的，獨處有助我們帶著自我認識進入一段關係，知道自己的目標也有助我們維繫和發展一段有各自目標的感情。一方面，我們不放棄個人目標；一方面，我們也支持伴侶追求個人目標。

每段感情裡其實都有三種關係：彼此的關係、自己與自身目標的關係、伴侶和他的目標的關係。這三種關係都需要我們的注意。

聽起來好像很難，但這樣其實會讓生活更容易。**想給一個人真正的愛和最好的**

你，那你就必須成為最好的自己。

如同心力交瘁的父母很難給孩子好的照顧，不顧個人目標的人，也很難支持伴侶的目標。顧好自己，才能做好照顧別人的準備。

就像婚姻家庭諮商師凱薩琳．道倫．迪瓦絲告訴《赫芬頓郵報》的，最幸福的伴侶，是那些能超越最初對彼此的迷戀、優先考慮自己的追求與目標的人。「當一對伴侶只靠彼此滿足全部的情感與社會需求，這種『結合』只會扼殺健康的個人成長，或導致彼此互相拖累。」[11] 迪瓦絲更補充道，伴侶關係中的雙方都必須保有個人身分認同，而不是讓這段關係定義自己。

當雙方皆積極追求自己的目標，兩人關係將在許多方面受益。

「法」將有助於我們活出充滿熱情、富有啓發、動力十足的人生，一份想和他人共享的人生。同時，我們也將享有和內心充實的人共同生活的喜悅。看著自己心愛的人做他熱愛的事是一種莫大的喜悅。更有甚者，對於伴侶在追尋目標的路上可能產生的掙扎，將能有更多的體諒與同理。

沒有自己的目標要追求時，麻煩就來了。

有時，你以爲是兩人之間有問題，但那份不滿的根源其實在於**雙方或其中一方**

沒有自己的目標。

艾咪對伴侶馬可十分不滿。

馬可是一名吉他手，他們的樂團剛開始嶄露頭角。馬可總是跟著樂團到處巡演，但當他特地縮短行程來陪伴艾咪，她又內疚得沒辦法享受馬可的陪伴。艾咪體認到，解決兩人問題更好的辦法，是自己也得找出想努力的目標才行。艾咪本身是名畫家，因此她開始在朋友家的車庫教繪畫。她很期待之後能舉辦一場聯合畫展，展出他們最好的作品。馬可也確認自己可以向樂團請假來參加畫展的開幕式。馬可去到畫展的時候雖然艾咪很忙，但她對自己努力的成果很自豪，也很高興可以和伴侶共享榮耀。

即使是在看似理想的家庭（工作和居家生活都沒什麼不好），只要伴侶其中一方不知道，或沒有積極追求自己的目標，個人內心的空虛就會影響兩人的關係。沒有目標的伴侶可能會嫉妒另一方的發展，如此一來，雙方就將錯失兩個有目標的人可以帶給彼此的喜悅、能量，及滿足。

如果伴侶當中有一方很迷失，可能就會覺得較爲忙碌、充實的那一方不關心自己。而較爲忙碌的一方，又會擔心另一方除了這段感情就沒有自己的生活，或許會認爲自己有義務幫助對方排遣時間，或幫對方找事情做。到頭來，兩人都可能因爲另一方度過自己時間的方式而怨恨對方。

在伴侶關係中，雙方都必須小心不要丟失了自己在乎、看重的事，以及讓你覺得忠於自己的事。

現在，我們先來看看在伴侶關係中如何以自己的「法」爲優先，再來看看將如何協助伴侶以他們的「法」爲優先。

如何以自己的「法」爲優先

薩爾曼・可汗念了商學院，但他志不在當企業家，而是投身一家新創避險基金公司，展開一段收入優渥的職業生涯。

一次的親戚來訪，讓他發現十二歲的姪女學數學學得很辛苦。薩爾曼開始爲她上遠距家教課。時爲二〇〇四年，叔姪倆透過電話和早期的通訊科技展開教學。幾個月後，薩爾曼的姪女重考了數學分班測驗，從加強班升到了高級班。很快地，全國各地的親友都來找薩爾曼幫忙。薩爾曼開始將授課內容拍成影片上傳到

YouTube。此外，他還發明了客製化軟體，讓大家可以自行練習。可汗學院就這樣誕生了。

薩爾曼還是很喜歡避險基金的工作，但有機會分享所學、幫助他人，才是最令他忘我投入、熱血沸騰的一件事。他找到了自己的目標。[12]

如果你不知從何找起，我建議按照這個順序：

- **學習**：在目標領域花時間學習。
- **嘗試**：親身實驗學到的東西，看看什麼可行、什麼不可行。
- **發展**：持之以恆、穩扎穩打地做正在做的事，以實踐目標。
- **掙扎**：面對不可避免的挑戰，藉由這些挑戰讓自己成長。
- **贏**：慶祝大大小小的勝利。

學習

目標始於好奇。我們以爲「行動」是追求目標的開始，但其實學習才是起點。不要跳過或逃避學習。之所以說知識就是力量，原因就在於知識可以幫助我們克服對無常的恐懼。

試試看

摸索自己的目標

透過思考和探索自己的興趣與能力來摸索個人目標。

熱情

問問自己下列問題，找出自己的熱情所在：

- 如果不管做什麼都有錢拿，你想做些什麼？
- 你有沒有什麼小時候很愛，但現在不再從事的嗜好？
- 你有沒有什麼不為人知的才華？
- 你見過有誰的工作是你心目中的夢幻工作嗎？
- 如果不受居住地點或生活方式的限制，你現在會在做什麼？
- 有沒有什麼你曾經很擅長、現在很懷念的事？
- 你有沒有什麼近期沒辦法去追求的才藝或技能？

特長

由在家中或職場上扮演的角色，找出自己的特長：

- **規畫者：**負責籌備慶生會和旅遊行程、負責掌握生活起居的時間表。規畫者以期限、結果和大局為重。你擅長坐鎮指揮。
- **加油打氣者：**外向、熱情、樂觀，加油打氣者負責鼓舞大家去實行規畫者的計畫。
- **善體人意者：**高EQ、有耐心、善於傾聽、給人支持，同情者對別人的感受有很強的直覺。
- **分析者：**注重細節、有條不紊、小心、謹慎，分析者會揪出可能演變成災難的問題。

目標是熱情與能力的交集

找出自己的熱情與能力之後，設法多了解相關的領域：

1. 針對你有興趣的領域上課、看書，或聽podcast充實自己。你能拿到有助於發展相關技能的證照嗎？

2. 尋找可以給你啟發的團體，觀摩這群人在做的事或做事的方式。
3. 利用週末嘗試一件目標領域的事，觀察一下什麼會令你興致高昂、越做越感興趣。

有人已經在做我想做的事，我最愛的學習方式就是向這些人討教。醫生參加某種疾病的研討會時，他們會和其他專攻這種疾病的醫生交流，從中學習科學新知、聽取新的治療方式或研究成果。任何一個你熱中的領域也是一樣的道理。前輩會讓你看見如何開始追求目標，以及持續實現目標的生活可能會是什麼樣子。前輩也可以給你具體的建議，像是第一步要怎麼做、如何建立人脈，以及你還可以從哪裡學到更多。

就算找不到這個領域的前輩，只要身邊圍繞著積極追求目標的人就很激勵人心。勇於發問、保持好奇。找尋樂於跟你聊他們怎麼找到方向的人。如果周遭都沒有這樣的人，你也可以看看那些在書上、YouTube影片中、TED演講中、podcast節目中分享故事的大人物是怎麼做的。

試試看

向前輩請益

1. 尋師

用你既有的人脈聯絡這個領域的專家、透過社群媒體跟他們接洽。

檢視你用來學習的資源（書籍、TED演講、podcast節目等），追蹤可能可以給你指教的人，聯繫看看他們是否願意讓你問問題，只有十分鐘也行。

2. 提問題，並將回應做成筆記

從規畫面、策略面和務實面的問題問起：

- 你是怎麼開始的？
- 你是怎麼進步的？
- 你用了什麼方法？
- 你有志同道合的夥伴嗎？
- 其他有關這個過程如何進行的問題。

別害怕問具體、明確的問題。問更具體、明確的問題，能得到更有幫助的答案。

也可以問問情緒和心態層面的問題，這一類的問題可以讓你知道，過程中可能有什麼酸甜苦辣與掙扎。

・過程中你最享受的是哪個部分？
・在過程中，你最討厭什麼？
・有什麼事是你但願自己一開始就知道的？

3. 整理心得

和前輩聊過之後，看看自己做的筆記。有沒有該聯絡的人、該培養的技能、該把握的機會？將搜集到的資料化為行動，把可行的待辦事項填到行事曆上。

爲了學習，我們必須投入時間；爲了投入時間，伴侶必須願意配合。請讓伴侶了解，是什麼樣的價值觀促使你這樣安排時間，也要確保伴侶不會覺得這麼做剝奪了他的時間，或犧牲了共同的家庭時間（如果你已經有自己的小家庭）。爲了達成共識，你們要一起決定該從哪裡挪出時間。

榮獲普立茲獎的記者布麗吉德．舒爾特，家庭、事業兩頭燒，沒有時間做自己想做的事，包括那些她想展開的熱血計畫。

有一天，急於從忙碌的日程中擠出時間的她，開始進行「時間使用調查」，記錄自己一整天都做了什麼，結果令她大吃一驚。一週下來，她有二十七小時的餘裕可運用。這些時間多半都被舒爾特忽略了，因爲這些時間很零碎——這裡有十分鐘、那裡有二十分鐘，舒爾特稱之爲「時間彩屑」。從早到晚，一下忙這個、一下忙那個，注意力在待辦事項、電話，和其他雜務之間跳來跳去，舒爾特的日程被切得十分瑣碎。一旦將手邊的事進行整合、一口氣處理完畢，並去除不必要的干擾，就找到了一整段較長的「塊狀時間」。這些塊狀時間對她的學習和構想新點子來說可是不可或缺的，也讓她看見了原本沒時間看見的機會。最終，她找到充分的時間做研究，寫出《不堪負荷》（*Overwhelmed*，暫譯）這本成爲《紐約時報》暢銷書的大作。[13]

試試看　空閒時間整理表

你可以像舒爾特那樣，透過記錄日程和整合手邊事務找回遺失的時間。但這個練習用的方法比較簡單，我們要來看看我們的時間花得有沒有價值、符不符合我們的價值觀。

持續投入一定比例的空閒時間在目標領域學習，展現自己對這件事的重視。在伴侶的協助下，看看你們目前如何安排空閒時間，包括獨自和共度的時間（這也是讓雙方了解彼此價值觀、看看兩人是否想改變時間安排的好辦法）。

首先，請參考下表，計算自己每星期總共花多少時間從事表列活動，或任何你想囊括進來的活動。接著，在第二列當中，計算自己願意「少花」多少時間在這些活動上，把這些時間重新分配給學習目標。

請讓伴侶一起參與這項時間分配活動。不和伴侶溝通你想追求的是什麼，他可能會很疑惑你為什麼不想把時間花在他身上。但他如果參與了這個計畫，就能了解並尊重你分配時間的方式。

休閒活動	目前花費的時間	重新分配的時間
養精蓄鋭／純粹的放鬆	每週四小時	每週三小時
運動	每週四小時	每週四小時（沒有改變）
社交	每週八小時	每週七小時
娛樂	每週十五小時	每週十小時
花在非我學習目標的總時數	三十一小時	二十四小時（我每週空出了七小時）
分配給目標領域的學習時間	〇小時	七小時

嘗試

嘗試就是把所學付諸實行，看看什麼行得通、什麼行不通，測試一下自己追求的東西。

溝通課教你說話時看著別人的眼睛？現在就全力測試這個溝通技巧。志在教學？嘗試舉辦教學講座、去擔任其他老師的教學助手，或是開始寫教學部落格。想賣手工藝品？開始將自己的作品貼到Etsy❶上販售吧。想爲人服務？可以先試試免費爲朋友提供服務。

無論可能的人生目標是什麼，見習、實習、當志工、到第一線觀摩，都是讓自己小試身手的好辦法。這段嘗試期的用意，是要在沒有壓力的情況下試試——請讓自己和伴侶都不論斷、不批評、不自責。不必做到完美，犯錯是寶貴的經驗，能讓我們知道自己現在的能力到哪裡，也更了解自己感興趣的領域。

在這個階段，邀請伴侶一起嘗試也是好方法。許多伴侶會試著一起去上課、讀同一本書，或是同看一部紀錄片。如果雙方可以分享共同的興趣就太好了，但對方若是無法參與或沒有興趣也不用氣餒。畢竟這是我們的目標，不是伴侶的目標。

有時，我們會逼迫伴侶要對我們熱中的事有一樣的熱情，或者，當我們談起自己熱愛的話題，對方卻沒什麼感想，我們就會懷疑對方不是那個「對的人」。伴侶雙方不一定要有一樣的熱情，就算有，也不保證這段感情會成功。提醒自己「爲什麼我和這個人在一起」，切記，**兩人的相似度不是幸福感情的必備要件**。

各有各的學習興趣其實對兩方都好。這樣我們就可以按照自己的步調學習，並和伴侶分享自己的發現，如此一來，伴侶也算是參與了這個過程。過程中，也不會不知道你在做什麼而因此疏遠。

在尋求學習管道、發展個人目標時，也要讓伴侶知道他是被愛的、你們是一體的。讓對方知道你要如何運用時間進行嘗試，他就可以自行決定要如何安排時間——他也可以運用這些時間來發展他的嘗試。

學習與嘗試之旅可能爲時五個月，也可能爲時五年。別忘了，無論位於目標金字塔的哪一層，你都已經在追求自己的目標了。在活出自己的目標之前沒有時限。

---

❶譯注：Etsy 為美國最大的手作市集網路平台，類似台灣的 Pinkoi。

發展

學習、嘗試到一定的專業程度，對目標有了一定的了解，知道自己喜歡什麼、不喜歡什麼，知道什麼可行、什麼不可行後，就可以朝著目標奔跑了。

學習不會產生結果，而嘗試產生的結果是隨機的，但這些努力確實都成爲了我們的助力。現在，繼續在實現目標的路上持之以恆、穩扎穩打地採取行動。這可能意味接受一份新工作、做一門小生意、救援流浪狗，或義務擔任教學助理。

這些新的努力需要時間，但我們可以建立一套常規、定下量化目標。我知道你很想一氣呵成，但這取決於你之前學習與嘗試的狀況。不滿意結果？或許可以回到學習與嘗試的階段再努力。沒人參觀你的Etsy商店，就更努力學習如何宣傳。身爲教學助理，如果覺得自己可以更好，就請老師多指點你。當你達到了一個又一個的量化目標、累積了可複製的成功經驗，而且開始有人注意到你，自然會產生更多繼續前進的信心與動力。

爲了有所發展，我們必須加倍努力、花費更多時間和心力追求目標。此時，請務必和伴侶分享自己在做什麼，也告訴伴侶你需要他怎麼幫忙。別忘了，照顧好自己的需求才能爲所愛之人付出。

掙扎

我知道你在想什麼。「掙扎」眞的有必要嗎？我很不願意和你分享壞消息，但在目標金字塔的每一層，都勢必會有掙扎。

你可能會發現走這條路所費不貲、代價高昂，或是你選擇分享熱情的方式沒人回應，或是你需要花比預期更久的時間、更多的努力才能練就相關技能。你或許會遇到出乎意料的挫折。你或許會功敗垂成、必須從頭來過。掙扎是免不了的。但我們對這些掙扎的了解越深，就越能藉此獲得成長。

面臨掙扎時，請和伴侶好好解釋自己的情況。知道你爲什麼很累、爲什麼心不在焉，或爲什麼悶悶不樂，旁人就更能以我們在〈法則四〉談到的方式給予支持。

也請小心，無須將每個挑戰都視爲掙扎。一路上總有事情需要掙扎，但別讓掙扎成爲你的全部。以平衡的眼光看待掙扎，就能透過掙扎來學習、成長，而不是被打敗。

當你備受挑戰、苦苦掙扎時，提醒伴侶這不是他的錯也很重要。

你可以直說自己需要什麼，但也要向伴侶澄清這是你的負擔，不是他的負擔。事實上，當自己的目標停滯不前、一籌莫展，或許也是你支持伴侶的大好機會。不妨將自己的閒暇時間和精力，轉移到伴侶追求的目標（稍後我會告訴你該怎麼做）。這樣做往往能讓我們打開眼界，反將對自己的目標產生新發現。

或許你能協助伴侶打造他在網路上的能見度，從而體認到自己適合往網路行銷走。或者，因爲幫助伴侶的作品做最後收尾，因此決定去學平面設計。但請記得，**沒有人可以透過別人的「法」得到滿足，以別人的目標為目標無法發揮自己真正的天賦**。夢想不必遠大，只要是自己的夢想都好。

贏

路易斯．漢米爾頓是一級方程式賽車勝率最高的賽車手，二〇〇七至二〇二一年間，共贏得一〇三次分站冠軍，總計一八二次站上前三名的領獎台。[14]

一級方程式賽車每場賽事爲時約兩小時，每季有二十三場賽事。換言之，在那十五年間，漢米爾頓共有六百八十三小時在比賽，這還不包括資格賽和練習的時間。爲了要在賽季中成爲頂尖車手，漢米爾頓每天約花費五至六小時進行體能訓

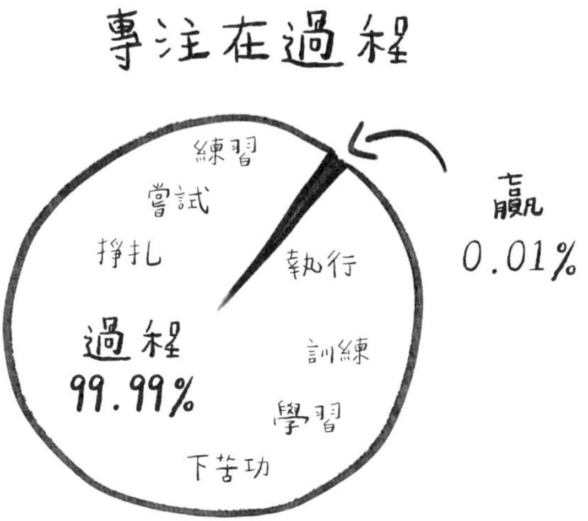

練，[15]十五年下來就是一萬三千三百小時。現在，我們假設漢米爾頓每贏一場比賽就站上領獎台十分鐘。那麼，十五年間，所有訓練和比賽的時數加起來（還不包括練習的時數），漢米爾頓站在聚光燈下的時間只占了○・一%（不相信我的算術嗎？要知道這個結果是根據比賽四萬一千小時＋體能訓練八十萬小時＋一千零三十小時站在領獎台上算出來的）。

站在領獎台上是難得的享受。這表示我們登上了巔峰、受到了肯定。我們都想活在目標金字塔的這一層。所有的苦功都做完了，我們坐在山頂，因爲自己的成就而受到認可與讚賞。我們想停留在這一刻。

關於「贏」這件事，最重要的，就是要

記得它是目標金字塔前四層的附屬品。完成其他四層，才有機會來到這一層。因此，如果爲了得獎、粉絲或名聲而活，你會很失望地發現，能享受「贏」的時間非常稀少，而且只占了我們追求目標的時間中的很小部分。你必須要愛金字塔底下那幾層。**人生不是在巔峰中度過的，站上山頂的時刻，只占了整個歷程的〇．一％。**贏家還是在經歷學習、實驗、表現，和掙扎，這些都是旅途的一部分，都很可貴。

試試看

一起設定目標。❷

一年一次，挪出時間跟伴侶討論你的目標。你必須像維護居家環境一樣維護自己的目標。每年你會清理排水溝、更換火災警報器的電池、把該修的東西修一修。在伴侶關係中，你們則要檢視一下兩人的目標，看看你們覺得這些目標實現得如何。你們可以有共同的夢想和個人的夢想。或許你想學畫畫、伴侶想學網頁設計，而你們的共同目標是學跳舞。

你現在要達成的是什麼？努力學會一項可以用來實現目標的技能嗎？找一

份更接近目標的工作嗎？撥出更多時間給自己的目標嗎？

你想從伴侶那裡得到什麼？他要如何協助你實現目標？你需要情緒上的支持嗎？還是你需要伴侶幫忙分攤其他責任，這樣你就可以多分一點時間給他的目標？

伴侶想從你這裡得到什麼？你對伴侶的目標有信心嗎？你能想到什麼幫助伴侶追求目標的辦法嗎？

要維護一個家，有些事的處理頻率不只一年一次。每個月都要付帳單、燈泡壞了就要換、哪裡漏水就要修。同樣的道理，每逢我們或伴侶面臨挑戰，就是需要一起討論的時間。

❷跟伴侶坐下來談之前，請先想想自己要如何邀對方做這項練習。跟伴侶說：「傑・謝帝說我們每年都要回答這些關於目標的問題。」我想你大概不會得到什麼好結果。如果擺出一副傳教士傳福音的姿態，一樣不會有好結果。別急著要伴侶採納新的溝通形式或溝通頻率。先消化一下自己的想法。開始默默支持伴侶的目標，不必特地宣布你打算怎麼支持他。觀察一下這麼做對自己、伴侶和兩人關係有什麼影響。用對伴侶來說有效的溝通方式分享自己的觀察。

幫助伴侶以他的目標爲優先

幫助彼此實現目標，是感情成功的要素。

在傳統的吠陀婚禮上，最後一句誓詞是：「身爲一家人，我們會一起堅持走在法的道路（正道）上。」[16]這意思不是將對方的目標攬在自己身上，而是給對方空間、追求他的目標。

感覺起來，一個家庭好像往往只能容納伴侶其中一方的目標。研究顯示，有小孩之後，男性的收入會變高，女性的收入卻會變低。《紐約時報》的一篇文章說，即使全盤考慮工作時數、薪資待遇及其他因素，「這種落差不是因爲女性當了媽媽工作效率變差、男性當了爸爸則工作得更努力，而是因爲雇主對男女員工的預期心理所致。」[17]

事實上，《紐約時報》報導：「根據美國勞工部勞動統計局的調查，七十一%家中有小孩的母親都有工作。根據皮尤研究中心的數據，四十%有小孩的家庭是以女性爲唯一或主要的經濟來源。」雇主的偏見是兩性收入落差唯一的原因。這確實是個問題，但也更凸顯出伴侶當中若有一方是女性，務必確保她不要放棄自己的目標。

攀登目標金字塔的過程，讓我們知道如何協助伴侶。雙方就像是在平行的坡路上看著彼此，從自己嘗到的教訓中培養對對方的耐心，也用自己學到的經驗給對方建議。

幫助對方學習

人常常不知該從哪裡開始。注意伴侶在談話時眼睛一亮、精神一振的時候。觀察他有什麼特長、什麼事令他樂在其中，然後用你觀察到的結果鼓勵他、肯定他。

這些觀察能幫助伴侶加速學習與嘗試。記得要當一個好上師。如果他沒採取你的建議，也不要逼他聽從或對他生氣。伴侶有自己的時間和步調，我們不能強迫對方，只能在他摸索時陪在身邊。這不是你的旅途，而是他的旅途，你要讓他走出的是他的下一步，不是你的下一步。

如果伴侶有自己感興趣的事物，但還沒形成一個目標，不妨鼓勵他多多探索，不要對他該走的路妄下論斷。我們不是生來就知道自己的目標，也不是生來就準備好要追求目標。幫助伴侶繼續探索他有興趣的事物。可以預訂一趟博物館之旅，也可以找書或TED演講影片，幫助伴侶探索自己特別感興趣的主題。檢視一下你們的分工和優先事項，確保對方有追求個人興趣的自由。不要剝奪他的自由，例如期待他的空閒時間都要用來陪你。

我剛認識拉蒂時，就看得出來她顯然很愛做菜。我鼓勵她探索這方面的興趣，無論後續會有什麼發展。

大家總是對她說：「妳應該開一間餐廳。」但我不會把我的目標強加在她身上。我只告訴她要付出時間學習和嘗試，這就是我在一旁試著支持她成長的方式。爲了讓她追求自己的興趣，無論要做出什麼犧牲，身爲伴侶，我都爲我們高興，也爲她高興。

我們剛到紐約時，她開始在一位阿育吠陀廚師身邊實習，後來她跑去教瑜伽、拿到阿育吠陀證書、幫一家餐廳設計菜單。我沒逼她選一個生涯目標，也沒問她的摸索何時告一段落。當伴侶在摸索目標時，我們要做的是從旁給予支持。伴侶問你意見，你才提出建議，但還是要讓他自己做決定。不要指責伴侶一是無成，而要在對方有進展時出聲讚美。

別說	這樣說更好
怎麼搞這麼久？	有什麼我能幫忙的嗎？
你現在就給我做個決定！	我們一起來為我們的家庭和生活設定一個務實的期限吧。
你看某某某做得多好啊！	你有沒有想過誰能給你啟發？誰能當你的良師益友？

伴侶在學習時，不要試圖擺出前輩的姿態。

前輩是在他目標領域技藝純熟的人，有相關的經驗與知識，也有幫忙的意願，可以指導他在該領域有所發展。

伴侶則是在愛情這門學問上的學伴。你們是彼此的上師——既學習認識自己，也學習認識對方。但你們不一定要是同領域的前輩或事業夥伴。相反地，你可以跟他一起想想，該如何和某個領域的前輩接觸，以及有機會的話，能問問前輩什麼問題。

幫助對方嘗試

我有個朋友對脫口秀很有興趣。他才剛起步，現階段沒有任何俱樂部肯給他機會。因此，一天晚上，他太太將他們的市區小花園，改造成脫口秀俱樂部。她爲賓客擺上折疊椅，在樹木之間掛上燈串，還送上爆米花。

他登台爲十位朋友表演了一套脫口秀。朋友太太支持伴侶的方式既有趣又富有巧思。你可以幫伴侶創造機會發揮專長、練習他熱愛的事。或許你在相關產業有朋友可以讓他去見習。或許你有人脈可以幫他養成專業技能。當他的觀眾、幫他呼朋引伴，或在他能力不足之處予以協助。

給對方時間與空間

薩爾曼．可汗得到啓發創辦可汗學院時，他也有帳單要付。[18] 當時，他太太剛念完醫學院，他們的房租越漲越高，家中也添了人口。此時要他考慮辭去避險基金安穩的工作、全力投入一個非營利組織，光想都覺得很荒唐。但有個朋友不斷打來和他說，他的目標不是當個避險基金投資客，而是像幫助姪女一樣幫助全世界。薩爾曼跟他太太聊這件事，她雖然支持，卻也擔心他們的經濟狀況。最後，她體認到薩爾曼很難專注在可汗學院以外的事情。於是他們決定動用爲了購屋存的頭期款，薩爾曼也辭了工作。

「當時的壓力大到難以置信。我常半夜一身冷汗地驚醒，」薩爾曼事後回想起那段日子時這麼說道。

後來出現了一位投資人。對薩爾曼來說，這是一大轉機。如今，可汗學院是全世界最大的線上學習平台之一。這是很極端的例子，我也不是要鼓勵任何人辭掉正職工作。如果薩爾曼留在避險基金公司，利用工作之餘授課，或是離開避險基金公司，成立一家規模中等的公司，我想仍然會是一個成功的故事。重點是，在他經過審慎考量決定冒險一搏時，他太太在一旁支持著他。

有時，我們很難看著伴侶將時間和熱情用在別的地方。你可能會認爲爲他帶來滿足的是他的目標，而不是你。在伴侶關係中，關於追求個人目標，我最常聽到的怨言就是：「我認爲我應該比他的目標重要」。希望伴侶將用在追求個人目標的注意力多分一點給自己。但如果有人是因爲你的要求才給你時間，你也無法贏得他的關注。

與其跟他的目標爭風吃醋，不如一起加入。無論他是在學習、嘗試，還是已經在執行。

此外，別忘了，如果你有自己的目標，就不會看不慣對方爲了他的目標付出時間，或和他的目標爭奪注意力。一如愛因斯坦所言：「如果想活得幸福快樂，請將人生托付給一個目標，而不是某個人或某件東西。」[19]不要阻止、限制你的伴侶，也不要讓他對追求自己的目標有罪惡感。

耐心對待陷入掙扎的伴侶

當伴侶為了自己的「法」掙扎，我們可能會覺得很沮喪，尤其如果我們不認同對方這一路上的選擇與做法。如果伴侶想放棄、不斷改變策略，或不顧一切向前衝，我們就必須當一個好上師。

即使不喜歡伴侶分享的想法，我們還是得專心傾聽。我們必須感謝伴侶的誠實。不必喜歡或接受他的想法，也不必同意他真是天下第一的策略家。只要讓他跟你分享就好了。

仔細聆聽、用心觀察、努力理解，且不將自己的渴望和限制加諸在對方身上。如果伴侶覺得你無法理解他，他就不會對你敞開心扉，或告訴你實話了。有時，我們對伴侶會相較於對任何人都更不客氣，批評起來也更不留情。然而，對待伴侶至少要像對待朋友或同事一樣尊重。請用心、專注地給伴侶有助實現目標的回應。

幫助對方找到方向並不容易。有時這確實會對兩人的關係造成新的壓力。對方可能會覺得自己受到憐憫或逼迫。但新壓力總好過舊壓力，因爲知道自己的「法」、爲了實現「法」而掙扎，總好過灰心喪志或漫無目標。

當我們認爲伴侶應該要有進展但卻沒有，我們可能會試圖代爲安排或加以控制。當對方不去我們爲他安排的會面，或不出席可能建立人脈的活動，我們會覺得很受挫。有時我們之所以受到刺激，是因爲**對方的行為讓我們想起了對自己的擔憂**。或許我們怕自己的事業不成功，或怕自己達不到目標，於是我們將這份恐懼投射到伴侶身上。

此時，我們該做的第一步是檢視自己的目標。我們是否全力以赴？我們感覺自己有動力嗎？專注在自己的目標，確實是一種緩對伴侶擔憂的辦法。

但也可能有其他的擔憂來攪局。

或許我們表面上假裝給伴侶空間，私底下卻擔心對方永無成功之日。或許跟別人比較之下，伴侶的表現令我們很擔心。這些刺激都會迫使我們對伴侶加以批評和論斷，而批評和論斷只會妨礙伴侶成長的能力。

不必隱藏自己的憂慮。事實上，你應該告訴對方。但請以支持和關愛的態度表達，不要將自己的標準或期待強加給對方。此時他或許沒有足夠的興趣或動力採取行動，那也沒關係。

基於不同的原因，有兩種表達擔憂的方式是有問題的。有時我們會試圖強迫伴侶繼續下去。如果你的伴侶工作得很痛苦、想辭掉工作，你可能會驚慌失措地說：「不行啦！你很清楚我們負擔不起這樣的後果！」這麼做是在用恐懼和罪惡感驅策對方。或者，我們也可能採取相反的策略，嘴上說著我們認爲該說的話，心裡卻不這麼認爲。在這種情況下，我們有時會用誇大其詞的鼓勵，例如：「你是超級英雄！你想做什麼都做得到！明天你就可以美夢成眞！」但如果不是眞心的，這些話聽起來就會很虛假。

強迫是壓力。伴侶本來可以告訴你他想往前走，但不知道該怎麼做，壓力卻堵住了他向你表達的可能性。他沒辦法表現出脆弱的一面，誠實地和你聊心裡話。虛情假意的激勵則是大開方便之門。你的伴侶說不定就將工作辭了，無所事事個一整年，當你問他爲什麼，他就說：「欸？是你說我想做什麼都可以的啊。」這兩種方式——強迫和虛情假意的激勵——妨礙了對方坦承和你討論情況的能力。溫和、正面的鼓勵，比基於恐懼的爭執或誇張的讚美更有力。適當的鼓勵是：「我明白你盡力了，但會有別的辦法的，或許可以再試試。」

將論斷與批評抽走，鼓勵就能來得更自然。

因爲這時就有了開放、誠實、容許脆弱的談話空間。在這個空間裡，請務必讓伴侶知道，你理解他面臨的掙扎。請對伴侶保持耐心，肯定、欣賞他可貴的努力，無論結果如何。以支持的口吻和對方談談。提醒他，你們會一起同心協力，有彼此在身邊陪伴，就能夠克服挑戰。

以伴侶想辭掉工作的例子來說，你們可以務實地討論，這個決定會對彼此的生活造成什麼影響。在哪些方面會需要彼此的協助？你們要給這個實驗期多久時間？雙方的責任如何調整？你要如何分擔他的負荷，讓他有時間和空間思考下一步？你們可以一起腦力激盪，想想如何彼此支援。如果接下來他在家的時間比較多，或許他可以負責煮晚餐，讓你有更多時間完成你的工作。

談話的結果應該是面面俱到的承諾與共識。評估家務和財務的責任會有什麼改變，也梳理出時間和金錢的分配要做什麼調整。

細節談妥了，接著是爲這個決定設下時限。如果伴侶要辭職好好思考自己的目標，那他需要多久重新開始找工作？如果你們決定的時間是三個月，不代表三個月到了他就要搞定一切，而是代表屆時兩人得重新審視這個計畫，再決定下一步。

慶祝小成就

如果伴侶接連三個月每天上健身房，你不會多說什麼，但如果三個月沒去健身房，或許你就會特別指出來。人一般都是這樣的。我們會抱怨別人遲到，卻不會感謝對方的準時。大家會恭喜找到工作的人，但沒人會恭喜有在工作的人。很少人會將辭職視爲往個人目標邁進的一步，但辭職往往是更接近目標的一項舉動。與其慶祝明顯的勝利，不如仔細觀察伴侶有哪些努力和成果，是只有在你這個位置才看得到的。給伴侶肯定，絕對有助激發他的動力和滿足感。

兩個目標互相衝突時

當小孩來報到，或其他任何原因，兩人爲了養家、持家忙得不可開交，雙方又都有自己的目標要追求，時間就可能很難協調了。花在追求目標、陪伴家人及操持

用心表達用心的愛

當伴侶這麼做	你就這麼做
分享了一個你不怎麼喜歡的想法	鼓勵他挑一群人實驗看看，或是諮詢前輩的意見、通過前輩的認可，抑或是從別人那裡取得真實的反饋。
抱怨自己無法專心	詢問需不需要幫忙約束他。你可以在他分心時提醒他，或是拒絕跟他一起看電視，直到他完成一件清單上的事項為止。請注意：不需要由你來指出伴侶有不專心的問題，這個問題必須由他自己提出。
放棄	給伴侶時間和空間為挫折難過一下，再繼續跟他分享你認為可以激勵他的事。協助他回顧目前已有的成果，讓他自己決定要不要繼續努力。
想在財務上做出冒險的決定	跟會計師或精打細算的朋友見個面，務實地討論一下冒這個險的後果，及你們兩人可能受到的影響。
把其他責任擺一邊	當人專注在自己的目標上時，情況就會跟著改變。針對家裡的狀況重新審視、重做約定，好讓每個人都清楚知道這段期間該怎麼做。並且每隔一段時間定期重新評估狀況。

家務的時間，沒什麼正確的選擇或完美的平衡可言，但雙方對因應的對策越是考慮周全、溝通順暢，結果就會越令人滿意。

以下有四種協調兩個目標的方案：孩子還小、家中有經濟壓力時，兩人可以：

- **方案一：暫時擱置自己的目標，以賺錢和陪伴家人為優先。**
- **方案二：以其中一人的目標為優先。**
- **方案三：輪流以各自的目標為優先。**
- **方案四：雙方都對各自的目標全力以赴。**

方案一：暫時擱置自己的目標，以賺錢和陪伴家人為優先

賺錢或持家往往不是我們的目標。身為一對伴侶，我們需要經濟上的穩定，若是不能從工作中實現目標，那就沒辦法撥出太多時間給自己的目標了。其實多數人一開始都是這樣，而這是一個很健康的起點。

財務負擔是一回事，發展你熱愛的事又是另一回事，後者不必背負前者的重量。

利用早晨和夜晚發展你的愛好。別忘了，一開始只是消遣，後來也可能變成兼職，而兼職又可能變成全職。剛開始小心翼翼慢慢摸索，趁這時看看你對這件事有多認眞、探索一下不同的選擇，並獲取相關的技能。不必犧牲經濟上的穩定，雖然現在只是一個業餘愛好，但可以朝將它變成生活重心來努力，並從這個過程中找到滿足感。

方案二：以其中一人的目標為優先

說雙方都該以自己的目標爲優先很容易，但不同人的目標往往有不同的進度表。當其中一方的目標需要立即付出大將的時間與精力時，就可以選擇這個方案。但要確定雙方都同意以某一方爲優先、由另一方負責操持家務。方案二也常用在其中一方的目標可以支撐家中經濟時。即便如此，也不要未經明確討論，就全力投入其中一人的目標。

有時，其中一方會要求另一方犧牲自己的目標。如果提出要求的一方賺的錢比較多，這個要求甚至會顯得很合理。身爲家庭經濟支柱的一方，往往認爲自己的目標比較重要。他可能期待另一方要將家裡照顧好，並希望、或認爲操持家務對另一方來說，已經是一個令人滿足的目標了。然而，**即使是經濟上較成功、或事業上發展較好的一方，他的目標也沒有比較重要**。

道理就是這樣。只因爲決定和其中一方的家人一起度假，不代表你們就比較愛那一方的家人。時間有限，有些事必須做出取捨。當我們基於時間的緣故以其中一方的目標爲優先，我們也必須承認另一方做出了擱置個人目標的犧牲。

如果你們選擇以其中一人的目標爲優先，請務必討論其中的得失利弊，雙方也都要同意以目前的情況，這麼做對整個家是最好的。談好可以讓做出犧牲的一方滿意的條件，例如這個情況會持續多久，以及兩人要如何關心彼此的狀況，確保犧牲的一方不會因此感到委屈或哀怨。

如果是自己的目標取得了優先權，那表示伴侶攬下的角色不是他眞正的目標。因此，請以同樣的尊重與包容看待伴侶的目標，以及在這個狀況下對方必須扮演的角色。當你在忙著實現目標時，可能會沒有餘力支持伴侶，但請別忘了，你是從目標中獲得滿足的一方。

目標最重要，也並不代表其他次要的事就該拋諸腦後。你要想出追求目標又不疏忽人生其他部分的辦法。請讓自己樂於陪在伴侶身邊、理解對方可能不像你那麼滿足的心情，並做出彌補。常常關心對方、重新檢視兩人的協議、給對方機會改變心意，或是當對方迎向目標的時機到了，換成你提供更多支持。

如果你們是以你的目標爲優先，你可能會希望伴侶對這個目標和你抱有同樣的熱情。然而。**這種對熱情的渴望可能是不安偽裝而成的**——我們在不安時，就會渴望別人來肯定我們的選擇和喜好。

相對而言，如果你是拋開個人目標的一方，浮現各種五味雜陳的情緒是很正常的反應。面對伴侶，你可能會覺得自己被比了下去，或產生嫉妒的心情。面對自己的目標，你可能覺得充滿挫折或自我懷疑。有這些感受很正常，如果你知道自己的目標是什麼，這些感受還會更清晰。如果你現在沒有時間追求自己的目標，不妨想辦法保有你和它之間的關聯，延續你對它的熱情。你可以參考我們在本章談到的辦法：閱讀相關書籍、上相關課程、支持伴侶的同時也一面摸索自己的目標，或是從自己目前必須從事的工作中找到目標。

如果你等得不耐煩了，或認爲可能有辦法重新分配家務，請再和你的伴侶重新討論。

如果你覺得受到忽視，先判斷一下你的伴侶爲什麼置家庭於不顧、只專注在自己的目標上。他很沉浸在工作中嗎？如果你了解他、也重視他的目標，那你就會將他對工作的投入視為正面的特質。知道他專注在一件對他很有意義的事情，會覺得很欣慰。他的投入並非出於不得已，而是他個人的一種特質或選擇嗎？與其要求他多花時間陪你，不如問他：「你還好嗎？有什麼麻煩事要處理嗎？」我們要做的是體貼伴侶，而不是批評或抱怨。如果伴侶全副心思都在賺錢養家上而不能陪伴家人，那麼，你們就要一起討論看看，這個家是否想要或需要這麼多的收入，還是這個家更需要的是他的參與。

一切都是時間或精力的問題。比較忙碌的一方若能從日程表中擠出時間來，那就把握機會一起努力為全家創造有意義的經驗。如果他擠不出時間，當你們在一起的時候，他還是可以透過專注的陪伴和疼愛、善待的舉動付出他的精力。追著目標可能很累人。如果他沒有力氣參與太多的活動，你們還是可以將一起待在家裡變得很美好。晚餐前花時間布置餐桌、點上蠟燭，即使你們吃的是外帶餐點。安排一天的芳療日，全家互相幫彼此按摩，或是其他的舒壓療程。隨興選一天，自創一個新的節日或傳統，每年到了這天就慶祝一下。玩一款新的桌遊。全家一起聊天，你們可以上網找聊天話題大全，市面上也有趣味話題的牌卡組。

如果你的伴侶兩者都不願意，你們就要溝通一下這件事。

如果伴侶之所以爲了目標忙過頭，背後的原因其實是想逃離家庭，那麼強迫他陪伴家人也無濟於事。如果雙方無法達成共識，不妨用下一章傳授的技巧解決衝突。

有時，伴侶雙方之所以默許方案二的選項，是因爲兩人的目標有不同的進度。當其中一方還沒想清楚自己的目標，生活往往就會以另一方的目標爲中心。

我的客戶葛拉漢和蘇珊娜在一起二十年了。他展開房地產事業時，她放棄了想開瑜伽教室的夢想，和他一起拚事業。他達到目標了，公司經營得有聲有色，即使在他雇得起幫手之後，她還是繼續在那裡工作。

爲葛拉漢工作和拓展公司業務都不是蘇珊娜的目標。在外人眼裡，他們在婚姻及事業都是好搭檔。但有十五年的時間，蘇珊娜默默爲她未能實現的瑜伽夢傷懷，即使她從未踏出追求這個夢想的腳步。

多數時候，我們之所以爲別人的目標服務，是因爲我們不知道自己的目標或不知從何開始。但追夢永遠不嫌遲，蘇珊娜的時間沒有白費，無論是開瑜伽教室，還是有什麼新的夢想，她隨時能發揮一技之長、追隨內心的召喚。

當葛拉漢終於明白蘇珊娜有多委屈，他鼓勵她為一直夢想的瑜伽教室展開行動，還提議自己可以撥出一年的時間，幫蘇珊娜將瑜伽教室經營起來。但當蘇珊娜認眞考慮起自己眞正想做的事，她卻發現房地產經營中有一塊很令她著迷。於是，她決定用既有的人脈和能力，和本來就認識的房仲合作售前宅妝服務，用家具和藝術品將待售的房屋布置得美美的。之後，蘇珊娜的新事業一飛沖天。

試試看　調整「法」的不平衡

前面提到，當伴侶陷入掙扎時，我們可以去照顧自己的目標、不帶論斷或批評地開啟對話、達成共識、做好約定，並定期重新評估狀況。當對方的「法」全然地占據了這段關係時，你也可以遵循同樣的處理原則。

1. **專注在自己的目標：**當伴侶的目標令你感到挫折，這永遠都是你該採取的第一步。如此，你才能確保自己不將伴侶當成你的目標。
2. **溝通：**討論你們為什麼沒留時間給彼此。你不該奪取伴侶追求目標的時間。你想給他追求目標的空間，但你也可以要求他的陪伴。

3. **達成共識、做好約定：**一起決定你們什麼時間會投入各自的目標、什麼時候是家庭時間，設下界限並遵守約定。

4. **找出更有價值的共同活動：**找出可以讓兩人時光或家庭時光更有價值的活動。舉例而言，與其一起看電視，不如進行一些更有互動性的活動。利用週末動一動，去爬山或從事其他你們都喜歡的運動。你們也可以在家招待親友，或是一起去當志工。週間晚上的時間很寶貴，你們可以一起煮飯、玩遊戲，或是針對某個你們想要追求的目標，透過閱聽活動一起學習、討論相關領域的東西。如果還有餘力，你們可以規畫更多活動，一起聽音樂或演講，或是找一個兩人都不曾試過的新活動。

5. **為新計畫訂下時間表：**為共同討論出的新計畫定下時程。看看什麼時候要再評估狀況，確認彼此都遵守了約定，或是有什麼需要調整的地方。

方案三：輪流以各自的目標為優先

如果彼此都不願意犧牲自己的目標，卻又沒有足夠的時間或金錢同時兼顧兩個人的目標，其中一方可以先花一段時間專注在自己的目標，由另一方負責支付帳單或操持家務。一段時間過後再角色互換。

在這種情況下，如果雙方或其中一方的工作就是他的目標，這份工作的收入就可能受到牽連。可能要過得更簡樸，但爲了實現目標，無論必須放棄什麼物質享受都是值得的。只要確保你們將時間、界線，和分工都談清楚了就好。

凱斯和安德莉亞各有熱愛的事。安德莉亞想成爲自然療法治療師，凱斯想成爲很強的鐵人三項運動員，雙方都支持彼此的夢想。然而，當他們嘗試同時追求各自的夢想時，卻發現他們無法平衡育兒、以及在自己選擇的領域拚出成績所需的時間和心力，遑論還要睡眠充足兼賺錢養家。

於是，他們想出兩個人輪流的折衷方案——安德莉亞先花三年密集進修，完成自然療法的訓練。這段期間，凱斯在他們所在的俄亥俄州郊區小鎮當老師。儘管薪水不高，卻足以應付每個月龐大的健保費。放學之後和週末，他都可以在家陪小孩。安德莉亞減少工作時數，但還是有在工作，所以他不用獨力負擔家計。大致上，她都可以利用晚上和週末去進修。

一旦安德莉亞的生意步入正軌、有了穩定的客源，就輪到凱斯追夢了。他還是繼續工作，但由安德莉亞接手照顧小孩，而他工作之餘的時間就用來鍛鍊。當兩人的生涯都上了軌道，就可以小小輪流一下。舉例而言，有一年，凱斯在冬天的幾個月減少訓練量，讓安德莉亞可以去完成一門進修課程。一旦賽季來臨，凱斯就有額外的時間和金錢投入訓練及比賽相關的事務。

方案四：雙方都對各自的目標全力以赴

當兩人都累積了一定的經驗和成績，就能把握機會同時全力追求自己的目標。收入在這裡是一個很重要的考量。經濟穩定，感情才會好。研究雙薪家庭的珍妮佛・彼崔格里利說：「在多數關於雙薪家庭的報導中，你會看到這是一場零和遊戲。也就是說，其中一人得到的多，另一個人得到的就少。儘管有些夫妻確實抱持這種『你多我少』的心態，但成功的伴侶不是以『你和我』的對立關係看待彼此，而是將『我們』這個概念視爲拼圖中最重要的一塊。」[20]

根據彼崔格里利的研究，將彼此視爲一體的伴侶會將對方的成敗視爲自己的成敗，內心自然會渴望看到對方成功，也就不會對不得不做出的妥協產生哀怨。

就某種意義上而言，兩人都全力追求各自的目標很容易——彼此都以自己的目標爲優先、內心都很充實，因此能給對方最好的自己——心滿意足又充滿能量。但這個方案就如同其他的方案，還是必須做出犧牲。像是兩人在一起的時間會變少，因此得讓相處的時間變得更有意義。持續的溝通很重要——不是聊各自有多忙，而是聊聊彼此有多在乎對方，以及自己正在做的事。看到彼此都活得很有目標，也會讓你們更尊敬對方。

試試看　交換時間

你和伴侶可以透過給彼此「時間」這個禮物，來緩和兩份忙碌生活的壓力。以下是跟伴侶交換時間的一些辦法：

- 暫時替伴侶攬下通常由他負責的事情一段時間，或從今以後都由你負責這件事。

・給自己（或別人）找個不會妨礙他的活動。

・看哪一方的目標需要更多時間，取消整個週末晚上的計畫，雙方都專注在他身上。

・挑一個假日，這一天都以需要時間的那一方為主。

看著伴侶成長、成爲這段歷程的一部分，就像自己的成長一樣令人興奮又有成就感。一路上不見得平順，但這是一段美好的歷程。互爲彼此成長歷程的一部分，就不會漸行漸遠。你們可以一起慶祝成功，一起面對失望。

當然，雙方各以各的需求爲優先，衝突是不可避免的。下一條法則就要幫助我們找到衝突的價值，以及找到爲衝突賦予目標的辦法。

書寫練習

寫一封情書給伴侶

想創造一段長長久久的關係，就需要深入挖掘。花點時間敞開心扉，誠實地向伴侶暴露自己的脆弱、表達平常自己不敢表達的心聲。好好溝通，不要爲犯下的錯自責。承擔責任，不用感到內疚和羞愧。堅強、勇敢地表達愛意。

親愛的伴侶：

曾經，我以為愛很簡單：有天我遇到了一個令我傾心的人，下一站就是從此過著幸福快樂的日子。

但認識你、跟你共度人生、將我的心交給你，讓我發現愛不是目的地，而是旅途。而且不只是我們的旅途——不只是我們的愛的故事，也是愛本身的故事。

我們的關係不只是一種浪漫，更是一種成就。跟你在一起，我有好多的成長。

我也喜歡看著你在各方面不斷成長。而這就是我跟你在一起最愛的一件事——看著你這一生的盛開與綻放。

曾經，我對愛的定義很簡單，人一輩子只心動一次，從此那份愛就不再改變。但隨著我們雙方持續的蛻變與探索，我發覺自己一次又一次愛上你，每次都有些微不同、每次都更深入一點。

我知道自己或許不是完美伴侶。你值得我的傾聽與關注，但我不一定做得到。有時，我沉浸在自己的思緒裡。有時，我活在自己的世界裡。有時，我不敢對你敞開心扉、暴露自己脆弱的一面、讓自己完整地被愛。相反地，我要麼找你麻煩，要麼將自己封閉起來。謝謝你愛全部的我，包括我的不完美。也謝謝你讓我學著去愛全部的你，包括你的不完美。你是我最棒的老師。我是那麼感謝你。

我還會繼續犯錯、還是會有做不好的地方——但我也會繼續愛你。我決心當你的隊友——無論要面對什麼。我會永遠和你站在同一邊，挑戰也好、勝利也罷，我們會一起擁抱人生的一切。

愛你的我

靜心練習

雙方互容的靜心冥想

我們常常只會不經意地想起自己愛的人，很少停下來給對方全副的注意力。有時，我們甚至會將天天看到或固定出現在生活中的人視爲理所當然。這個冥想練習賦予我們的感受一個清晰的焦點，並讓我們想起自己是愛上對方的哪些特點。這次的靜心冥想可以自己練習，也可以和心愛的人一起練習，最後再分享彼此的想法。

冥想準備

1. 找個舒服的姿勢，無論是坐在椅子上、在坐墊上坐直、躺或坐地上都行。
2. 如果覺得閉上眼睛比較舒服就閉上眼睛。若否，放鬆眼睛的聚焦即可。
3. 無論是睜眼還是閉眼，目光輕輕往下。
4. 深吸一口氣後再吐氣。

5. 發覺思緒飄走了也沒關係。輕輕拉回思緒，回到平靜、平衡、平穩的狀態。

愛的焦點靜心冥想

1. 想一個對你來說很重要的人。
2. 想像對方正在你面前。想像他的臉和輪廓。
3. 想像他微笑、大笑。
4. 仔細想想，他的外貌有什麼讓你喜歡的地方？
5. 接下來深入到內在。他的思想、才華，和個性，有什麼你喜歡的特質？仔細想想並加以肯定。想想他可貴的地方。
6. 在心裡默想或開口說出來，向所有讓他成其為他的特質表達感謝。
7. 看你能不能列出十件你愛他的地方。

LOVE

第三部

療傷：從掙扎中學習愛

在林棲期，我們反思愛別人的經驗、探究是什麼阻礙了我們愛的能力，並致力於寬恕與療癒。在林棲期，我們學習要如何解決衝突才能保護這份愛，或如何知道什麼時候該對這份愛放手。在克服困難維繫關係的過程中，或在恢復單身之後，我們發現「奉愛」（愛的昇華）的可能。

法則六 不是雙贏就是雙輸

衝突為意識之始。

——瑪麗・埃絲特・哈丁，分析心理學家[1]

我跟朋友在餐廳吃晚餐，隔壁桌有位女性抬高了音量，引起了我們的注意。

她說：「把它放下。」她的約會對象正忙不迭地按著手機。她堅持道：「我說了，把它放下！」

他又無視她，過了一會兒後，才終於將手機放到桌上，回嘴道：「饒了我吧，嘮叨個沒完，快把我搞瘋了。」

他們回到正常講話的音量，跟我共進晚餐的同伴轉頭看我。我知道他的新戀情剛開始幾個月。他跟我說過，他想和一個對他誠實又願意了解他的人談一場「眞正的」戀愛。現在，他自豪地說：「艾莉和我處得很好。我們從不吵架。」

「衝突」有個壞名聲。跟人起衝突顯得我們像壞人——不管是在自己還是別人眼裡。

我們想和伴侶成爲一對互相了解、從不吵架的佳偶：「我們這一對很特別，跟其他人都不一樣。」但無論一對伴侶有多契合，活在零衝突的狀態中不是愛，而是逃避。剛開始幾個月要粉飾太平很容易，因爲熱戀期的吸引力模糊了感情基礎的裂痕。但保持零衝突的狀態，意味停留在淺層的交往，一切看似美好，雙方卻從未深入了解彼此。

迴避衝突的人，表面或許看起來很平靜，內心往往並非如此。

他們不敢談負面的感受，因爲自己或伴侶可能會生氣。他們藏起自己的感受，以免惹麻煩。**維持表面的諧往往將以誠實和理解作為代價**。反之，建立在誠實與理解之上的愛是深刻且令人滿足的，卻不見得平靜。迴避衝突的伴侶，無從了解彼此的優先考量、價值觀，或掙扎。

每對伴侶都會吵架，或都該吵架。

無論你和伴侶吵什麼，你們大概都不孤單。根據許多伴侶諮商師的說法，伴侶之間吵最多的三大課題就是金錢、性愛，和養育子女的方式。日常口角和這些重大課題交織在一起——晚餐要吃什麼、碗盤該怎麼放洗碗機、你的朋友說了什麼或做了什麼、你剛剛是不是跟那個咖啡師打情罵俏。以我個人而言，解決短期摩擦和長期問題的方法不該有什麼不同，因爲日常口角的根源往往肇因於深層議題，因此，我認爲「直搗問題核心」是解決衝突的其中一個好辦法。

《薄伽梵歌》可被視爲解決衝突的終極指南。

故事背景是在戰場上，善、惡兩方即將開戰。善的一方由阿周那率領，天神克里希納來爲阿周那指點迷津。於是，阿周那和克里希納在戰場上展開一場談話。透過回應阿周那的問題，克里希納也解答了許多人在伴侶關係的小戰場上面臨的許多問題。

首先，我們看到阿周那不願開戰。這很符合我們對於當一個好人的想法——如果我們都做對了，這世上就不該有戰爭。渴望和平是人之常情，避免全面開戰總是對的。

但我們從《薄伽梵歌》中得知，截至當時爲止，阿周那已嘗試過無數次的談判和勸說，也經過百般的考慮。開戰是最後的手段。這場戰爭將有損失和傷亡。說出的話、做出的事將帶來傷痛，而且沒有回頭的餘地。這就是爲什麼我們都該學習吵架的藝術。

聽起來有點反直覺，但**藉由常常吵架，我們可以避免一發不可收拾的衝突**。一出現分歧就加以處理，就比較有機會在說出無心的話、讓彼此的感受更糟糕但卻沒有解決問題之前化解衝突。

伴侶第一次將髒襪子丟在地上時，你可能覺得有點不高興，但只是默默將襪子丟進洗衣機。第二次，你提醒伴侶要將襪子收好，但這件事已經變成了一個問題。第三次，你可能會問他，要怎樣才能讓他改掉這個習慣。第四次，你可能會說：「好，我們需要談一談襪子的問題。」亂丟襪子變成了一個引爆點，這些襪子被丟在地上的次數越多，它們製造的紛爭就越多。

代表全知和至善的克里希納勸阿周那開戰，這位天神強調，有時就連好人也得跟人鬥。敵方（阿周那的堂兄弟們）越來越過分。一次，他們在阿周那五兄弟的食物裡下毒。另一次，他們用蠟造了一座美輪美奐的宮殿給這五個兄弟，但當五兄弟人在裡面時，他們卻放火燒了宮殿。堂兄弟們一直試圖對這五個兄弟趕盡殺絕。❶最後一根稻草，是他們企圖當眾脫去阿周那妻子的衣衫。終於，阿周那領悟了，讓這種人稱王只會危害世界。他非得爭奪王位不可，這不只是爲妻子受辱而戰，也不是爲了捍衛自己、或證明自己的力量而戰——他是爲了拯救未來世代。同樣地，我們跟伴侶爭吵不該是爲了自己，而該是爲了保護和打造一個美好的未來。

在《薄伽梵歌》中，敵方（最終也是敗方）不是一個人，而是一種意識形態。它是黑暗、我執、貪婪，和傲慢。在伴侶關係中，道理也一樣。敗方不該是其中一人，而是有問題的意識形態，及其在伴侶間引起的紛爭。

如果我們以隊友的態度看待衝突呢？衝突就像妖魔鬼怪，也像海裡的浪濤。當衝突靠近時，浪捲得越來越高，場面越來越嚇人。但與其轉身假裝沒看見，你們可以兩個人一起面對逼近的浪濤。你們可以將頭部保持在水面上嗎？還是浪濤會當頭劈下？關鍵在於明白你的伴侶不是那道浪濤。雙方意見不合之處才是那道浪濤。如果你們兩個人一起迎上前去，朝同一個方向踢水，彼此加油打氣，你們就可以肩並肩游過去，共享化解衝突的勝利。

這個轉念改變了我的人生，它也可以改變你的人生。當我太太和我將彼此視爲共同面對問題的隊友，問題本身就成爲我們一起打擊的對象。贏的渴望來自我執，而我們要控制我執。我爲什麼要打擊我太太呢？我爲什麼要戰勝我選擇共度一生的伴侶呢？我愛我太太，她不是我的敵人。我不要她輸。我自己也不想輸。只要有一方戰敗都是雙輸，每克服一個問題都是雙贏。

試試看　將爭端轉換成共同的目標

與其將衝突看成雙方彼此對立，不如將衝突轉為兩人一起解決問題的對話。以敵對的態度來到談判桌前，我們就提高了一發不可收拾的可能性。因此，我們要改以隊友的態度來到談判桌前，共同面對問題。

至於如何將爭端轉換成共同的目標，下頁表格有一些例子。在下個單元中，我會說明如何透過事前規畫讓吵架吵得有效果。

將引起爭端的說法	換個說法，說出轉念／共同的目標
你從不收拾自己製造的髒亂。	我們應該要訂出一套做家事的規矩。
你老是遲到。	我們可不可以坐下來聊聊晚上和週末怎麼安排時間？
你高興怎麼花錢就怎麼花錢，卻抱怨我不該亂花錢。	我們來訂一個合理的每月預算吧。
你沒給孩子需要的關注。	我們來討論一下孩子需要什麼（依年齡而定，或許也跟孩子一起討論），我們又要如何滿足孩子的需求。

「愛吵架」和「為愛而吵」

架吵得好，對感情好。

一段感情之所以長久，不是因為浪漫的約會之夜或精采的節日，也不是因為你們有一票很好的朋友（儘管人際圈的支持確實對穩定感情有貢獻）。感情長久的要素之一，是懂得怎麼吵架。

根據美國人格與社會心理學學會發表的一份報告，伴侶若能以健康的方式向彼此表達憤怒，他們就能養成某些特質和能力——慈悲心、同理心和耐心等，有助了解問題的癥結；溝通、傾聽和理解等能力，則有助在未來解決相同的問題或克服更大的挑戰。[2]

雖然表達憤怒是有意義的，但我必須補充一點：衝突和虐待是有差別的。

虐待造成壓力，而這種壓力不是將我們鍛鍊得更強大的良性壓力。肢體虐待、威脅、強迫、控制和操縱，都不是愛。欺壓他人不會帶來任何益處或正面影響。任何形式的肢體傷害都是不可接受的行爲。除此之外，有些事可能很難區分是衝突還是虐待，我希望下頁的表格幫得上忙。

如果你身陷虐待關係，或不確定自己是否遭到虐待，我鼓勵你尋求專業的協助。全國家暴熱線的電話號碼是1-800- 799-SAFE (7233)。❷

爭執的根源

爭執無論大小，最終能否解決取決於心態。

---

❶譯注：作者此處所述為俱盧族和般度族之間的鬥爭——持國和般度是兩兄弟，持國生有百子（即阿周那的堂兄弟們），般度生有五子（即阿周那五兄弟），前者為俱盧族，後者為般度族，雙方爭奪王位、國土和繼承權，後由般度族獲勝。

❷譯注：作者所述為美國的家暴專線，在台灣請打 113 或 02-23615295 轉分機 226、227；另可尋求民間團體勵馨基金會（02-89118595）的協助。

判斷自己遭遇的是衝突還是虐待

議題	伴侶這樣的表現叫衝突	伴侶這樣的表現叫虐待
金錢	為了你的花錢習慣跟你爭論。	命令你該如何花錢。
家庭	批評或抱怨你的親人。	揶揄、侮辱或不准你接近你的親人。
孩子	爭論什麼才是對孩子好。	威脅你或孩子，或用你或孩子當成威脅的工具。
相處時間	抱怨你們在一起的時間不夠。	占據你全部的時間，不准你有跟別人往來的時間。
家事	認為你幫的忙不夠多。	使喚你做這做那。
吃醋	為你的注意力不在他身上而難過。	沒來由地指控你說謊。
瑣事	小小的不滿隨著時間漸漸演變成大大的不滿。	隨便一點小事都能瞬間激起他的過度反應。
尊敬	言語間提高自己的重要性。	言語間貶低你的重要性。
性愛	抱怨做愛的頻率或方式。	強迫你跟他做愛，或在你不舒服或不確定想不想做時逼你配合。

在《薄伽梵歌》中，阿周那懷著謙遜的心態迎戰。他要的是將事情做對、做好。他的目的是爲未來世代服務、改善子子孫孫的生活。相形之下，阿周那對手的出發點則是貪婪、傲慢，以及對權力的渴望。難敵對克里希納的智慧和眞知灼見不屑一顧。戰爭的結果反映了兩方戰士的心念。阿周那贏得勝利，一心只有私欲的難敵則失去了一切。

爭執有三種，依《薄伽梵歌》所說的三種「能量屬性」來界定。我在《僧人心態》中介紹過（也在〈法則二〉約略提過）：**無知的能量（惰性）**、**熱情與衝動的能量（激性）**、**良善的能量（悅性）**。[3]

我會隨時以這三種屬性檢視自己當下的心態。這三種屬性也有助我們了解自己爲任何一場衝突帶來什麼能量。

無謂的爭執

無謂的爭執起於無知的能量。情緒不經大腦就爆發，讓人壓根不知道重點何在。雙方無意了解彼此或找到解決辦法。無謂的爭執發生在錯誤的時間和地點，再怎麼吵也解決不了任何問題，只是在發洩而已。最好的情況是意識到吵這種架很愚蠢，吵一下就不吵了；最壞的情況是吵著吵著又想起其他的不滿，越吵越激烈。

意氣之爭

意氣之爭起於衝動的能量。只是爲了吵贏而吵。「贏」才是爭執的重點，比解決手邊眞正的問題更重要。只從自己的立場去看，將對方當成錯誤的一方。我們或許會假裝聽對方的說法，但其實只想聽到對方認錯、道歉。在《薄伽梵歌》中，這就是難敵爲戰爭帶來的能量。在「我執」的驅使下，兩人都執著於「我才是對的」「我的辦法是唯一的辦法」。「吵贏」成爲唯一的重點，所以兩人都堅持要做到改變、說服對方，而非解決問題。

有效的爭執

有效的爭執起於良善的能量。雙方將衝突視爲想要一起克服的障礙。願意肯定各自的看法，因爲兩人都想了解對方。我們知道自己爲什麼而吵，並將解決衝突視爲健康發展這段關係的一步。這是阿周那在《薄伽梵歌》中的能量。**理性**、**不忘初衷**、**中立的觀點**和**愛**，是有效爭執中最重要的工具。這些不是技巧，而是心靈交流的工具，操作這些工具時必須出於眞心實意。如果只是做做樣子、並非發自內心，事情就不會有進展。在有效的爭執之下，雙方達成未來要做出改變的共識，且都對解決的辦法很滿意。

如何有效爭執

比起無謂的爭執或意氣之爭，我們寧可吵架吵得有成效，但這確實需要練習。無謂的爭執和意氣之爭之所以這麼常見，一部分的原因，就在於人更容易落入諸如此類的爭執當中。我們都聽過生氣時要深呼吸一口氣數到十，但從來沒有人告訴我們那一口氣要用來做什麼。

在《薄伽梵歌》中，我們看到阿周那在衝突中停下來尋求克里希納的智慧。想想看！他在戰場上停下來與神對話！戰爭是最激烈的衝突了，如果阿周那都能在戰事最緊張的時刻轉移注意力，那麼，我們也能學會在伴侶關係的日常摩擦，或火力全開的大戰當中暫緩、自我覺察一下。

爲了達到雙贏，伴侶雙方必須是出於「愛」及「兩人是一隊」的共識而吵。切記：出於恐懼與無知的爭執往往沒有終點，出於衝動的爭執又將由「我執」來主導。放下我執，才能改變爭執的能量。

滌除我執

除非拿掉我執，否則兩人無法聯手面對問題。

在我執的驅使之下，懷著「我就是要吵贏」「我是對的」「我的辦法是唯一的辦法」等不當的執念展開爭吵，這樣的爭吵是意氣之爭。

認爲自己是對的不能解決任何問題。然而，我們卻往往想看到伴侶輸得心服口服、宣布我們是勝利的一方，並屈服於我們的要求。吵架時，如果認定自己是對的、對方是錯的，你的語調和遣詞用字，都會明白表現出這種強硬的態度。你一定要接受伴侶打算要說的話也有它的道理在，並抱持開放的態度認眞傾聽。對方通常不會因爲你認定自己是對的就改變心意。相反地，你的堅持只是在告訴對方你不在乎他的感受或想法、你唯一能接受的結果就是他改變自己或改變他的看法。

人在吵架時自然會想說服對方你是對的。如此一來，我們就能得到認同，也就可以怪罪別人了。我們可以安心地抱持自己的想法或假設，不必改變、也不必負責。賽場是互相較量的終極場域，在賽場上確實有輸有贏，贏的人就是「做對了」或「做得比較好」。在政壇上，勝選方的政見能主導未來政策。在戰場上，由戰勝的一方決定協議條款。

但在伴侶關係中，獲勝不能解決問題。

你可能會自我感覺良好一陣子，但吵贏既不會阻止問題再次浮現，對兩人的關係也無法帶來好處。看似吵贏的一方，我執終究會讓他輸了。

> 我是對的，你也是對的。
>
> 你有錯，我也有錯。
>
> 這些都是雙贏的局面。

我們的目標不是吵贏，而是彼此理解、互相交流。我們不只要解決衝突，還要透過解決衝突一起成長。**以伴侶關係的衝突而言，「我輸你贏」或「你輸我贏」的結果，其實是兩人都輸了**。只有雙贏的爭執才是成功的爭執——我們不只要好好體會這一點，還要將它深深內化。

「滌除我執」是拋開自己的執念，和伴侶一起面對及克服障礙。「滌除我執」是放下成為關注焦點的渴望。滌除了我執，你會開始展現更多的同理心、慈悲心、信任和愛，你的伴侶也一樣。

試試看 在衝突中覺察「我執」和「衝動」

想清楚兩人的爭執是無謂的爭執（無知）、意氣之爭（衝動），還是有效的爭執（良善）。

1. 寫下你們在吵的問題對你來講為什麼很重要，你生氣的點是什麼。
2. 釐清你跟伴侶吵架的原因：
   - 我認為我的辦法才是最好的（**我執**）
   - 我認為我們應該採取「正確的」做法（**我執**）
   - 我想看到對方改變（**衝動**）
   - 我感覺受到很嚴重的冒犯（**衝動**）

・我想扭轉對我不利的局面（**衝動**）
・我想改善現況（**良善**）
・我希望我們更親近（**良善**）

將我執和衝動從衝突中拿掉的第一步是自我覺察，接下來還要明白「堅持自己是對的」「堅持自己的辦法最好」「堅持自己受到冒犯了」或「堅持扭轉既定的事實」，都不能解決問題。

為了一起解決問題，你們必須提醒自己，吵架的初衷是「改善情況」和「讓彼此更相愛」。知易行難。為能做到這一點，你必須站在中立的位置。

將我執從衝突中拿掉的目的是保持中立。

不執著於自己的看法，就能以較中立的眼光旁觀衝突。

中立是能將「問題」與「伴侶」拆開來看的能力。你會發現，導致衝突雙方都有責任。你會發現，你們兩個人都很掙扎。從旁觀的角度去看，就可以設下「團隊」的共同目標，例如：「我們的目標應該是要相處得更好，兩個人更幸福地在一起。你同意嗎？」

《薄伽梵歌》開篇的戰場對談中，阿周那將他的所見所感告訴克里希納。阿周那說：「喔，至高無上的神，請將我的戰車拉到兩軍之間，讓我看看在場的人誰想作戰，在這場兵戎相見的大戰中，我該跟誰決一死戰。讓我看看誰是要來打這一仗的人。」後續幾小節則寫道，阿周那說：「親愛的克里希納，看到我的親朋好友鬥志高昂地出現在我面前，我感覺四肢顫抖、口乾舌燥。我的全身都在抖，身上寒毛直豎。我的弓『甘提婆』從我手中滑落。我的皮膚像是火在燒。我現在再也無法站在這裡了。我頭昏腦脹，想不起自己是誰。我只看到不幸的預兆。」阿周那向克里希納表達了他的焦灼與茫然。慈悲爲懷的克里希納對他感同身受，眼裡含著淚水問他：「你怎麼會浮現這些雜念？你知道活著的價值。是什麼令你覺得軟弱？」[4]在這個節骨眼上，克里希納沒有論斷阿周那，甚至沒有指點阿周那。他在旁觀者的有利位置上，先以中立的態度試著了解阿周那。

在伴侶關係的戰場上，我們可沒有克里希納的庇蔭。諮商師擁有中立的眼光，可以當一個理想的調解人，但實際上，多數伴侶都是自己摸索問題。大家都希望對方是讓步和承擔責任的一方，但如果沒有人肯站出來，雙方很可能就這麼永無止境地僵持下去。爲了解決衝突，至少有一方必須站到中立的位置，以持平的態度帶領談話的走向和塑造談話的內容。

如果你眞心想道歉，不妨用道歉開啓中立的談話。這意味你反省了、你承認自己有責任。如果雙方吵得如火如荼，伴侶聽了你的道歉可能會說：「你是該覺得抱歉。」承認自己有責任，意味你不但不會自我防衛，還會回對方說：「對，我是該覺得抱歉，我也眞的覺得很抱歉。」如果你一時還無法眞心道歉，那就晚點再說。

中立的調解人不會急著解決問題，而是嘗試了解衝突雙方，再開始提出自己的觀察和見解。

當然，我們沒有克里希納的眼界和智慧，甚至沒有諮商師那麼清醒的眼光，因此，在嘗試調解時，我們必須和自己的心理狀態對抗。若是落入無謂的爭執，我們會很不爽、很不耐煩，也無法眞的聽對方說話。我們會感染對方的情緒。他生氣，我們就跟著生氣。他沮喪，我們也跟著沮喪。因此爭執越演越烈，雙方的恐懼和不安都會加劇。

在意氣之爭的情況下，我們發揮不了調解的作用，因爲我們認爲自己的辦法就是唯一的辦法。我們對過程沒興趣，只想立即得到自己想要的結果。唯有在有效的爭執中，調解人才能專心聆聽各自的說法，並在雙方陳述細節和表達感受時保持中立。

採取中立的角色時，我們會提醒自己：問題不在對方，而在於某個我不了解他、他也不了解我的地方，解開這個謎對我們都有好處。如果能持平地兼顧自己與伴侶的觀點，你就會有解決問題的信心。如果沒有人任何一方移到中立的位置，問題得不到解決，雙方都會受累，更將一再回到同樣的問題上。

分析問題的癥結

下定決心要吵有效的架，不代表眞的能做到。有時衝突就那樣爆發了，但在爆發衝突之際，比起繼續吵下去或置之不理，若能分析一下問題出在哪，我們就能有機會更了解對方，並降低再次發生相同衝突的可能性。

一旦熟練了有效的爭執，兩人可能當下就能立刻切換到分析問題的模式。或者，你們也可以先各自冷靜，從爭執中抽離，檢視自己在當中的角色，準備好再跟對方提起這個話題。

我的客戶狄恩跟女友吵了一架。兩人一起參加婚禮，女友去拿飲料。狄恩看到吧台邊有名男子顯然在搭訕他的女友。女友對那名男子笑了笑，一邊指著狄恩，一邊說了些什麼，接著就拿著飲料回來了。狄恩很不高興，因爲他認爲女友看起來很享受那名陌生男子的關注。

「我跟她說，如果她以後還要像那樣跟人打情罵俏、不尊重我，那我們就到此爲止。她說我這是爲子虛烏有的事發脾氣，很不高興我毀了這個美好的夜晚。」

狄恩和我進一步討論過後，發現女友被搭訕之所以會讓他感覺受到威脅，眞正的原因在於他對兩人的關係缺乏安全感——這才是問題的癥結。

吧台那裡發生什麼事不是重點，重點在於那一幕揭示出兩人的感情問題。一旦明白這一點，狄恩就能著手處理自己的不安，而不是對女友做出不實的指控、製造出更多問題。

爭執當下很難立即判斷問題的癥結何在。我們總以爲是因爲雙方意見不同，或對方做錯了什麼。

施化難陀尊者是傳授《吠陀經》的大師之一，他說衝突有四種。[5]我受到他的啓發，發展了一套層層拆解感情問題的辦法，和他所說的類似，只不過比較簡單。

首先是**社際衝突**，這是外來的因素引起的。外來的因素介入兩人之間，導致雙方意見不合。其次是**伴際衝突**，亦即你不滿的是對方。最後是**內在衝突**，源於不安全感、預期心理、失落感等等自己本身的問題。

我們來看看這一層層的問題如何交互作用。

一對同志伴侶要結婚了，他們能請的賓客有限，最後剩下兩個座位，雙方的母親都要求將這兩個位置留給自己的朋友。

一位新郎想將位置給母親的朋友，另一位新郎也想將位置給母親的朋友，兩位新郎代表各自的家長跟對方吵了起來，堅稱這些朋友有多重要、多親近，婚宴上爲什麼要留位置給他們。這就是**社際衝突**，起於雙方都想滿足自家母親的期望。

接著，爭執的焦點轉移了。一個人說他們家爲這場婚禮出了比較多錢，所以他們有權決定。另一個人說他們家爲規畫這場婚禮出了比較多力，所以他們有權選擇。現在，指控和爭執的內容跟各自的家長沒有關係，而是變成這對伴侶之間的意氣之爭，也就是**伴際衝突**。

再後來，這對伴侶停下來喘口氣。經過一番冷靜，他們準備好要針對問題、不再針對彼此。重新回到問題上時，他們體認到，彼此都不想讓自己的母親失望。這是他們各自心裡的**內在衝突**，而這個內在衝突，才是**真正需要解決的問題**。

至少有一位母親要失望。他們跟彼此吵起來，卻不去跟自己的媽媽攤開來談。但接下來，他們自問：「我常常讓我媽失望嗎？還是這次是特例？」「有沒有別的辦法可以讓我媽開心？」「我要結婚了——是時候不再以我媽爲主了嗎？」一旦揪出問題的根源，他們就決定多邀兩位自己的朋友，在婚宴上只要舉杯向雙方的母親致敬就好。

我們可以一起用這三個層次來檢視問題、找到問題的核心，並解決眞正的問題。我們的憤怒往往搞錯重點。爲了洗衣服的事吵起來，其實不高興的是伴侶安排時間的方式。爲了孩子該怎麼做功課吵起來，其實不高興的是伴侶不夠關注自己。爲了沒人幫忙做家事吵起來，其實是因爲覺得自己得不到理解或傾聽才不高興。**除非找出真正的根源，並從根本上解決問題，否則衝突不會憑空消失**。我們或許可以改變行爲（狄恩的女友可以答應他不再對別的男人笑），但除非解決眞正的問題（迪恩的不安全感），否則衝突不會到此爲止。

不要浪費時間吵那些其實你們不在乎的事，而要找出眞正的問題根源。

認識自己的吵架風格

正如同每個人的愛之語❸不同，每個人的吵架風格也不同。了解雙方消化衝突的方式，有助兩人保持中立，也能讓彼此更容易掌握爭執的癥結點。

拉蒂和我的吵架風格截然不同。我喜歡直截了當攤開來談，但她喜歡沉澱一下思緒，等情緒冷靜一點再談。我急於找到解決辦法，她卻想喘口氣、排解一下壓力，先自己想清楚再重新跟我談。一旦了解這一點，當她在吵架時沉默下來，我就不會覺得受傷；當我想鉅細靡遺地討論一個問題，她也不會覺得不耐煩。

認識自己和伴侶的吵架風格，是「爲愛而吵」的第一步。

試試看

認識自己和伴侶的吵架風格

看看下述的三種風格，哪一種說中了你？

1 宣洩型

有些人就是會想表達自己的憤怒，而且會一直說、一直說，非說出個結果不可（我就是這樣）。常言道，公說公有理，婆說婆有理。沒有客觀的真理。一心解決問題的人想要得到一個答案，而且往往過度著重於事實。想解決問題是很自然的反應，但你如果是這一型的人，請記得要慢慢來，不要只關注事實（何況事實為何往往有待商榷），也要給雙方的說法與情緒一個空間：讓自己和伴侶都有表達的機會。注意未經過濾的談話內容——急於得到結論可能會讓你塞太多想法和方案給伴侶。別急著下定論。你和伴侶對於兩人要解決的問題

❸譯注：「愛之語」的說法源自美國暢銷作家蓋瑞·巧門的愛之語系列作，巧門歸納出肯定的言詞、服務的行動、優質的陪伴時光、送禮和肢體接觸等五種「愛之語」，亦即表達愛意的五種方式。

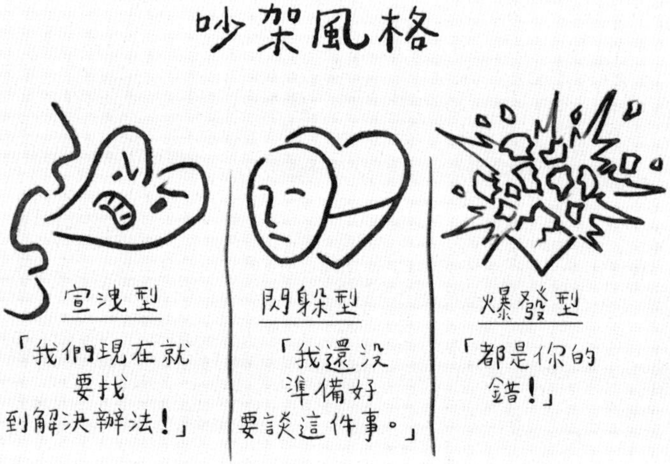
吵架風格
宣洩型
「我們現在就
要找
到解決辦法！」
閃躲型
「我還沒
準備好
要談這件事。」
爆發型
「都是你的
錯！」

是什麼必須先有共識，唯有如此才能一起找出解決辦法。

2 閃躲型

有人吵架時會將自己封閉起來。情緒太激動了，因此需要空間消化一下。在爭執當中，要麼沉默下來，要麼希望能離開現場，你得將自己重新整理好才能繼續談。退縮型的人不想在吵得正激烈時思考解決方案，他們還沒準備好要聽這些。逼他們速速解決，他們只會覺得更煩。如果你是這一型的人，儘管給自己需要的時間與空間，但請不要將沉默當成你的武器。

3 爆發型

這類型的人往往控制不了脾氣，情緒會像火山一樣爆發。這種反應會讓伴侶關係付出很大的代價，因此你們應該同心協力改變這種狀況。如果你屬於這種類型，請務必學習管理自己的情緒，方法包括尋求外界的資源協助你做好憤怒管理。或者，也可以趁平靜時跟伴侶約定好，下次吵起來的時候，雙方可以先暫停一下。想想怎麼做最適合你倆：看是要去跑個步、沖個澡，還是用其他辦法發洩情緒。

（吵架風格自我測驗可參考：FightStyles.com）

一旦確認自己的吵架風格，就和你的伴侶聊一聊。他覺得他的吵架風格是哪一種？根據你們各自的風格，爲彼此創造一個容許生氣的空間，並制定一套妥善處理憤怒的時間表。

如果其中一方或雙方喜歡宣洩，另一方就可能需要比較多的時間和空間來消化。還沒準備好不代表他不愛對方，但他應該要讓對方明白，自己只是還沒準備好。在下一次起爭執之前，先確保了解對方消化衝突的偏好，以免不同的吵架風格造成衝突越演越烈。盡量培養自我表達的能力，但在試圖解決問題之前，務必給自己緩和壓力和思考的時間。如果雙方都喜歡宣洩，只要確定你們的方式是以一起克服問題爲目標，就能達到有效的爭執。

如果其中一方需要暫時離開現場，就讓他離開一下。在你感覺起來，對方的迴避可能像是一種懲罰，但他不見得有這個意思。這只是一種情緒反應，不代表他不在乎。如果是你需要離開現場，那就跟對方明說。如果你們其中一方或雙方需要空間，那就等兩個人都準備好了再談。好好利用這段多出來的時間，不要讓自己越想越激動。記得，伴侶雙方是站在同一邊的。設法找出問題的核心，如此一來，當兩人重拾這個話題時，就可以明確說出你們要共同對付的是什麼。

如果伴侶是火山爆發型，不妨鼓勵他在平時學習如何管理憤怒（參見前述內容）；如果你們雙方都是火山爆發型，那就一起學習情緒管理。這是很難改變的一種行爲，但發脾氣不是有效的爭執方式。在雙方吵起來的時候，你可以簡單說一句：「兩個人都這麼激動是解決不了問題的，等我們準備好再來談吧！」

共贏

和伴侶發生衝突時，理想上，我希望你們都能懸崖勒馬、站在中立的位置，以判斷癥結所在，並剖析問題的重要性和急迫性。

這些準備工作完成之後，你們就準備好可以一起對付問題，而不是對付彼此了。下列五個步驟可以幫助你們和平解決問題。

1. **時間和地點**
2. **表達**
3. **憤怒管理**
4. **信守約定**
5. **成長與突破**

時間和地點

挑個適合解決衝突的時間和地點。

這個做法可能顯得不切實際，畢竟，吵架是在衝動下爆發的。但養成在問題浮現時克制自己的能力，將永遠改變你們的爭執。

不要說：「你明明知道我要早點去上班，怎麼還搶在我前面去沖澡？」改爲：「嘿，我們一早使用浴室的順序讓我覺得很困擾。可以找個恰當的時間聊一聊嗎？」並將時間安排好。掌握這項技巧需要時間——一開始，情緒可能還是會不知不覺爆發，忘記要在情緒和引爆情緒的問題之間拉開距離，保留對話的空間。那也沒關係。將這次的爆發當成一個警訊，下次就可以提醒自己，在說出會後悔的話之前懸崖勒馬。

發生衝突不一定是壞事，也不一定要留下遺憾。

有多少次我們必須在事後回過頭說「我不是有意的」？情緒激動時，無心的氣話就冒出口了，一時的情緒讓我們說出再也收不回來的話。

社工教授諾安．奥斯德蘭德，喜歡問前來諮商的伴侶：「平日傍晚五點半的例行吵架感覺如何？」奥斯德蘭德告訴《時代雜誌》：「他們聽了都會心一笑。」6

伴侶雙方下班回到家就吵架，是奥斯德蘭德頻頻看到的固定模式之一。大家都度過了漫長的一天，沒人知道晚餐要吃什麼，壓力還來不及釋放，突然間就爲了誰忘記付某張帳單吵了起來。奧斯德蘭德說，五點半的例行吵架往往可以用新的例行公事避免——將吵架改成很快地寒暄幾句，或許抱一下、親一下，接著短暫分開一下，給彼此時間從工作模式過渡到居家模式。雙方都轉換過來後，就能用比較輕鬆愉快的心情和態度相處了。

剛結束漫長的工作日時，通常不是討論嚴肅話題的最佳時機，但如果你們沒辦法將這件事延到理想的時間再談，還有一個辦法是，在吵架當中安插暫停時間。如果吵架讓你的情緒受到牽動，不妨請對方給你一點思考的時間，好讓你可以恰當地表達自己的感受。告訴伴侶你需要暫停一下，不要讓伴侶覺得你只想走開。可以說：「聽著，我要吵的不是這個，很抱歉我搞錯重點了。我想跟你談，但我需要十分鐘。我哪兒也不去。只要給我一點時間想清楚或冷靜下來，到時候我們再來好好談。」也可以提出將重心放在「傾聽」的要求，兩個人都慢下來，輪流說話、不論斷對方，也不自我防衛。

也有可能你不想讓吵架毀了兩人計畫好的週末假期，可以先跟伴侶解釋，你覺得有些事情影響到你們的關係了，你想盡快跟他談談，但要找個好一點的時機。你希望是在雙方都很平靜的時候，而不是當孩子們在家裡搗亂，或對方正忙著回工作郵件的時候。或許挑個工作壓力比較小的週末，或是孩子們都睡了之後。

如果你和伴侶反覆在吵一樣的問題，不妨考慮寫一封信，將大大小小的事件統一整理好，不要離題，集中去談自己眞正在意的地方，將重點放在對你們雙方的生活眞的有影響的議題上。

安排好時間後，就可以去尋找或營造一個適合溝通的空間。英文用「將一切都攤在桌上」比喻攤開來談。想像大家都將心裡的負荷倒在晚餐的餐桌。既然兩人都已經同意要面對問題，那就花點時間「布置餐桌」——找個可以談話的安靜空間。

不要在你們睡覺的臥室談，也不要在一起用餐的餐桌上談。這些是你們共度親密時光的地方，最好保持這些地方的純淨、溫馨。挑個可以理性討論的地點，例如客廳或圖書館討論室——一個讓雙方都更專心、更冷靜、更投入談話、更有責任感的空間，而不是一個會勾起其他負面情緒的空間。天氣允許的話，戶外通常是最好的選擇。一起去散散步，或在附近的公園坐下來談。

嘗試採取肩並肩的姿勢，而不要處在面對面的位置。根據認知科學家雅特·馬克曼的研究，當兩個人並肩而坐時，雙方名副其實是從一樣的角度去看周遭世界，這樣的位置因而有助我們將心比心，站在對方的立場去感受。[7]

在西岸致詞人組織出版的《肢體語言面面觀》（*Dimensions of Body Language*，暫譯）中指出，並肩而坐是將彼此放在「合作的位置」，因爲這個位置能讓人有「眼神好好交流的機會，讓雙方對彼此產生映照的作用」，[8]也就是說，我們會和對方採取類似的姿勢或相同的肢體動作。正如同覆述對方的話能讓人感覺被聆聽，複製對方的肢體動作也能產生同樣的效果，當然，理想的情況是你眞的有在聽。並肩而坐或並肩行走，皆有助讓映照作用自然發生。

試試看

為下一次的爭執取得共識

吵架吵得正激動時，很容易忘記吵架的目的何在。但如果兩人有一套討論好、約定好的吵架對策，在情緒高漲時就可以搬出這套對策。以下是一些可以事先準備在手邊的要點。趁心情平靜時，針對這幾點跟伴侶取得共識，下次起爭執時就暫停一下。用那段深呼吸數到十的時間去拿這份協議書，或從手機找出這份協議書來。

衝突協議書

與其現在針鋒相對、大吵特吵，我們同意另外挑恰當的時間、地點解決這個衝突。我們都認同如果雙方取得共識，那我們雙方都贏了。但如果其中一人贏了，那表示我們兩個人都輸了。我們吵架的目的是（看你們想挑幾個都可以）：找到折衷辦法／了解彼此的感受／用未來能為我們避免爭執的方式解決問題／即使意見不合還是能互相扶持。

客觀描述我們的衝突協議如下：

・我們要在這個時間討論：＿＿＿＿＿＿

・我們要在這個地點討論：＿＿＿＿＿＿

解決問題之前，我們要各自寫下是什麼惹對方不開心。

以下是四個可能解決這個問題的方案，或避免我們再起衝突的方式：

1. ＿＿＿＿＿＿＿＿＿＿＿＿＿＿＿＿

2. ____________________

3. ____________________

4. ____________________

我們雙方都滿意這個解決方式嗎？

表達

選好冷靜的時間和地點後，爲了讓有效爭執更順利達成，我建議你們也用同樣謹慎的態度選擇自己的遣詞用字。

話要說得具體明確。說出去的話收不回來，做過的事無法取消。我們要表達的是自己的感受，而不是對對方的看法。作家莉圖・嘉涂雷說：「十%的衝突是由於意見不同，九十%的衝突是由於口氣不好。」[9]召喚內在的上師、聽取內在的智慧，試著溫和、冷靜地引導談話，而不是將想法或渴望強加給對方。

不要用「總是」或「從不」之類的極端語彙、「你要是再不改，我就離開你」之類的威脅，或「都是你的錯。你錯了」之類的攻擊，只會讓衝突越演越烈。有太多時候，我們的表達方式只會激起對方的防衛心理。給對方的是譴責，而非啓發。如果吵架常常從「你總是」三個字開始，表示你還沒滌除我執。指責將讓對方的防衛機制「轟！」一聲打開，而且你將不會得到你想要的，因爲你提出要求的方式不對。

將指責改成清楚的表達，例如從「我覺得我們的問題在於……」或「對我來講，我們……很重要」談起。吵架時，或許你會認爲有必要釐清對錯，但答案不是來自斷定或放大對方的錯誤，而是清楚的表達。我們都想確定對方是愛我們、想跟我們在一起的。伴侶雙方都該提出及回答這兩個問題：

- 我們的問題是什麼？
- 現在你需要我怎麼做？

平靜地展開討論，就有辦法以詢問而非抱怨或指責的方式開啓對話。不要質問：「爲什麼你飯後從不收拾？」可以試試：「你介意飯後收拾一下嗎？」或：「我覺得不舒服，家裡亂糟糟的樣子看了就難受。你介意收拾幾件東西嗎？」

多數爭執都圍繞著你你你你、我我我我。你就是這麼對我的。遣詞用字都以自己爲中心，只會造成雙方的隔閡，對方會以「我從來不會做這種事。我才不是那種人、明明就是你的問題」等充滿防衛的話來回應。

在深入去聊各自的感受之前，先建立一個雙方一體同心的出發點。接下來，你們就可以基於這個出發點傾聽彼此的感受。

你可能會說：「我們這段時間處得很不好。如果能爲晚上怎麼分配家事想出一套辦法，那對我們來說就太好了。」當你開始說「我們」，伴侶就會明白你想的不是自己。這不只是你或他的問題。這是兩個人的事。雙方都有問題和缺點。承認這一點，聊聊要如何一起解決。在實際溝通時可能很難不用到「我」和「你」，但能不用就盡量不要用，免得你要面對一個被你激起防衛心的人，那只會更難受而已。

以下是一些實用的「我們」例句：

這件事需要我們一起努力。

我們得做出改變才行。

我們兩人都有需要學習的地方。

我們能不能一起試試看？

一旦確立了吵架的目的，你們就可以開始分享自己的感受。當你說「我認爲」的時候，這句話顯示出你有一個固定的立場，「我感覺」則表示你只是在描述自己的情緒反應，而情緒是變動不定的。

當你這麼做的時候，我的感覺是這樣的。
當你將垃圾丟著不管的時候，我感覺家裡的事不是你的優先考量。
當你批評我的時候，我感覺自己不被愛。

不要辱罵對方，也不要自我防衛。試著以尊重的態度直說心裡話，也不要因爲心愛的人沒能滿足你的需求而貶低對方。你可能會反駁說你沒時間迂迴、委婉地處理你們的問題；你寧可直接一點。嗯，如果沒時間好好溝通，就得花更多時間處理更多衝突了。

我可不建議你直接去和伴侶說：「天啊，傑．謝帝說我們的架都吵錯了。」這也會導致對方心生防衛（而且還會害到我）。不妨改成：「我想跟你談談我們吵架的方式。我知道架吵對了可以改變我們的關係。」但凡扯上「溝通」這件事，都要訂出一個雙方可以好好說話的時間，將抱怨改成表達自己的需求。

試試看

討論複雜的問題

我們不能用「我保證從今以後都會將我的襪子放到洗衣籃裡」和「你如果又將襪子丟在地上，我會提醒你」之類簡單的協議來解決複雜問題。大問題可能沒有快速或輕鬆擺平的辦法，勢必需要更多的反省和努力。解決問題要從清楚的表達和一起思考做起。

以下列舉一些開啟對話的開場白，這些開場白為進一步的了解和討論留下了空間，如此一來，你們才不會想用假辦法來敷衍真問題。

「聽在我耳裡，你的意思是……接下來，我打算要做的是……」

「我對這一點真的很有共鳴……它也幫助我用不同的眼光看事情。」

「我現在明白你要的其實是……具體而言，我可以給你的回應是……」

「我不確定要怎麼解決……但我在乎你，希望下星期我們可以再深入討論這個問題。」

「很抱歉我過了這麼久才明白。我看得出來這件事對你的影響……我們一起努力吧！」

「我看得出來你有多努力……我會更有耐心，也會試著理解你。」

在對話過程中學著了解彼此。談話結束時，除非真能履行承諾，否則你不該發誓自己絕不再犯。與其口頭承諾，不如下定決心說到做到。

憤怒管理

不管你怎麼努力，你的伴侶還是深陷憤怒與我執之中？他甚至有可能否認問題的存在。嗯，如果你在乎這段關係，那就得加倍努力了。

如果伴侶很抗拒，不妨嘗試和對方說：「聽著，我想跟你談這件事，因爲我相信我們可以一起進步。我不是要爭個是非對錯，也不是要維護我的自尊，更不是要證明你錯了。我不是要給你難看或讓你難受。我是眞心希望我們兩個好好的。我們來聊聊彼此想要的是什麼樣的關係吧。」

當你向伴侶說明你的意圖時，對方會提高他的注意力。接下來，他就有機會回應道：「好，我認同你。」如果他不認同，至少你比較清楚這段關係的挑戰和潛力（或缺乏潛力）。當對方和你不同調時，你可能面臨的態度請見下頁表格。

光憑自己解決不了爭執——你們雙方都要參與。你們都要有延續這段關係的熱情。這份熱情或許不像剛開始那麼火熱，但等它穩定下來，能成爲一份不斷努力的決心。如果伴侶拒絕討論、或不願承認問題的存在，你必須想清楚自己能不能接受這種狀態。但我可以告訴你：如果這個問題很重要，那它就是很重要。如果你的伴侶不願跟你一起解決，不妨參閱〈法則七〉。我們會在〈法則七〉討論如何處理無法忍受的差異。

當你面臨	因應之道
憤怒／我執	人在受到指控時，會基於我執做出反應。此時除了自己無法成功維持中立，對方也無法有足夠的時間消化一切。因此，對方將依舊覺得你提出的問題是他一個人的問題。建議另外安排時間重新討論，屆時，請注意遣詞用字要顯示出你想和伴侶一起努力，就像同隊的隊友一般。
敷衍／漠視	發生這種情況，表示伴侶不理解，或不願理解這件事對你有多重要。請確認你是否找到了問題的核心，並用「我們」的句式來談話，例如「我們沒釐清真正的問題在哪裡。這件事真正的挑戰是……（在此指出核心問題）。」核心問題是不能不當一回事的問題。
概括／責怪	如果伴侶以偏概全（用單一事件來概括你們之間一切的互動）或怪罪於你，不妨攬下責任、致上歉意，並以客觀中立的態度將對話拉回這場爭執的目的，和你們想要一起達成的結果上。例如，和對方說：「我明白你為什麼會有這些感受。我們一件一件來解決吧！」
封閉	如果伴侶將自己封閉起來，那麼此時此地就不是適合解決問題的時間或地點。先確定伴侶的吵架風格，再由兩人一起決定解決爭執的時間和地點。
讓步／沒解決就放棄	有時當伴侶急著想結束衝突，無論提出任何要求他都會同意，但往往無法讓人相信他真的會信守承諾或有心做到。在這種情況下，我們要用明確的說法和伴侶確認具體的做法：「所以我們的共識是：週間五天你都會在晚上六點前到家，而我不會沒跟你確認就擅自規畫週末。我們雙方都同意這個安排嗎？」

信守約定

爲了解決問題，你們要達成協議，而且一定要按照協議做出改變，否則很有可能又會發生一樣的衝突。這意思不是說伴侶雙方的任何一方要做出「我保證絕不再犯」「這次就是最後一次」「絕對不會再發生一樣的事」之類的承諾。

諸如此類戲劇化的誓言很誘人，我們愛聽也愛說，無論是因爲我們覺得有必要做做樣子，還是因爲發個誓比花時間苦思要如何確實做出調整並改善關係容易。比起空洞的誓言，透過對話更有可能找到解決辦法。

有時，我們確實需要外人幫忙找到解決辦法。某些課題可能特別複雜或棘手，很難只靠自己解決。如果靠自己找不到辦法，不妨找客觀的第三者幫忙梳理你和伴侶之間的問題。親友以外的人比較理想——你需要一個眞的很客觀的外人，例如治療師、諮商師、調解人，或者，如果你有信任的心靈導師、神職人員或生涯顧問，也可以去找他們。求助是件很健康的事，而且值得一試。

切記，有效爭執目的，不在於得到你想要的反應或正面回應，重點是**尋求問題的解決辦法**。

成長與突破

我們可以在衝突中成長、為自己造成的問題負起責任，並透過道歉承認自己的錯誤。即使早就道過歉，在找到解決辦法之後再次以道歉作結，可以為兩人的爭執畫下強而有力的句點。

當然，以錯誤的方式道歉和「絕不再犯」之類的誓言一樣空洞。小時候，大人教我們要說「對不起」，假定這三個字可以彌補傷害。但長大成人之後，我們要做的不僅是給傷口貼上OK繃。在有效爭執中，道歉表達的不只是歉意，而是透過道歉重申問題，並表示改變的決心。

眞正的道歉有三個步驟：承擔、表達，和行動。

- **承擔**：首先，道歉的人必須眞心為自己的行為或錯誤感到抱歉，包括體會到自己的選擇如何影響對方的感受，並為後果承擔責任。
- **表達**：接著，道歉的人要透過清楚表達這件事涉及的挑戰與情緒，讓對方知道他的理解和歉意。這不是要你發下冠冕堂皇的誓言說自己絕不再犯，而是要表明自己會做出什麼具體的改變。你或許可以說：「我明白了，當你壓力很大的時候，提醒你還有什麼該做的事是無濟於事的。與其對你耳提面命，不如給你支持。」或是：「很抱歉剛開始交往的時候我無視你，讓你覺得不受尊重、不被愛、沒有安全感。我已經在反省自己爲什麼會那樣對你，也在學習和你溝通時如何表現得更支持、更體貼。我會試著在做出反應之前多想想。」

· **行動**：最後，信守絕不再犯的承諾。實踐諾言並做出改變，是爭執最重要的結果。正如同我聽過的一句話：「改過自新就是最好的道歉。」

讓道歉更有意義，伴侶就可能受到你的影響，也向你致上歉意。如果沒有，可能是因爲他還需要時間。你可以和他說：「知道我對你感到抱歉的地方有幫助嗎？等你有時間沉澱過後，我很樂意聽聽你的想法。」讓伴侶有機會以他需要的時間表達歉意。

試試看 寫封道歉信

坐下來想想自己有什麼要向伴侶致歉的地方——什麼事情都可以，只要你仍覺得心有愧疚。

道歉不是為了讓自己好過一點，也不是為了將自己貶得一無是處，而是為了認錯、負責、讓伴侶知道你反省過了，並承認你應該要察覺到對方的感受，但你卻疏忽了。更重要的是，道歉顯示出你有多在乎。

針對每一個錯誤，列出：

1. 錯誤本身。
2. 你覺得這個錯誤對伴侶有什麼影響。
3. 你為什麼覺得很抱歉。
4. 未來你打算怎麼改正，或你會有什麼不同的做法。

道歉就道歉，不要摻雜責怪、解釋或藉口。

在釐清問題的癥結時，你已經為自己解釋過了。現在，重點在於讓對方看到你明白自己傷到他了。寫好道歉信就交給伴侶，讓他知道你寫這封信不期待得到什麼回報，只是想認真思考一下從未處理過或尚未解決的感受、錯誤或不滿，以一種新的方式表達愛意。

底線

有時爭執似乎無法平息，和諧相處變成不可能的任務。雙方都不願讓步。你們都對這段關係的裂痕很不高興。如果沒人做出改變，就必須找到一個與問題共存的方式，否則就會反覆爲了同一件事吵架。

身心科醫師兼伴侶關係專家夫妻檔菲利浦．李和黛安．魯道夫說道，伴侶之間可能養成吵個不休、無從解決的習慣，他們稱之爲「爭執上癮」。爭執上癮的伴侶「困在反覆循環的溝通模式裡，看似沒完沒了吵著同樣的架」。[10]

這聽起來可不好玩。

與其迴避問題雷區或反覆吵個沒完，不如將引起爭執的話題劃入**中立區**——**在**

這個空間中，你們同意尊重彼此的意見，不設法改變對方。

這跟生悶氣、打冷戰不同。在某些（或許是許多）情況下，我們可以學習接納彼此的差異。這些差異不必危及兩人的關係。舉例而言，你的伴侶可能不愛跟你去慶功宴或參加舞蹈快閃，因爲他超級內向，比較喜歡有機會跟你親密交談的靜態活動。那也沒關係。不必爲了解決不了的差異心灰意冷。「解決不了」一詞可能說明了問題不會消失，因爲衝突的根源不會消失。在這種情況下，你們可以協商一套雙方都能接受的辦法，例如找別的朋友陪你去慶功宴或快閃活動，或者作爲交換條件，同意爲對方做一件你不喜歡但他很熱愛的事。

也有一些難以處理、但一定要找到共識的課題，像是如何管理家中財務、孩子要送去哪裡上學，或你的伴侶跟前任有小孩，所以非保持往來不可，這該怎麼辦？

秉持善意的出發點，按照我提供的辦法，或許就能解決紛爭。然而，以隊友的心態一起面對問題並尋求解決之道，確實無法保證能獲得想要的反應或結果。當兩人不斷爲了同個重要且複雜的問題起衝突，怎麼樣都無法取得共識，可能就會發現兩人之間的裂痕越來越深。

在這樣的爭執情況下，我們就要面對打從決定在一起以來最大的問題：我們還要繼續在一起嗎？下一條法則要處理的就是這個挑戰。

法則七

破裂的是關係，不是你

你要做的不是尋找真愛，而是找出你在自己心裡築起的愛的障礙。

——魯米，十三世紀伊斯蘭教蘇菲派詩人[1]

問題出現的警訊

愛從不會在一夜之間瓦解。

交往初期，感情就像一面新粉刷的牆，滑順、平坦，準備你們填上有待一起創造的生活影像。油漆底下的牆壁或許並不完美，但塗上一層新漆，讓它看起來既美觀又堅固。然而，每一面牆壁最終都會有刮痕，說不定在將行李搬進新家的第一天就刮到了。或許你忙得沒時間處理。或許你告訴自己那不是問題，但這麼說只是自欺欺人罷了。你知道刮痕不會消失，除非你修補一番，但你可以暫時將就著過。接下來，隨著時間過去，刮痕越積越多。你每天都從這些刮痕面前經過。如果你開始覺得受不了了，或許會稍微修補一下，甚至決定是時候重新粉刷整面牆壁了。

伴侶關係也會出現刮痕。

忙碌生活產生的碰撞摩擦不會消失，除非你加以處理。或許是伴侶總忘記給車子加油，或許是他有太多時間在抱怨老闆，也或許是每次去看你的父母他都有怨言。每個人對刮痕的看法都不一樣，但這些都是小問題，只要想修補就可以修補。有了這層認知，你應該就會有自信和這些刮痕共處。

但你必須接受這些刮痕在一棟有人住的房子裡，是很迷人的一部分。有刮痕不代表牆會崩塌。如果每道刮痕對我們來講都像地震，那只會對伴侶關係造成不必要的壓力。換言之，小題大作只會將小小的刮痕變成大大的裂縫。

裂縫顯示這面牆有結構問題要處理，不能一直忽視下去。如果伴侶關係有裂縫——例如你保證會改變自己的行為，卻一再違背承諾；或你總覺和對方的某個家人處不來，但對方不支持你；又或者你們只是放著這段關係不管，兩人之間再也無話可說——你們不能丟下問題不去解決。

在上一章，我們談過如何處理日常的摩擦碰撞。有時，你看著家中牆壁，心裡明白重新粉刷不能解決眞正的問題。建築結構受損了，牆上歪七扭八的裂痕，只不過是藏在底下的病灶浮出了檯面。在這種情況下，要麼共同找出修復的辦法，要麼走上分手一途。

我們來談談四種非處理不可的大問題：虐待、不忠、停滯不前，和失去興趣。

虐待是不可跨越的底線

首先，我要你明白安全是你應得的。只要你覺得自己的安全沒有保障，無論是在肢體或情緒，還是身心兩方面都有，那麼，問題就不在於要不要離開，而在於如何安全離開。

伴侶關係中不該存在控制，試圖控制對方的任何手段都是虐待行爲。

美國全國家暴熱線指出，虐待有六大類：肢體虐待、情緒虐待、言語虐待、性虐待、經濟虐待、網路暴力，和跟蹤騷擾。[2] 對你、你的孩子、你的家人，或你的寵物施以肢體虐待和暴力，是最明顯的虐待方式。除此之外，下述任何一種情況都是常見的虐待行爲：干涉你的決定、控制你的時間，包括逼迫你得獲得允許才能工作、限制你的出門時間、能穿什麼、不能穿什麼、可以跟誰往來等。他的嫉妒心很重。他試圖控制你和親友共度的時間。他對你用傷人的話語、表情和手勢，在私底下或在別人面前侮辱、貶低或威脅你。他握有經濟大權，你擁有和購買什麼都受到限制。他控制你們的性生活，逼你跟他做愛或做出你不喜歡的舉動。

這些都不是伴侶關係，而是占有關係。

離開受到控制的伴侶關係可能很困難也很可怕。當施虐者被剝奪了控制權，他們有可能變得很危險。然而，在這段關係中，如果你的肢體或情緒受到虐待，請務必尋求安全的方式離開。如果這正是你的處境，我的第一個建議永遠都是尋求專業協助，請聯絡全國家暴熱線。

恐懼也是一個因素，即使沒有演變到虐待的地步。你可能覺得自己在這段關係中如臨深淵、如履薄冰，深怕刺激到你的伴侶。你料想對方會有負面反應，不禁對自己該怎麼做過度思考。

我們想要避免的反應，有可能是直接爆發出來的憤怒，但也有可能是拐彎抹角的嘲弄或批評。來自冷靜、善意的上師的建設性批評是很珍貴的，你可不希望自己身邊盡是一些附和你的人，但如果伴侶總是在你面前或背後貶損你，這對你的成長是沒有幫助的。如果你的伴侶習慣性對你口出惡言，或說些傷人的無心之言，抑或是反過來，你很習慣對你的伴侶惡言相向，你們的感情勢必將付出很大的代價。

根據心理學家克利福德．諾特利斯和郝沃德．馬克曼的一項研究，只要一句凶狠惡毒或被動式攻擊的話，就足以抹煞二十個善意的舉動。[3]

在充滿恐懼和批評的伴侶關係中，我們很難自由自在地做自己。爲了表現出伴侶想要的樣子，讓自己和這段關係符合伴侶的要求，我們扮演的許多角色和職務，都將摻雜一定的表演成分。爲了因應不同的情況，我們或多或少都會稍微克制自己，以較好的一面示人，或以訓練有素的方式與人應對。我們無法期待在每天的各種情況下都百分之百做自己，但在伴侶面前，我們不該覺得自己像個演出來的角色。

如果你發覺自己的表現是出於恐懼，也不必立刻放棄這段關係，可以試著開始打破不實的假象、多呈現眞實的自己。你可以說：「嘿，我知道我說過我喜歡棒球，但我其實不喜歡。我寧可不要再跟你去看球賽了。」在多數的伴侶關係中，諸如此類的事情不是什麼大事，但另一種情況就可能嚴重得多。或許有一天你必須要說：「我知道我說過我不喜歡小孩，但我說的其實不是實話。我心想你遲早會改變主意。坦白說，我眞的很想生小孩。如果我們沒有小孩，我會覺得我錯過了很多。」又或者，你可能想對日常生活做出重大改變——或許是搬家，或許是追求一個新的目標。如果你對這段感情很認眞，那你就要花很大的力氣展現出眞實的你。受到一時的論斷好過長期困在假象。如果維持這段關係的唯一辦法是假裝，那就是時候考慮結束了。

不要認爲你必須獨自面對今後的人生旅途。孤單寂寞和孤立無援，可能是我們難以下定決心離開的原因。我們擔心沒有了這個人或這份感情的人生，不知會變成什麼樣子。但其他人也受過跟你一樣的煎熬，說不定有人正在跟你受一樣的苦，但他們都勇敢離開了。你很可能需要幫忙，承認自己狀況不好、開口尋求協助與支援沒什麼可恥的。

我的朋友茱蒂，內心隱約知道是時候離開先生了。她告訴我：「在工作上，要我做多難的決策都沒問題。我總是以冷靜的頭腦和自信的態度自豪。但即使我們在一起不快樂，即使我每天忍受他的輕蔑與無禮，要我離開孩子們的爸爸，我好像就是做不到。」

她也不敢跟朋友說。「我們都在一起二十四年了。我沒臉承認自己已經不快樂多久、情況有多糟。而且，有時我感覺朋友們想看我們繼續在一起。看到我們好好的，他們也會對自己的婚姻比較有信心。」

最後，茱蒂向她最近剛加入的網路社團尋求支持。「我不認識她們，而且她們沒有一個是專家，但我可以用匿名的方式，盡可能從我的角度陳述我們的狀況。她們加起來的集體智慧，涵蓋了各方面我正面臨的問題：對自主的需求、對過去的依戀、對婚禮誓詞的承諾、對未來的希望、對孤單一人的恐懼、對孩子的擔憂、擔心先生的反應會置我們全家於險境……一切的一切，這群人當中都有人經歷過。跟她們聊過以後，我很訝異自己清醒多了。此外，她們教我跟我老公溝通的辦法。在這些年的情緒累積之下，我自己從沒想過這些辦法。她們也幫我聯絡地方上的求助資源，以保障我的安全。」

在做困難的決定和邁向未來的關口，你沒有道理要獨自面對。無論是從網路上的聊天室、書籍、朋友，或機構組織，你可以爲自己尋求支持者或專家的協助。

愛與尊重都是你應得的，你的安全更是不容妥協的。

不忠是深刻的挑戰

出軌是感情結束最常見的原因之一。根據各地社區健康中心❶搜集來的數據，在承認出軌的伴侶當中，只有十五．六％的伴侶得以修復關係。[4] 各式各樣的問題都可能導致出軌，也有許多書籍用整本書的篇幅探討出軌問題，但信任一旦破裂，無疑只有雙方同心協力、盡心竭力才能重建信任。

在《不「只是朋友」》（*NOT "Just Friends"*，暫譯）中，專門研究婚外情的心理學家雪莉．葛雷斯博士寫道，遭到背叛之後自然會想立刻結束關係，而這麼做也可能是正確的決定。但當情緒沸騰時，你很難判斷自己的決定正不正確。

她寫道：「即使還不確定能否挽救這段關係，你也不該根據關係最惡劣時的狀況做決定……探究出軌的意義很辛苦，而在做這件苦差事之前，你們要先奠定互信互諾、互相關懷、互相諒解的溝通基礎。」就背叛方而言，這也包括拿出你最好的

❶譯注：美國各地的社區健康中心，就類似於台灣各鄉鎮市的衛生所。

表現。「你和伴侶可以一起努力營造療癒的氣氛，在平靜的氣氛下分享心事，透過對彼此的關懷重建雙方的感情。你們可以開始爲這段關係做一些具體的修復，讓雙方都覺得更貼近對方的心。」[5]針對發生過婚外情的配偶，一項調查發現，當外遇的一方願意誠實回答另一方的問題，七十二%的配偶都說他們能夠重建信任。[6]此外，爲了恢復信任，遭到背叛的一方也要能夠原諒背叛方。根據婚姻家庭治療師吉姆．哈特的研究，遭到背叛的一方如果持續懲罰和責備背叛方，這段關係注定走不下去。[7]因此，懲罰對方其實也是在懲罰自己。沒人要求你現在就要立刻做到原諒，但你要明白，即使是對方辜負你，也必須由你們兩人一起努力修復關係。

在某些案例中，伴侶們表示，出軌後重新修復的信任甚至比之前更牢固。因此，修復信任是可能的。但這不只需要雙方全力以赴，也需要時間。

葛雷斯指出，在她輔導過的三五〇對曾經發生婚外情的配偶中，一起參與至少十次諮商治療的配偶比起次數較少的配偶，「繼續在一起的機會高出許多」。[8]

如果你是出軌的一方，請不要爲了第三者離開原來的伴侶。就算要離開，那也該是爲了你自己。如果你背叛了伴侶，那表示你還沒花時間了解自己。你們一起建立了兩人之間的一切。如果一切已土崩瓦解，那就離開吧。但在去找別人之前，請先等塵埃落定。在兵荒馬亂之時投入新關係，只會讓這段新關係預埋危機。你不想帶著同樣的問題，搞得另一段關係烏煙瘴氣吧。

合格臨床社工師羅柏特．泰比談到，無縫接軌投入新戀情爲什麼這麼誘人：「一旦結束一段關係，生活就空了一大塊……你覺得既傷心又失落，因爲情感上的寄託沒了。」泰比說，人很容易抱著狹隘、偏頗的眼光，只看伴侶不好的地方，於是認爲要解決問題很簡單：「找個不是這樣的人就好了。」[9]但當然，到了下一段感情中，你還是同一個人。因此，上一段感情面臨的某些考驗還是會跟著你。

事實上，社會學家安奈特．羅森的研究顯示，爲了第三者離婚的人當中，只有十分之一最終跟外遇對象結婚。[10]

試試看

檢視自己離開的原因

你這麼做真的是為了自己嗎？還是你被一個搶眼的新對象迷惑了？檢視一下自己的內心。

檢查重點

1. **誘惑：**如果沒遇到這個新對象，你是否會繼續和目前的伴侶在一起？如果答案是肯定的，那就該將心思放在修復原有的伴侶關係。

2. **現實：**魔術師要是將他的手法說破，就沒那麼迷人了。新戀情充滿了魔法，但它不會告訴你魔法失效時還剩下什麼。假設你跟新對象的新戀情也會出現裂痕，屆時你是準備要修補這些裂痕呢，還是你又會落入一樣的失望和幻滅呢？

3. **業力：**切記一報還一報的道理，你如果為了新歡拋棄舊愛，你的新歡也可能對你做一樣的事。如果你要離開，務必確定這是因為你真心認為你跟伴侶之間沒有未來，你寧可孤身一人，也不要再跟這個人在一起了。

失去興趣

離婚律師喬瑟夫．E．柯爾戴爾說，他很常看到的一個問題是缺乏日常溝通，配偶「從不分享或討論自己生活中發生的事」，[11]而這可能會讓對方覺得他在你的生活中不重要。

結婚十年之後，你可能不會衝到門口迎接下班回家的另一半，但大致上，你應該覺得看到他的感受是正面的。如果手機來電顯示他的名字你就拒接，那就不太對勁了。你一定要問問自己：我爲什麼想躲掉這通電話？

我們迴避某個人的原因之一，就是不想花時間聽他說話。這個人有趣的地方，我們不再覺得有趣，因爲雙方已經很久沒有交集了。我們很難對自己承認這一點，因爲我們喜歡將自己想成堅定、專情的人。爲了對自己的狀況做出全面的評估，請捫心自問：在你的生活中，有沒有你會想聊聊的對象？有沒有你很樂意和他相處、聊天的人？這有助你評估是這段感情出了問題，還是你的人際關係普遍都有問題。此外，也要注意這種感覺是一時還是持續的。如果你從不期待見到你的伴侶，你就知道你對他的感覺再也回不去了。

即使你不會躲著你的伴侶，如果你跟他在一起時總覺得很累或提不起勁，那也是一個不好的跡象。

另一個失去興趣的跡象，是你不會在第一時間想跟伴侶分享好消息或壞消息。

想想看，當你有好消息想分享，想到的會是誰？如果你的伴侶連前三名都排不上，這可能表示他對你來說沒那麼重要，或你覺得他反正也不在乎。

我們之所以不再和某人分享心事，是因爲我們覺得和這個人不再心意相通。當然，也可能因爲某些好消息對你的伴侶來說不是什麼要緊事，例如他不必爲你買了一件新毛衣高興。但大致上，伴侶關係應該是他看到你高興會跟著高興、他看到你難過會想要安慰你。

另一個失去興趣的明確跡象，是不再覺得能從彼此身上學到東西。婚姻家庭治療師瑪麗蓮．哈夫，描述了她輔導的一對夫妻不再一起成長的情形：珍妮想成爲一名治療師，在她受訓時，身爲工程師的湯姆是家中唯一的經濟支柱。他覺得珍妮去受訓只是在浪費時間。珍妮覺得受到她老公的無視，湯姆則覺得工作上得不到太太的支持。他們跟不上彼此成長的腳步，哈夫說他們來做諮商時，「彼此的鴻溝已經大到無法跨越。有太多年的時間就在缺乏溝通之下過去，他們從不了解彼此眞實的感受與渴望。」[12]

從這時起，問題便不在於如何修補關係，而在於如何好聚好散。

當伴侶雙方或其中一方不再爲這段關係努力，那可能表示雙方或其中一方已經不愛了。不愛了的一方可能很難向另一方解釋原因，另一方也可能很難聽得進去，遑論理解和接受事實。沒有一段關係時時刻刻都很完美。但在面臨挑戰時，請注意是否只有你有心要解決問題。

感情變淡

有時，伴侶關係的主要挑戰不在於難以忍受的歧見或行爲，而是情感上的連結斷了。新戀情的開始充滿火花，我們感覺受到吸引、感覺到一股強大的電流。接著，隨著時間過去，熱戀的感覺勢必越來越淡，而我們很懷念那種感覺。我們還愛著對方，但不禁疑惑爲什麼一切都不一樣了、這份感情是否該像以前那樣濃烈。

我的一位客戶說，她有聊得來的朋友，一聊可以聊上幾小時，卻不知道要跟女友聊什麼。她問我，這是否表示她女友不是「對的人」。我告訴她，就像植物需要陽光、水、土壤、養分和遮風避雨的地方，伴侶關係需要持續照顧才會欣欣向榮。

你或許會說：「哎唷，買一棵新盆栽就好啦！」但即使換了新盆栽，你還是逃不了得每天爲它每天澆水。

培養親密感

我們透過一起學習、一起成長來培養親密感。我認識很多伴侶都說他們沒有共同點，共進晚餐時無話可聊。在這種時候，人往往會落入負面交流的模式，開始講別人閒話，或批評、抱怨自己遇到的人事物。

據說愛蓮娜．羅斯福說過這麼一句話：「偉人議論思想，凡人議論事情，小人議論別人。」[13]

當我們聊起負面的話題，雙方之間產生的是「低度激盪」——一種不會持久也無法帶來滿足感的低能量。當我們以客觀中立的態度討論日常事務，例如生活作息或家事，雙方之間產生的則是不會帶來親密感或愛意的「中度激盪」。但當我們一起體驗新事物、向彼此學習、也透過彼此學習，雙方之間產生的就是活化和激發感情的「高度激盪」。

沒有產生高度激盪，可能是因爲沒有新想法可以分享。

如果沒有花時間精進自己；不閱讀、也沒有吸收新的藝術或思想，只是一遍遍重複同樣的事，彼此永遠也沒辦法爲關係注入新血。重複相同的活動可能感覺起來

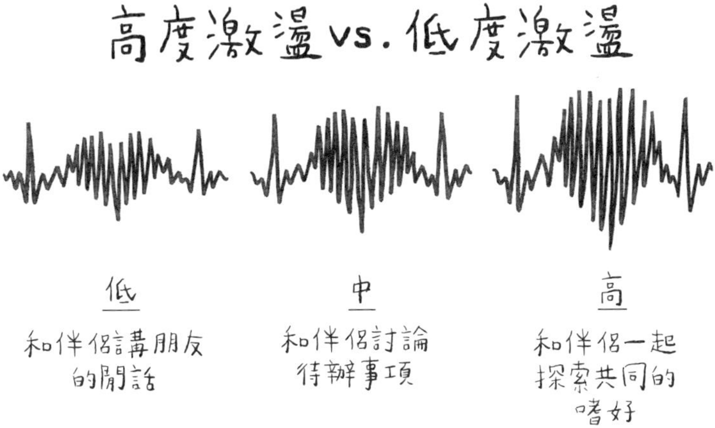

很舒適、放鬆，但從熟悉的例行公事中，我們無法對伴侶有新的認識。反之，如果你有所成長，那麼你的成長就可以幫助這段關係成長。當我們吐露得更多、嘗試新的想法、允許自己流露脆弱的一面，雙方就能更親近。心與心的距離更近，感情也能更深。

我們無法從外送平台訂購新的思想和觀念，必須和伴侶一起探索來開拓更廣闊的視野。親近的關係是從共同的冒險中建立的。一起從事休閒娛樂、一起體驗、一起嘗試、一起進修，一切都是爲了相同的目的——共有的經驗能讓我們反思、分享意見，也看看彼此的想法是否一致。我們學習了解彼此，也跟彼此一起學習。

在新冠疫情爆發前，拉蒂和我會邀請我們

的好友來家裡，舉行深刻、美好的靜心冥想。我們兩人都很重視靜心和精神層面的事物，這些活動也讓我們可以一起招待朋友。拉蒂會設計菜單和布置家裡，我則負責搞定賓客名單和邀請朋友，並確保流程的順暢。活動結束，大家都回家以後，我們會洋溢喜悅和感恩的心情，覺得兩人一起完成了一件事真好。我們在各自的生活和職涯中有自己的成就，但我們的關係需要我們一起成就。這些活動讓我們建立起共同的朋友圈，同時也給了我們的關係一個目標。

休閒娛樂

漫長的一天結束後，多數人都累得只想窩在電視機前。我們常常工作過勞、身心俱疲，只想做些不花腦筋的娛樂活動，覺得那就是跟伴侶交流最輕鬆愉快的方式。如果你在隔離期間養成狂看電視的習慣，那你並不孤單。我自己的邪惡小確幸就是看房地產實境秀《日落豪宅》。

如果你想到的辦法是一起看電視，也是有從中培養感情的辦法。

首先，不要一心多用。將筆電或手機關掉，這樣你們在看電視時才是真的陪在彼此身邊。挑部你們都覺得期待的節目來看，再一起討論。別逼伴侶發表什麼高見，但可以問問對方有什麼心得感想，好讓雙方更投入節目內容，並互相交流。

休閒娛樂只是我建議的三種交流方式之一。不是說你們不能放鬆一下，但如果兩人在一起的空閒時間全都用娛樂填滿，那可別訝異你們變得沒話可聊！如果你逼自己出門，你的大腦可能會很感激喔！

相信我，為了加深親密感，花點力氣是值得的。

體驗與嘗試

比起休閒娛樂，體驗與嘗試需要更多規畫，也要花費更多精力，但結果是值得的。事後，你們可以分享彼此的想法和評論。

體驗新事物不一定要去很遠的地方，也不一定要很昂貴或很瘋狂。可以是去參加一場新書發表會、魔術表演或藝術表演，抑或是去酒吧聽現場演奏。你們可以去逛農夫市集、上烹飪課、品酒、上舞蹈課、野餐、爬山、開車去看節慶布置，或是餐後一起散散步。不要拖對方去只有你感興趣的活動。找找附近有哪些活動，挑個雙方都有興趣，又可以讓你們脫離舒適圈的去參與。這些活動每一個都有助你了解伴侶、建立安全感，並重新點燃愛的火花。如此一來，當這段關係面臨重大考驗時，你們就有了處理的空間與彈性。

一起規畫假期也很不錯。每星期安排時間討論兩人的喜惡，看看你們是想去一座陌生的城市夜遊，還是在沙漠裡租Airbnb住；是想事先將飲食和活動安排好，還是去了再說。二〇〇〇年，由美國旅遊協會委託的一項研究（絕對公正客觀！）發現：一起旅行的伴侶在關係中明顯更快樂也更健康，其中有八十六％的伴侶說他們之間很有火花，六十三％的伴侶認爲旅行激起了兩人之間的火花，六十八％的伴侶認爲對一段健康的關係而言，一起旅行是「不可或缺」的休閒活動。[14] 根據這份報告，旅行有助於旅伴將彼此擺在第一順位。當兩人一起遠走高飛時，你們比較能拋開其他羈絆，一心只在彼此身上。

每個月，拉蒂和我都會設法找時間一起出遊。可以只是在附近走走，也可以只是一日遊，如果只能做到這樣。一起旅行不見得要去新地方。只要待在一個不受干擾的地方，伴侶就可以深入交流、變得更親近。

一起服務、一起做公益、一起當志工——這些活動跟我在僧院的生活密不可分。身爲僧侶，我們有一半的時間在靜默、內省和讀經中度過，另一半的時間則設法透過服務來影響這個世界。我認識一些在志工活動中邂逅彼此的伴侶，還有一些伴侶會固定一起參加志工活動。他們都跟我說那是很美好的經驗。拉蒂和我一直都會一起爲人服務，無論是籌辦慈善活動、爲無家者供餐，或是組成學習團體，請專家來爲大家上課。

如同音樂和性愛，助人的善舉會提升我們的催產素指數。研究也顯示助人可降低壓力並增進人際互動。當你們不只幫助彼此或他人，還會一起去助人，雙方之間就很容易產生交流。我們一起從眞實的人生問題中得到領悟，一起感動，一起感恩，一起感受到人生有更崇高的目標。二〇一七年，財經網站WalletHub的一項調查發現，一起去當志工的配偶繼續在一起的可能性更高。[15]不是只有電影或電視節目能讓我們產生交流，信念和共同的使命感也能將彼此連在一起。

有些最美好的經驗來自兩人一起嘗試新事物。你不只多認識一件新事物，也多認識了自己和伴侶。在嘗試新事物時，你們的表現越是生澀，彼此之間的感覺就會越親近。心理學家亞瑟．艾融和他的團隊發現，伴侶花時間一起從事新鮮刺激的活動，確實可促進交流並增進情感。[16]

嘗試你們兩人都不是專家的活動，不要挑其中一人具有先天優勢的體育項目，不要玩其中一人已經玩了很多年的遊戲。

爲了拉近彼此的距離，雙方都得是新手，才會一起笨手笨腳、一起好奇摸索。雙方都一樣覺得不自在、都要學習新事物，兩人才會彼此需要、彼此依賴。挑戰爬山路線、參觀鬼屋、洞穴探險、溜冰或（我最愛的）密室逃脫之類的挑戰，在脆弱的時刻向彼此暴露自己，親密感就能在無形之中建立起來。

有一次，拉蒂和我去一間畫室，他們有畫架、畫布、畫筆和顏料。我們換上連身工作服。他們讓我們自由發揮。那是一次新奇又暢快的體驗，我們隨心所欲將油彩噴來噴去，不用擔心最後的成品如何。另一次，我們去一間「發洩屋」，裡面擺滿瓶瓶罐罐、垃圾桶、舊電腦和壞掉的傳真機。他們給我們水管和球棒，讓我們隨心所欲亂砸東西，好好「舒壓」一番。拉蒂和我很放不開，我們都不是暴力的人，從發洩屋出來以後，我們反而覺得比進去時壓力更大了。

諸如此類的活動是這段關係的一個縮影。透過這些活動，兩人不只是玩遊戲，更是在輕鬆的情況下，對彼此的關係有了更多了解。研究顯示，玩耍的狀態是學習效果最好的精神狀態，對心理健康來講亦是不可或缺。[17]在一個無所謂成敗的空間中一起嘗試新挑戰，你們兩人都可以放開來學習。你們不只了解到這段關係的弱點，也看到彼此的強項。兩人可以在風險很低的情況下一起練習犯錯。當你們一起創下新成績，這個成功的經驗就可以套用到生活各方面。

脫離舒適圈、大膽嘗試富有挑戰性的新活動，尤其能讓伴侶關係更緊密，無論對你們來說富有挑戰性的活動是什麼——或許是高空跳傘或騎水上摩托車之類，人生夢想清單上的事項，也或許是克服對高處的恐懼。

亞瑟．艾融和佟．達頓雇了一名很有魅力的女性，來訪問兩組剛過橋的男性——一組剛越過一座很高、有點不穩（但其實沒有危險）的橋，另一組剛越過一座正常、穩固的橋。在這兩種情況下，這名女性都會問他們一些問題，再告訴對方如果他「還想多聊聊」可以跟她聯絡，並留下自己的電話號碼。以「橋不穩」組而言，十八位男性當中有九位打給她。以「橋很穩」組而言，十六位男性當中只有兩位打給她。[18]

艾融和佟用這個研究來說明「吊橋效應」（男性有或沒有因爲那座橋受到刺激，這個因素讓他們在看待女性時產生了光環效應）。但如果這些男人純粹是在過橋後湧起一股自信，因而變得更大膽了呢？爲了釐清這一點，在後續的一項研究中，研究人員用電擊的預期心理來對受試者造成刺激——他們告訴受試者電擊是這個實驗的一部分，有些受試者被告知電擊的強度很溫和，有些受試者則被告知電擊會造成強烈的疼痛。這次，同樣有名迷人的女性在場，假裝自己也是受試者。研究人員跟受試者說要等幾分鐘，等電擊設備裝好，並請受試者在等待時塡幾份問卷。其中一份問卷評估的是他們受到一起參與實驗的女子吸引的程度。結果顯示，預期電擊會很痛的男性，明顯比預期電擊會很溫和的男性更受該名女子的吸引。這個研究說明了新鮮刺激的活動（任何刺激感官的事物）有助於喚起和重振我們對伴侶的興趣。他們的結論是：些微的壓力就能產生催情效果。

我們不必受到性命的威脅，但新事物的新奇、刺激或大膽增強了感官的知覺，激發出強烈、浪漫的吸引力。

美國自我成長諮商與教練所的創辦人兼所長麗莎・瑪麗・波比博士說：「兩人共度的這些時刻成爲一次又一次拿出來討論並產生共鳴的話題。」[19]

一起經歷一件事可以顯示出伴侶對你的關心。一起從事有點冒險的活動，讓其中一方支持另一方，你們可能會發現彼此的角色互換了。假設你們要從一座很高的滑水道滑下去，開始時很有自信，和結束時很有自信的可能是不同人，你們能因此看到雙方是如何互相支持。在這樣的情境下，和伴侶一起體驗新事物是很美好的感覺，因爲即使風險很低，你也能因此看到伴侶的關懷與照顧。但也可能因此看到對方的不關心、不在意、缺乏同理心、不能感同身受、不給予支持——若是如此，你也能將這段關係缺乏的要素，或損害這段關係的原因看得更清楚。

進修

第三種建立親密感的辦法，是一起進修。

前面我們談過這個選項，在伴侶雙方或其中一方想要經由學習多了解自己的目標時。一起進修需要更多的時間與精力，但這可是支持彼此成長的好方法。如果有共同的興趣，你們可以一起去上課。但也不用非得做一模一樣的事。或許你想去聽房地產講座或上園藝課，但對方沒有太大興趣。你們可以各學各的，再和彼此分享自己學到的東西。重點在於增廣見聞，兩人才有新話題可聊。

最後一個感情增溫的辦法是表達感激。

感情變淡時，我們往往就不再感激對方說的話、做的事，或是不再欣賞對方的成就。如同我們已經談過的，感謝伴侶為你下廚、感謝伴侶移車讓你能準時出門、感謝伴侶打來關心、感謝伴侶為車子加油、感謝伴侶更換火災警報器的電池、感謝伴侶上床睡覺前去將其他房間的燈關掉。

我們爲什麼不把握這些機會呢？

越注意自己的伴侶，相信你會越感激對方的貼心，也就越有可能給出善意的回應。當伴侶覺得受到感激，相信也會因此感激我們的觀察入微，並繼續以貼心的表現回報我們的感激。如此一來，就會形成互相感激的良性循環，彼此都有越來越多機會，能透過爲伴侶做一點小事感受愛。

提升或分開

然而，若是再怎麼努力增進感情，關係還是面臨四大問題的其中一種，或其他重大的結構威脅，我們還有一個選擇。

世上沒有完美的愛情，但這不代表我們該留在一段不健康的關係。我們來看看要如何判斷兩個人是該繼續在一起、努力解決問題、找到成長的辦法，還是是時候分道揚鑣了。

選擇沒有對錯，但確實只有兩種：繼續成長、提升關係，或是分開。

然而，許多人卻會默默選擇第三種做法：保持現狀。

停滯不前從來就不是什麼好事——我們總該有所成長。但接受現況也是一種成長。有時，對伴侶的感覺和從前不同，是因爲我們身上有太多的責任，忙得不可開交，因此沒有時間經營關係。我們會開始想像，或許有一個更適合的人：一個彼此永遠不會爭吵、永遠會討我們開心的人——但要伴侶去和那樣的「夢中情人」競爭並不公平。

在這種情況下，**放下虛妄的幻想、堅定地跟伴侶走下去，才是合理的決定**。如果你對衝突和壓力的容忍度很低，那和誰在一起都會很難堅持下去。在放棄一段關係之前，應該先確認自己對伴侶是否有過高的期待。

假設有個朋友來幫你搬家，你請對方搬一個超大箱的重物，他卻說：「不好意思，但我覺得這箱東西對我來說太重了。」你不會將這樣的拒絕視爲不愛你的跡象吧？對方純粹只是沒辦法提供你需要的幫助罷了。同樣地，伴侶不見得能在生活各方面支持我們。伴侶不是一站滿足所有需求的百貨公司。我們總說人們需要一個支持系統，但從來沒人談過、或想過這個系統應該長什麼樣子。

試試看　建立一個支持系統

整理出自己在生活各方面可以尋求支持的對象。可以自己做這件事，也可以跟伴侶一起。一起進行的話，你們就可以更了解彼此的支持系統。

1. **自我**

當你產生自我懷疑、想找人討論自己的價值觀、探索自己的身心靈，或想要為自己的成就慶祝時，你會去找誰？

2. **經濟**

當你對職涯、收入和財務上的決定有疑問時，誰能給你最好的建議？

3. **心理／情緒**

哪些朋友或資源，可以給你心理健康方面的指引和協助？

4. **健康**

你可以找誰問健康方面的問題？無論是在專業知識或情感支持上，當你有難以處理的健康問題時，誰可能是理想的求助對象？

5. 人際關係

當你跟朋友、家人、同事或伴侶處不來或有衝突時，你都找誰尋求支持與建議？

一起整理彼此的支持系統，有助你們了解雙方擅長在哪一方面給彼此支持，誰又是你們可以各自去求助，且不會感到內疚或不好意思的對象。

你們的關係可能有嚴重的裂痕需要修補，但你們想一起過得更好，而且你們有意願改善關係，也準備好要想辦法解決問題。

或許你在某方面沒辦法完全信任你的伴侶，你想看看能否建立對伴侶的信任。或者，你們已經花時間拉近彼此在感情上的距離，覺得準備好處理某些年深日久的問題了。你相信繼續發展下去對你們的伴侶關係有好處。在這種情況下，你可以選擇成長，而非離開；選擇提升關係，而非分道揚鑣。

透過客戶們的眞實案例，我研究出一套四步驟流程，能幫助你釐清問題是否眞的無法容忍、只能分手；或者，選擇提升關係的你們，能否找到辦法從不同的角度

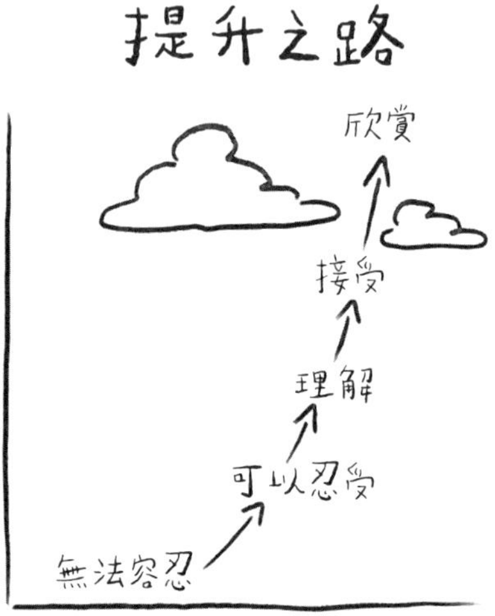

觀看、最終接受這個問題。

一開始，我們要先找出一個無法容忍的問題。在這個問題上，你和伴侶之間的分歧大到沒有轉圜的餘地。通常這是一個反覆造成溝通挫折的爭執點，你覺得這一點很可能導致關係破裂。接下來，我們就按照四個步驟處理這個問題，讓它從「無法容忍」變得「可以忍受」，再到「理解」和「接受」。有時，我們甚至還能做到「欣賞」，曾經無法忍受的缺點，將變成令我們愛慕的特質。

要從「無法容忍」到「接受」，取決於你的耐心，以及在伴侶的坦誠和承諾之下，你能改變自己的觀點到什麼地步。

然而，有時我們已經盡力，但某些行爲或情況，到頭來可能還是無法容忍。這時，你知道你們只能分手。即使努力沒有達到預期結果，至少你知道自己已經盡力。而你如果懶得花這種功夫，那麼，你們要麼維持現狀、要麼分道揚鑣。

無法容忍

我有一位客戶叫索尼雅，和老公洛漢有兩個小孩。

洛漢堅持花錢長期租一輛很貴的車來開，卻不用這筆錢來還卡債。讓索尼雅不只擔心家裡的財務狀況，也擔心他爲孩子做了不負責任和物質主義的示範。對索尼雅來說，這是無法容忍的問題。

這道裂痕形成已久，她無法想像繼續這樣生活。除了索尼雅和洛漢的狀況之外，其他的例子還有伴侶的工作時數很長，而你希望對方更多的陪伴；對方期待的是男主外、女主內的傳統關係，而你想的不是這麼回事。或者，伴侶的夢想是每次假期都去探索一座新的城市，但你只想攤在沙灘上做日光浴，若是兩人繼續在一起，你無法想像要如何安排休閒時間。或者，對方控制不了自己的花錢習慣，害得你們陷入債務危機。這些例子顯示出程度不一的分歧。在伴侶關係中，你一定都會遇到諸如此類的不合。有時，這些問題導致分手；有時，你下定決心保護這段關係，也讓這些問題促使你打開眼界、敞開心胸。

如同有個愛車老公的索尼雅，你的直覺反應可能是，除非對方改變令你無法容忍的行爲，否則你們無法跨越這道鴻溝。你要問自己的第一個問題是：解決問題的過程中勢必有些不愉快，**你是否愛這個人到願意處理這些不愉快**？如果答案是否定的，你無論如何都不可能和這個問題共存，這一點永遠也不會改變，那麼，請接受這個事實：你純粹就是沒有在乎這個人到願意努力解決問題的地步。

願意忍受

索尼雅不願放棄洛漢。

洛漢在其他方面不是一個不負責任、物質主義的人，因此她願意試著了解他對車子的狂熱是怎麼回事。她想知道，爲什麼他在這件事情上就是這麼固執。從無法容忍到接受的第一步，是無論多勉強，都願意承認可能有辦法跟這個問題共處。你相信你們兩人可以找到辦法，即使你不知道這個辦法是什麼。

光是願意承認有辦法，就能將無法容忍的問題變得可以忍受。

你願意付出時間了解這個人經歷過什麼、他的遭遇如何造成你們兩人之間的差異，他也願意說明自己的遭遇、取得你的理解。

雙方彼此同理的能力就是這樣培養起來的。

理解

索尼雅找洛漢聊車子的事情時，她特別強調，自己只是想了解這件事。她得知，洛漢小時候要轉三趟公車去上學，對他來說這是很難爲情的事，因爲他朋友都是爸媽開名車接送他們上學。因此，他發誓絕不讓自己的小孩經歷相同的感覺。

索尼雅對他的做法還是無法認同，但現在她能理解洛漢的行爲了。這不是他的魯莽之舉，而是有著很深的情感根源。現在，她可以懷著這份理解跟他討論車子的問題。她可以協助他療傷，而不是逼他在自己的需求和她的不滿之間拉扯。

他們還沒有解決問題，但已經往前走了一步。

根據婚姻家庭諮商師約翰．高特曼，六十九%的婚姻衝突是關於懸而未解、持續存在的問題。[20]我們厭倦了一再的對立，因此放棄嘗試，彼此之間從未達成任何理解。我們之所以放棄，有時是因爲對這段關係不夠投入，無意多做努力。有時我們不再爭吵，是因爲花了很多的力氣表達自己的需求或觀點，結果都是徒勞。有時維持和諧似乎比解決問題更重要，於是我們假裝問題不存在。

我們完全可以變得很擅長這種假裝，但問題終究還是會浮出檯面，有時甚至會引發災難性的後果。爲了防範一發不可收拾的災難，我們必須面對，而不是逃避。我們要的是一份知道自己受到對方支持的關係。在這份關係裡，我們覺得受到理解、我們覺得沒什麼不能談的。我們覺得兩人看法要一致才能同心，但就算意見不一致，彼此之間還是可以交流。

事實上，**為了相互交流，我們得要有不同的意見才行**。

我們不妄自斷定伴侶的行爲沒道理，而是從現在開始了解過去的經驗如何影響他的行爲。誠心誠意地去了解對方，不要用威脅或批評導致伴侶對你封閉自己。

想像有一對夫妻，每次丈夫那邊的家族有活動，太太總是剛好「有會要開」。他嘗試理性客觀地跟她攤開來談，不對她說：「妳從不來吃我家的團圓飯，妳是天底下最差勁的太太！」而是問她：「妳爲什麼不來吃我家的團圓飯呢？」他必須明白如果問了這個問題，可能會聽到有關他家人的惡評。他克制自己不要被激怒。他不帶論斷地傾聽。

她或許會說：「眞抱歉，我下次跟你去。」但他從過去的經驗知道這是虛假的承諾。他想問出眞正的答案。最後，她終於承認：「跟你的家人相處我覺得很不自在，因爲他們老拿我跟你們家的親戚比較，而我老是被比下去。」他要小心別爲了家人的行爲跟她吵起來，導致這場談話演變成爭執。

這時，他說：「我明白了。雖然不自在，但妳的參與對我來說很重要。有沒有可能妳偶爾來參與一下，但不要頻繁到妳受不了？」

她同意每個月見他的家人一次。到了下個月，他們就一起去他父母家吃晚餐。回程車上，如果他沒注意她的感受，他可能會說：「還不賴吧？這餐飯吃得很開心啊！」但她明明從頭忍到尾。她覺得他不懂她的感受，頓時火山爆發道：「開心才怪！這是最糟糕的一次經驗。我再也不跟你回去了。」但他如果察言觀色、體貼入微，就會說：「嘿，我知道這餐飯吃得很辛苦，我很感激妳陪我回來。謝謝妳。」透過努力了解她，這對夫妻避免了三個衝突：第一，他沒抱怨她的行爲，而是關切她的感受；第二，他沒將她和他家人的問題當成針對他個人的不滿；第三，他用心傾聽她對這餐飯的感想。在這樣的理解之下，無法容忍的問題並未消失，但對雙方來講都不再無法容忍了。

針對令你困擾的行爲或問題展開對話。問問伴侶：「這是你喜歡的事情嗎？」

「爲什麼喜歡？」「爲什麼你會這麼做？」問問伴侶，爲什麼他很難做到你要求的改變？提出你的問題，花時間聽他回答。這些對話讓你有機會更了解他，而不是妄下論斷、將他的表現當成針對個人。如此一來，你們就是在一起解決問題。

爲能理解對方，我們不只要看到問題背後的原因，也要知道**成長並不容易**。決心要提升關係，就必須明白人無法一夜之間改頭換面。在伴侶努力改變時，我們要保持耐心。

接受

所謂接受彼此之間的差異，意思可能是我們想通了、覺得沒有什麼需要改變的了，但接受二字不見得只有這個意思。

接受也可能意味我們很欣賞、很感激伴侶爲了改變所做的努力，又或者，我們跟伴侶一起找出一個折衷的辦法，再或者，我們體認到自己才是需要改變的一方。

我有一位客戶的男友，向她坦承自己對色情影片上癮。他想戒癮很久了，但不知道怎麼戒，或能否成功戒掉。我這位客戶很難過男友之前都對她隱瞞這個嗜好。她要做的第一步是肯定及感激男友爲了向她坦白所做的努力。我們生活在一個保有祕密就形同欺騙的世界——守密猶如一種在別人面前美化自己的欺騙行爲。但實際上，我們之所以保守祕密，通常是出於羞愧及恐懼。我們不想失去對方，也不想失去伴侶對我們的尊敬。我的客戶和她男友攤開來談，理解他是怎麼對色情影片上癮的，也明白他是眞心想戒除這個習慣。

我的客戶有一個選擇。如果她很在乎這段關係，她可以在男友努力克服這項挑戰時保持耐心。或者，她可以離開這段關係。她能接受男友所做的努力嗎？

她說：「我理解他、我愛他，我想幫助他。」

我說：「妳必須接受他有可能戒不掉的事實。但在他努力的過程中，妳會更了解他，且這次經驗或許會改變你們兩個。」她對這個問題的理解，給了她對這種行爲的包容力，相對於她的理解與包容，男友也要持續努力改變。在對伴侶的接納中，我們學會欣然面對不堪的眞相。她很有耐心地給予支持和鼓勵。他去接受心理治療，有幾次又忍不住犯癮，但他很誠實。隨著時間過去，這個故事有了美好的結局。他再也沒有同樣的問題了。

至於索尼雅和洛漢？

索尼雅對洛漢有了新的了解，這份了解可以讓他們更進一步討論名車開銷的問題。她說：「你這麼做是爲了孩子，但長遠來看，這對他們沒有好處。我們是不是寧可存錢讓他們上大學？」她順著他的心理障礙跟他談。他要孩子擁有他不曾擁有的東西，但他們可以爲孩子做眞正有益的打算。

洛漢不願現在放棄那輛車，但他同意等租約到期時和索尼雅重新討論，兩人一起決定是否要續租。索尼雅覺得家中預算還可以負擔剩下的租期，在他努力放下對車子的需求時，她願意支持他。

欣賞

相愛最大的挑戰之一，是處理那些伴侶令你無法容忍的問題。然而，如果你想要找一個「完美」的人，你將永遠無法養成處理問題的能力。

你會將愛視爲理所當然、你會錯過在處理問題過程中培養的關懷、理解，和將心比心的能力，以及對伴侶深深的欣賞與感激。事實上，我們可能會開始看到這個問題（我們無法容忍的那件事）其實是我們所愛之人身上不可或缺的一部分，甚至是對方惹人愛的一部分。

這就是從無法容忍到學會接受的目的——眞正地了解伴侶爲什麼是這樣的人。

索尼雅對洛漢很有耐心。雖然洛漢一時改不掉，但他努力在改了。與此同時，她漸漸體認到，需要努力的不只是洛漢。她也有她的問題——她將自己的渴望投射到孩子身上，想透過孩子的成績來證明自己的價值，她也需要洛漢的耐心與包容。

我的另一位客戶雅頓，則以不同的方式學會欣賞。

雅頓的男友讓她很挫折，因爲他似乎太黏媽媽了。「他媽媽叫他做什麼他就做什麼，如果她要我們星期天晚上去他們家吃晚餐，那我們就得去。」但在我們深入探討他的行爲之後，她不得不承認：「他是一個好好先生，隨時都想討每個人開心。事實上，他遷就我就跟遷就他媽媽一樣，而我就喜歡他這一點。」**愛是承認伴侶身上的問題，可能跟他吸引我們的特質有關**。每個人身上的種種特點都是相互關聯的。看見那份關聯，我們就能學會欣賞。

目的不在於按部就班地追蹤、研究自己和伴侶之間的每個細微差異，而在於釐清一個問題：你想和你的伴侶繼續走下去嗎？

彼此的差異會在長期交往的關係中一再浮現，當兩人出現分歧，你是否有足夠的動力去探究和了解雙方爲什麼存在這些差異、你們是如何來到離彼此這麼遙遠的島嶼上，又要如何在島嶼之間搭起溝通的橋梁？

如果你決心愛這個人到底，你就會有動力，也會有更強的耐力，可以在這段旅途上堅持下去。

好聚好散

如果決定不維持現狀或提升關係，那就必須好聚好散了。

還不懂欣賞獨處就進入一段關係，那你可能會在關係裡耗得太久，因爲你不想恢復單身。如果需要靠一段關係提升自信和塡補需求，你就永遠不會提出分手。你心想：我或許不快樂、不滿足，但至少我不是孤單一人。

有時，我們說服自己伴侶會改，以此合理化這種慣性。你可能希望有朝一日她的事業心不再那麼強，或他會給你應得的關注。但如果已經等了很久，或試過很多次，你就必須承認：對方可能永遠不會改變。

字典對「破裂」的定義是斷掉或損壞、不再完整或無法正常運作。這可能很接近關係破裂時的感覺。研究顯示，人在墜入愛河時，大腦活躍的區域和古柯鹼上癮一樣。因此，對大腦來說，分手的痛苦近似於毒品戒斷。[21]我們渴望著另一個人，正如同癮君子渴望哈一口。發生這種現象的部分原因，在於我們的大腦充滿化學傳導物質，這些傳導物質是獎勵與激勵機制的一部分。人腦送出迫切的訊號，叫我們趕快奪回失去的東西。在一項有關分手的研究中，實驗受試者表示，自己醒著的時間約有八十五％都在想前任。[22]

氾濫的荷爾蒙不是人腦對分手唯一的反應。心碎時，腦中活躍的區域就跟處理身體疼痛的區域一樣。但正如人類學家海倫．費雪所言，兩者的差別在於，牙痛或踢到腳趾的疼痛會消退，情緒卻會加重心碎的痛楚。我們不會跟牙齒生氣，也不會覺得自己慘遭沙發的拒絕，但對於前任，我們卻會產生受傷和幻滅的感受，而這些感受加重、擴大了心碎的痛楚。[23]

在這種狀況下，人腦就會迫切渴望幸福荷爾蒙「催產素」，[24]因爲催產素能減輕恐懼和焦慮，於是我們很有可能去向前任尋求這種化學作用，導致做出一些非理性的行爲。醒著的時間有八十五％都在想前任的實驗受試者也表現出「情緒不受控制的行爲……反覆長達數星期或數個月，包括打不該打的電話、寫信或寄email求復合、一連哭上幾小時、飲酒過量、大動作擅自進出對方的住家／公司或社交場合表達憤怒／絕望或熱烈的愛」。[25]

我們必須找辦法突破這個化學作用的困局，首先，請從提醒自己關於靈魂的一則眞理開始：我們或許會覺得空虛、失落、心碎、受傷，但靈魂是牢不可破的。《薄伽梵歌》用了七個小節來談靈魂不滅：「汝等當知，那占滿全身的靈魂是不可摧毀的。沒人可以摧毀不朽的靈魂。火燒不傷，水沾不濕，風吹不萎，任何武器都不能將靈魂擊碎。每一縷靈魂都是牢不可破、無法溶解，既燒不掉，也不會乾枯。它是永生不朽、無所不在、亙古不變、如如不動、始終如一的。」[26]

《薄伽梵歌》這番話說起來容易。分手時，我們很難記住失去對方的自己依舊是完整的。此時，就是驗收之前做的功課的時候了。你已做足了獨處的功課，練就了獨處的能力。至少在理智上，你知道：自己不需要一段關係也是完整的。你知道自己的喜好和意見、價值觀和目標。現在，儘管荷爾蒙作祟，我也要你認清：**即使關係破裂，你還好好的沒有破裂**。

你的靈魂沒有熄滅。

即使對伴侶的期待落空、兩人共創的一切瓦解，曾經擁有的一切已不復存在，傷痛的感受油然而生。但你沒有失去你的目標，你沒有失去自己。彷彿有什麼碎裂了，但碎裂的不是你。

在這段關係開始之前，你已經存在了，之後你也會繼續存在。這樣看待自己的意識，你就能開始將自己和當下感受到的痛苦分開來看。你可以肯定那份痛苦，但要知道那份痛苦之所以存在和破裂的是什麼。你和對方建立起的一切碎成片片，但你沒有碎成片片——你的人生沒有崩毀，你也沒有完蛋。感覺起來可能不是如此，但只要相信事實就是如此，我們便能邁開步伐、療癒情傷、從分手中學習，並將心得運用到所有愛的關係裡。

接著，無論是你或對方提出分手，讓我們來談談如何面對關係的破裂。

跟伴侶分手

首先，訂定分手的期限。既然決定了，又何必拖拖拉拉？長痛不如短痛。拖久了對你們倆都沒有好處。撥出幾小時，跟對方見面談。

小心對待伴侶的情緒。結束關係時，謹記業力的道理。別忘了：**你帶給這世界的痛苦會回到你身上**。因此，與其搞失蹤或哄騙對方，不如誠實面對。說清楚你的原因。

跟人分手總是困難的。沒有完美的遣詞用字可以用來告訴對方這段關係結束了。太委婉，對方可能不明白爲什麼。說出爲什麼彼此不適合，對方可能不認同。你可能怕自己被當成壞人、怕自己令對方失望，或怕提出分手會顯得你很差勁，但你必須接受你說的話可能得不到好的回應。

我建議，可以從兩個人在一起的三個關鍵要素來切入談話：你要喜歡對方的個性、尊重對方的價值觀，以及想幫對方達成目標。

設法說明你們之間的差異。如果你覺得你們的價值觀不合，或你認爲自己不是幫對方達成目標的合適人選，就說出來讓對方明白。這麼做才是具體、明確、有幫助的做法，可以讓你遠離「你再也不能給我幸福了」的模糊地帶，也不會踩到「反正我不愛你了」的痛點。

面對面談分手、看著對方的眼睛、實話實說。

別忘了，無論你怎麼說或說得多小心，你的話語都控制不了對方的反應。對方可以對任何人說你的壞話。他想怎麼說你就怎麼說你。他可能不認爲你有充分的理由跟他分手，或不認爲你將你的理由解釋清楚了。你能做的只有秉持著愛與同理說出你的決定，但你不動搖、不心軟。堅定地說清楚，對方才不會試圖說服你改變決定。

談分手不該超過一天，談完了就斷乾淨。

無論是誰提的，彼此的生活都要立刻切割開來。有屬於對方的東西要麼立刻歸還，要麼一筆勾消。不要以此爲藉口再見面或重拾聯絡。取消追蹤，避免在社群媒體或眞實世界看到對方。不要再通電話、傳訊息，或嘗試保持朋友關係。

我知道有很多人能和前任當朋友，但我個人認爲這樣很複雜。你的下一個對象可能會因此沒有安全感，前任也可能還抱著復合的錯誤期待。如果你眞想試試當朋友，我建議等一段時間再說。再等一下，等你們眞的斷乾淨了——或許是一年，期間你也嘗試跟別人交往。你跟前任的聯絡越少，對方留下的缺口就能越快修補，尤其如果你用增進其他人際關係來塡補這個缺口的話。這個缺口有部分是你和伴侶共有的親朋好友和感情牽絆。你的朋友圈也可能出現新的缺口，共同朋友可能基於某些原因不再和你往來。這是重新投資人際關係的大好時機。將朋友聚集到你身邊，讓他們來提醒你，你的愛不只局限於一個人。如果你們有小孩，你當然會希望竭盡全力保持融洽的關係。但不要將「爲自己好」和「爲孩子好」混爲一談，不要將孩子當成跟前任見面的藉口。誠實面對自己，不要爲了孩子好而犧牲自己。

結束就是結束。

既然已經分手，請你壓下想給對方安慰和幫助他度過情傷的衝動。你才剛決定不想再參與他的人生，也跟他說清楚了。拯救他或許能減輕你的罪惡感、你或許想給他留個好印象，或是你還想保有一點你對他的影響力。但無論如何，請你放手。你可以盡可能優雅、誠實地傳達分手的訊息，但你控制不了分手的結果。凡事有因就有果，這就是所謂的業力。你必須接受自己得到的反應，那是你的所作所爲自然而然的結果。

如果是對方提出分手

如果是伴侶提出分手，請切記，**傷你心的人無法幫你療傷**。

沒有完美的分手辦法。期待對方做到完美，只會繼續糾纏不清。

我們想聽到對方說對不起、希望對方解決我們的心痛，甚至希望對方承認他做錯了，並告訴我們我們多麼值得被愛。但對方就是我們心痛的根源啊，我們卻想向他求助，這也未免太奇怪。雖然直到最近你都還跟這個人很親，也或許一直以來他都是你最好的朋友，一天下來發生什麼事，你都會告訴他。需要有人幫忙擬定計畫、解決問題、消化情緒時，你第一個求助的對象就是他。失去了一個這麼親近的人可不是小問題。因此，你很難接受他不是幫忙你度過這個難關的人，尤其因爲他就是你失去的那個人！你希望他能讓你好過一點，他怎麼能不和你說話了呢？

然而，我們的幸福快樂從來就不是別人的工作，而是我們自己的。

因此，你必須放他自由。爲了更了解他的理由，問他問題沒關係，但不要逼他留在你身邊。你可不想繼續跟一個心已經不在了的人在一起。檢討出錯的地方固然重要，但你要壓下「幫助」你的前任看見他的不對的衝動。你可能覺得他的壞行爲沒有受到懲罰，或他做的決定大錯特錯。或許你從社群媒體上看到他到處狂歡。他傷了你的心，在你孤單、難過的時候，他怎麼可以過得那麼開心？你可能想報復，甚至覺得不報復就不能了結這件事，你要他得到報應。

但如果你的所作所爲是出於報復，只會爲自己招來不好的業力。業力法則說，每個人的作爲都會得到應有的、相對的回報。我相信你不會想讓自己成爲別人人生中的苦難吧。

業力自會做它該做的事。

在擔任教練的過程中，我遇過一位男性客戶，爲了一個年輕女孩離開結褵十五年的妻子。當年輕女孩甩掉他的時候，他很意外她一直都背著他偷吃，卻完全忘記這段關係一開始就是他背著老婆偷吃。業力不一定會帶來這麼明顯又這麼痛快的報應，但每個人的所作所爲一定都有後果。

將報應交給業力，你就儘管往前走。專注在重要的事情上：修復自我、重建自信，將這段關係的心得用到下一段感情中。

不用等待對方的道歉。「了結」是你給自己的，前任給不了你，因爲答案不在他那裡。

人不見得對自己的錯誤有自覺，這種事往往連自己都不明白。即使他給出了理由，你還是會繼續冒出他沒辦法回答的問題，因爲「爲什麼你不能如我所願來愛我」這個問題沒有好的答案。要求別人爲你療傷就是沒有道理，即使這個傷害就是他造成的。如果有人將你推倒，害你膝蓋破皮，你不會等到他去幫你拿OK繃才包紮傷口，你會先照顧好自己。需要了結的情傷就是你要自己處理的傷口。只有你才能用最有效的方式療癒自己。

人腦是一部意義製造機，而最強大的意義製造方式是透過故事。反覆回想分手這件事，有部分原因是在尋找分手背後的故事，以及我們能從這個故事中學到的東西。爲什麼要分手？對方給的理由太簡單了，我們拒絕接受。

心理學家蓋．溫奇說：「心碎的痛楚如此強烈，於是大腦告訴我們，導致心碎的原因一定也一樣嚴重。」[27]我們可能變成陰謀論者，爲自己編造出一套錯綜複雜的故事，但相對而言，答案其實很簡單、直接。

一支研究團隊找來前五個月內歷經失戀的成年人，請他們要麼盡情寫下自己的感受，要麼平鋪直述地從幾個方面去寫這段關係的故事，包括分手的故事在內。比起單單只是抒發感受的人，針對這段關係建構出一個有意義的故事的人，日後表現出的心理壓力較輕微。[28]別忘了，這些建構出來的故事是療傷的工具，而非絕對的眞相。但只要建構出一套自己可以理解、可以接受的故事，就會比較容易走出情傷（日後如果獲取了新的資訊，我們也可以隨時重寫這個故事）。

試試看

給自己一個了結

看是要用錄音還是書寫的方式，描述一下對方帶給你的痛苦，包括你想對他說的一切，不管是關於他如何對待你，還是關於他給你什麼感受。他跟你說話的方式、對待你的方式。一切的疑問、指責、創傷事件、痛苦的回憶，一條條列出來，將這份清單當成「幸好分手」的理由資料庫。一直沉溺於美好的回憶，就沒辦法認清這段關係的真貌。

因此，寫下每一個挑戰、每一個錯誤、對方說出口的每一句傷人的話。有沒有什麼你有意逃避的東西？讓自己感受每一種情緒。除非好好感受，否則你沒辦法痊癒。逃避不會減輕痛苦。不給情緒應有的關注，它只會越演越烈。為了如實體會自己的情緒，你必須將情緒明確表達出來、剖析其中存在的模式，並給自己一套解釋。

現在，在每一個帶給你痛苦的言行舉止旁邊，寫下誰該為此負責。誰採取了這個行動？誰說了不該說的話？誰做了不該做的事？有時責任落在你身上。明白自己的錯，你就能負起責任、努力改進，並有所成長。

你也會意識到前任犯的錯。在那段關係裡，你可能壓抑了一些不愉快。之所以如此，是因為我們寧可安於已知的一切。你知道第二天早上他會對你很不客氣、你知道他不會記得你的生日、你知道他不會準時來和你共進晚餐、你知道他不會打來或傳訊息給你，即使你喜歡接到他的電話或簡訊。你都知道他哪裡做得不好，但比起面對恢復單身、迎向未知的人生、不知如何去感受、不知如何前進，或不知接下來會有什麼痛苦，這容易多了。為了一份安全感，我們委曲求全，寧可抓著熟悉的痛苦不放。

藉由寫下一切不愉快，你能更清楚看見分手帶來的好處。找出可以給你一個了結的故事。說不定這是逃過了一劫。說不定你學到了絕不想再重蹈覆轍的一課。攤開來看清楚，這段關係可能只是感情之路上的某一步，未來你將邁向更美好的關係。

現在，對著空蕩蕩的房間，唸出你寫下的一切。你的前任聽不到，但說出來可以給你一個了結，你知道你在為自己寫下幫助自己往前走的結局。

學習業力的教訓

分手後，我們往往想將自己和自己的情緒隔開，心碎的痛苦開啟了我們的保護模式。

我們設法分散注意力，將這段關係的回憶拋諸腦後。但想想肢體傷害都是怎麼復原的。如果肌肉拉傷或手術留下傷口，一開始的疼痛會導致我們不敢動，此時也確實不該動，以免傷勢惡化。接下來，作爲復原的必要步驟，人體會在受傷的部位形成膠原蛋白纖維。這些纖維比原本的組織更密，形成大量的疤痕組織，有效保護傷口。但如果不理會修復中的傷口，厚實的疤痕組織就會變成問題，妨礙我們的活動，增加疼痛和二度受傷的風險。因此，我們悉心照料傷處，藉由物理治療保持活動度並重組疤痕組織。接下來，我們重新鍛鍊傷處的力氣，直到完全康復爲止。

心碎也是一樣。我們不能永遠將自己保護起來。我們要面對痛苦、了解自己受的傷、鍛鍊自己的力氣，並重新閃亮登場。

禪修老師、臨床心理師及暢銷作家塔拉・布萊曲說：「我們所愛的一切都會離開。因此，能夠爲自己失去的人事物哀悼，能夠放手並充分體會那份悲傷，是敞開心扉、充實內心世界唯一的辦法。如果不能對失去敞開心扉，也就不能對愛敞開心扉。」[29]

找一個空間，靜下來仔細體會破碎的是什麼、留下來的又是什麼。深刻反省自己能從這段關係帶走的心得。無論你覺得自己失去了多少、這件事有多傷、承受了多少痛苦（除非是受到虐待，虐待就是不對），你都要帶著得到的教訓往前走。

如果不去做這個功課，你可能就會錯過每一位前任留給你的禮物。或許是一句忠告，或許是他幫你建立的人脈，或許是他支持你度過某個難關。或許你體認到，自己必須跟一個選擇健康生活的人在一起。或許你發現，找一個樣樣符合理想條件的人，只會讓你看不見近在眼前的人。請感謝前任留下來的禮物。

美國藏傳佛教金剛乘阿尼佩瑪．丘卓藉由回顧自己的婚姻有了意外的發現。她說：「我沒意識到自己多麼依賴別人的肯定。這份肯定不是來自我的內心，而是來自別人對我的看法。」[30]一旦領悟到這一點，丘卓就知道，她不想再靠別人給她自信了。這是很痛的領悟，但這份領悟幫助她改變和自己的關係，以及和外界的關係。

我希望你回顧這段關係哪裡出了錯，就像丘卓一樣。你做錯了什麼？如何改進？如果沒學到教訓，你可能會發現自己餘生都在重複這個失敗的人際互動模式。

試試看

領悟

來看看自己能從最近這段感情得到什麼領悟，好為日後的伴侶關係做準備。

- 回想自己得到了什麼？
- 回想自己失去了什麼？
- 反省自己的缺失
- 問問自己：經由這段感情，我對自己有什麼認識？

穿著舒適的衣服，倒杯茶，坐在壁爐前——在一個舒適的環境裡，為自己營造溫暖、自在的氣氛，因為接下來的領悟可能不太愉快。不愉快是好事。某些事情可能令你情緒激昂或精神為之一振，某些事情可能令你情緒低落，但療癒往往伴隨著不愉快而來。

愛會讓我們看不見伴侶的缺點和問題，對自我肯定的渴望，則會讓我們看不見自己的過錯。愛上一個人的時候，我們可以忽略對方惱人甚或惡劣的習慣和行為。這個練習能幫助自己以全新的眼光看待這一切。

先問自己一個問題：在這段感情裡，我有什麼做得好的地方，又有什麼不想重蹈覆轍的地方？你或許會發現你總是以自己的需求為優先，不曾聆聽伴侶的需求。也或許你覺得自己設下了合理的界線，你的伴侶卻不尊重這些界線。將你的發現全部寫下來。

現在，想想你從這段感情獲得什麼。一句忠告？一份領悟？經濟上的支持？這段感情幫助你度過了最艱難的時期嗎？你的伴侶曾為你的人生帶來意義。無論你覺得自己失去了多少，無論你覺得多受傷，你都該感謝對方曾給過你的一切。

接下來，想想這段感情讓你失去了什麼。或許是自信，你可能因為對方的批評而開始懷疑自己。你可能失去了一段青春歲月，或是失去了活力。當你全心投入這段感情時，你可能錯過了別人或其他機會。

最後，想想這段感情哪裡出了錯。你做錯了什麼？這段感情挑戰你忠於自我的能力嗎？你心目中對於一個好伴侶的想法，受到這段感情的考驗了嗎？你必須向自己提出這些困難的問題，並為自己找到答案。因為如果不去處理這些問題為你揭示的錯誤，日後你還會在別人身上重蹈覆轍。

重新定義自我價值

在一則古老的寓言中，一個男孩問父親，他的人生有多少價值。父親給他一顆亮晶晶的紅色石頭，說道：「你去問麵包師傅願不願意跟你買這顆石頭。如果他問你賣多少錢，你就豎起兩根手指頭。得到他的答覆後，你再將石頭帶回家裡來。」

於是，男孩去找麵包師傅，給他看了那顆石頭。麵包師傅問：「多少錢？」

男孩照他父親說的豎起兩根手指頭。

麵包師傅說：「我願意出兩塊錢跟你買。」

男孩回家，將價格告訴他父親。他父親說：「現在，我要你去市場，看看古董商出多少錢。」

於是，男孩去市場給古董商看那顆石頭。

她說：「看起來像一顆紅寶石耶！多少錢？」

男孩豎起兩根手指頭。

「兩百塊？這麼貴！但我買了！」古董商說。

接下來，男孩的父親叫他去找珠寶商。珠寶商對著陽光舉起石頭，端詳石頭折射出的光線，然後又將石頭放到顯微鏡底下去看，他睜大了眼睛說：「這是很美、很稀有的一種紅寶石。多少錢？」男孩豎起兩根手指頭。

「二十萬的確是個公道的價錢。」珠寶商說。男孩興奮地衝回家告訴父親這個消息。父親笑了笑，將寶石收回他的口袋，問道：「現在，你知道你的人生有多少價值了嗎？」

故事漂亮地勾勒出**我們在不同人眼中有不同的價值**。我們受到的評價定義了我們的價值。分手之所以這麼難，部分的原因就在於，曾經那麼重視我們的人不再將我們當一回事了。我們「貶值」了，但只是在這個人眼裡貶值了而已。這就是為什麼我們要建立自己的價值，並找到一個為了我們本身的價值重視我們的人。

分開「心」與「智」

畏懼孤單寂寞？那是因為「心」在擾亂我們。

我們再次落入了自己無法滿足自己的迷思裡。「有人要」才會讓我們覺得自己有價值。那份價值不屬於我們自己，卻附屬於「跟另一個人在一起」。

但這些都是未經思考的念頭罷了，我們得想得再深一點。

《薄伽梵歌》將感官、心靈，和智慧分開：「活躍的感官高於死物，心靈高於感官，智慧又高於心靈。」[31]感官告訴你身上有沒有哪裡在痛，你的心想的是它喜歡什麼、不喜歡什麼，你的智慧則要問：「我爲什麼不要這種結果？我能從這件事學到什麼？」因此，分手後，心告訴你：我喜歡曾經擁有的一切，我想將那一切找回來、我想念我的前任、我想從社群媒體知道他在做什麼、我想知道他是不是在想我。在這樣的時刻，你可能也會冒出自我否定的念頭：我不夠迷人、我不夠強、我不夠關心他、我的力量不夠。

你沒辦法叫自己不要想，但若是不喜歡這些念頭，你可以轉換思考的方向。將所有的「我不夠」拋諸腦後。

在做決定的時候，我們可以透過問自己一些問題來轉換想法。

心：我想到前任的公寓外頭站崗，看看他家的燈是不是還亮著。

智：這麼做有什麼意義？

心：我要知道他是不是有別人了。

智：知道了有用嗎？

心：有，因爲如果他已經跟別人在一起了，那我就可以往前走了。

智：你想靠這一點來決定你能不能往前走嗎？

心：不想……但我還是想見他！

智：有沒有別的事情能幫助你往前走？

心：我可以打給朋友。

當心再次冒出干擾念頭時，問問自己：我喜歡這個念頭嗎？這個念頭有用嗎？有見地嗎？能幫助我往前走嗎？這能幫助你將「心的對話」轉換成「智的對話」。

心叫你去找前任；**智**叫你去找朋友。

心叫你將重心放在前任身上。**智**叫你將重心放在自己身上。

心問：「別人會怎麼想？」**智**問：「我怎麼想？」

等一等，再交往

布萊德利約克莉絲汀一起去跑步時，兩人已經交往幾個月了。[32]她不愛跑步，但還是同意了。一路上，他穩步前進，她卻跑幾步、走幾步，甚至跳幾步，奮力跟上他的腳步。跑著跑著，他不耐煩地回頭瞪她一眼，然後就丟下她一溜煙跑走了，她只能自己找路回他們停車的地方。克莉絲汀交過一連串對她很壞的男友，布萊德利只是最近的一個。

終於，就算急著要找到未來的夫婿、一起組建家庭，她還是決定給自己一年的空窗期，花時間獨處，擦亮她看男人的眼光。

禁愛令一下，過沒多久，想跟克莉絲汀交往的男人就從各處冒了出來。但克莉絲汀只專心在做自己，不因爲每個都可能是她未來的夫婿，就設法給他們留下好印象。畢竟她現在不能交男友，又有什麼可損失的呢？

半年過後，克莉絲汀遇到了納森。感覺起來這個人眞的很好，但當他約她出來時，她解釋自己要到隔年六月才會開始和人約會。納森消失了。一個月又一個月過去，她發現自己越來越有自信。最後，她終於明白，到了六月時，無論她的感情生活怎麼樣，她都會好好的。接著，就在六月一號那天，電話響了，是納森打來的。他再次約她出去。結果，納森就是她未來的夫婿，如今他們都有兩個小孩了。

將時間都用來分析為何分手，我們永遠也無法往前走。但這也並不表示要一味往前衝地貿然投入下一段戀情。空窗期是廣結善緣的好時機。你希望自己的人生有什麼樣的人參與，就趁此時去吸引，或許是志同道合的朋友，也或許是令你感覺安心自在的人際圈。開始讓身邊圍繞著可以滿足你不同需求的人——可以深聊的人、可以一起去跳舞的人，或是可以一起去運動的人。

用這段時間經營你和舊雨新知的情誼，就不會覺得少了一個伴就不完整。重新發現獨處的樂趣。重拾你的目標。此時正是用來投資自己，及好好認識自己的時候。我們可能會在感情中迷失自我，因此，現在我們必須在心碎中找回自我。

試試看

是否準備好交往新對象的檢查表

- □ 我有沒有從上一段感情吸取教訓、為下一段感情打下更好的基礎？
- □ 我要注意什麼？

□我要避免什麼？

□我務必讓下一個對象在一開始就對我有什麼認識？

□在人生的這個階段，我知道自己重視什麼、有什麼目標嗎？若否，我可以利用獨處的時間重新檢視人生的這些層面。

□我知道自己要對下一個交往對象設下什麼界線嗎？我或許想試著約會看看，但不想進展得太快。

□我想設下肢體接觸的界線嗎？

□我想等獨一無二的對象出現嗎？

□我要小心別像上次一樣為對方放棄自己的目標嗎？

最後，如果你不確定自己準備好沒有，不妨試著約會看看。不必很正式地交往或不交往，只要看看感覺如何就好。

愛的無限擴大

僧侶必須學習關於「摩耶」的功課。

「摩耶」的意思是幻象。[33]愛的其中一種幻象，是以爲只能透過有限的方式得到愛，例如只透過特定的某些人。我們想像愛有一道守護門，如果要體驗深刻的愛與幸福，就必須找到打開這道門的唯一一把鑰匙，而那把鑰匙就是另一個人。

然後，當你發現自己沒人作伴。或將孩子養大，發現他們都離家了。或你和你的伴侶還是覺得無法安頓下來，彷彿生活應該更有目標才對。不完美的愛教育我們。不完美的愛告訴我們要往前走。不完美的愛迫使我們打破自己的期待、放棄虛妄的幻想，領悟到愛從來不只是愛一個人或愛自己的家人。

無論多麼令人失望，這份領悟都會帶我們來到愛的新境界。

加州大學洛杉磯分校的教授史蒂芬．柯爾說，孤單寂寞或人際疏離最佳的解藥，就是將人生的使命感、目標感和社區參與結合起來。[34]付出時間爲他人服務，不只有助於人際互動，也能帶來深深的滿足感並促進健康。研究也顯示，包括志願服務在內的「親社會行爲」可以強化免疫系統、對抗孤單寂寞引起的身心壓力，並延長壽命。

遺憾的是，柯爾說，這年頭有太多人在減少與他人的接觸，轉而追求有益健康的個人目標，例如投入鐵人三項的訓練、上瑜伽課，或設法找到「唯一的眞愛」。這些都是好事，但按照柯爾的說法，最大的好處來自於：讓自己的健康成爲「實現目標的手段，追求健康是爲了做一些有意義的事——不只爲自己，也爲別人」。

愛情——我們心目中最崇高的愛——是可以擴大的。愛能創造更多的愛。是時候深呼吸一口氣，重新開始培養你對愛的信任，準備提升你愛的能力。

無論你是從哪裡開始、你愛過誰、你賺到多少錢，你都可能有對物質不滿足的時候。你覺得一定還可以擁有更多。覺得內心深處沒有得到完全的滿足。有人可能會認爲這是中年危機，但這意味你在精神上要有更深刻的連結。懷著慈悲、同理與無私，你準備要將自己擴大到家庭以外，在更寬廣的世界裡找到你的目標。

在這一生當中，你永遠達不到愛的完美境界，這意味著你每天都要練習愛。

書寫練習

寫一封情書助自己療傷

朋友傷心難過時，我們會給朋友安慰與支持，但我們對自己往往比較沒有耐心和同理心。自己傷心難過時，我們就叫自己別再這樣下去了，但我們絕不會對朋友這麼說。試著寫一封暖心療癒信給自己，就像在和朋友或某個你愛的人說話。

親愛的傷心人：

我懂你，有我在你身邊。

愛過又失去，往往會讓我們覺得自己被拋棄、孤單無依，但事實絕非如此。事實上，在經歷這份傷害與痛苦時，我們就成為了心碎族群的一分子。這是很大的一個族群，有許多人都跟我們有過同樣的經歷。我們既強大又溫柔。最重要的是，我們一起療傷。

這次的療傷跟你想的不太一樣。心一旦碎了，某些部分就再也拼不回去了——

但這不是一件憾事，而是一件美事，因為破碎也是愛的一部分。或許你覺得很孤單，但那只是一種錯覺。你此刻感受到的痛苦，其實讓你和全人類有更深的連結。某方面而言，你或許失去了一個人，但你得到了全世界。

心碎只會打開我們的心，不會令我們碎成片片。

如同艾莉絲．沃克曾經說過：「心就是要用來心碎的。我這麼說是因為心碎似乎就是人心要經歷的其中一件事。我的意思是，我自己的心就碎過無數次啊……事實上，不久前，我才對我的諮商師說：『你知道嗎？我現在覺得我的心就像一個行李箱。感覺就像它掉到地上，砰一聲打開來了。你知道，就像一個大行李箱摔到地上敞開來了。感覺就像那樣。』」[35]心碎和失戀的目的，不是要切斷我們和世界的聯繫，而是要讓我們對世界敞開心扉，不只限於小情小愛。

事實上，你從不曾與愛分開。想感受愛，只需要分享愛。

無論是接受的一方、還是付出的一方，愛都在我們的心裡流動。體驗愛的機會，就像大海裡的水滴一樣多。我們從不知道生命會將我們帶往何處，但我們可以放心地知道——每個人每時每刻都被愛包圍。

愛你的我

靜心練習

以愛療傷的靜心冥想

套用莎士比亞的一句話：「眞愛無坦途。」人生不可避免會帶來苦痛與傷害。無論面臨什麼樣的掙扎，一定要保持我們跟愛的連結——要記得現在的我們一如既往值得接受愛，也能夠爲他人付出愛。

1. 無論是坐在椅子上、在墊子上或地板上坐直，還是躺下來，幫自己找一個舒服的姿勢。
2. 想閉上眼睛就閉上眼睛，不想閉眼的話，只要放鬆眼睛的聚焦即可。
3. 無論睜眼還是閉眼，輕輕放低你的視線。
4. 深吸一口氣，再將氣吐出來。
5. 如果你發覺自己的心思飄走了，那也沒關係。輕輕將注意力拉回來，回到平靜、平衡和平穩的狀態。

以愛療傷的靜心冥想

1. 將全副注意力集中在自己身上。注意呼吸時氣息從身體進出的律動。
2. 一手輕輕放在心窩，輕輕將氣吸進心裡，感受心臟在體內跳動的活力。
3. 對自己說：「我值得被愛。」你可以無聲地說，也可以說出聲音來。
4. 一邊吸氣、吐氣，一邊感受心臟的跳動，再說一次：「我值得被愛。」
5. 再重複一次。
6. 注意力回到你的呼吸上。
7. 對自己說：「我很可愛。」同時保持平穩的呼吸。重複這個動作兩次。
8. 注意力回到你的呼吸上。
9. 對自己說：「我是愛的產物。」持續將氣吸到你的手部，透過你的手去感受心臟充滿生氣、活力充沛。重複這個動作兩次。

LOVE

第四部

眾生相連：學習愛每一個人

到了第四階段「遊方期」，我們將愛延伸到每一個人和人生的各個領域中。在這個階段，我們的愛變得沒有極限。我們體認到自己隨時都能和任何人經歷愛。我們感受到「karuna」──對眾生的慈悲。[1] 這些階段全都可以同時並行，但第四階段是愛最崇高的表現。

法則八
愛再愛

在你心中流動的河也在我心中流動。

——迦比爾．達斯，十五世紀北印度語詩歌之父[2]

我在僧院聽過一個故事。

老師問學生：「如果你有一百塊可以布施，將這一百塊全部都給一個人比較好，還是給一百個人一塊錢比較好？」

學生看起來很猶豫。「如果全部都給一個人，這筆錢說不定足以改變他的人生。但如果分給一百個餓肚子的人，說不定他們就都有東西吃了。」

老師說：「兩種做法都對。但幫助的人越多，就越能拓展自己愛人的能力。」

一開始，我們抱著將這（象徵性的）一百塊全都給一個人（我們的伴侶）或只給少數幾個人（我們的家人）的想法，展開此生愛的修行。但到了人生的第四階段，我們要改變方向，開始將一塊錢分給許許多多的人。我們給的越多越好，但先從一點點開始，逐漸擴大我們付出愛的能力。讓愛臻於圓滿的辦法不是等愛、找愛或擁有愛，而是隨時和每一個人創造愛。這就是我一直等著要告訴你的——眾生以愛相連，這才是「愛」給世人最貴重的禮物。

你之所以打開這本書，可能是想知道如何找到對象，或如何和伴侶天長地久。我們希望人生有愛，而且想當然耳地認爲，這份愛應該是以愛情的形式出現。但認爲愛只存在於伴侶之間、家人之間和朋友之間是對愛的一種誤解。以爲人生就該是你和另一個人相愛的故事也是一種誤解。那樣的愛只是墊腳石。擁有一個伴侶並非最終的目標，而是爲更大的、改變人生的、比愛情更遼闊、更豐盛的愛預做練習。伴侶關係給我們練習的機會，但我們不必滿足自己對浪漫的渴望也能達到這種大愛的境界。那是每個人時時刻刻隨手可得的愛，而且這份愛沒有窮盡。

人生第四階段「遊方期」的目標很簡單，就是看看我們要如何超越一己之愛去服務他人。無論如何總是選擇以愛待人，你就能持續不斷地經歷愛。在沮喪、惱怒、氣憤、震驚的時刻，在愛看似遙不可及時發現愛。跟我們遇到的每一個人創造更多愛的交流。心懷對全人類的愛。愛就是看見每一個人都值得愛，並以身而爲人就應該得到的尊重與敬意對待每一個人。

挪威哲學家阿恩．奈斯，借用了吠陀思想來闡述自我實現的過程，說這個過程是「有待實現的自我從個別的小我延伸出去，涵蓋越來越廣的現象界」。換言之，當我們「拓展並深化」自我，就會看到芸芸眾生都是一體相連的，因此，爲別人服務就是爲自己服務，兩者沒有分別。[3] 人生來到第四階段的遊方者，身心靈都要致力於爲神聖、高尚的人道精神服務。遊方者體驗到的愛的深刻與幽微是我們未必能從任何一個人身上找到的。我們學會欣賞不同形式的愛。我們爲他人服務不是出於道德上的責任感，而是因爲我們明白眾生都是一體的。人我彼此相連，服務別人就是服務自己。

科學也支持這個論點。心理學家將助人之舉稱爲「親社會行爲」。專攻跨文化心理學的瑪莉安娜．波戈席安寫道，親社會行爲讓我們感覺與他人的關係更緊密，而這份對人際連結的渴望是最深的心理需求之一。[4]

遊方者盡可能服務越多人越好。爲什麼要將愛局限於一個人或一個家庭呢？爲什麼只跟少數人經歷愛呢？當我們將愛的範圍擴大，我們就有機會日復一日時時刻刻經歷愛。

當你這麼想，愛就會張開它的臂膀，越張越寬。父母如果愛自己的孩子，就會愛孩子在學校裡的同學，因爲他們關心自己的孩子所在的人際圈。而你如果關心學校裡的孩子們，那你也會關心學校本身。如果你關心學校，那你也會關心學校所在的土地。這就是爲什麼愛自己的孩子就該改善他們的世界，乃至於改善全世界。

愛身邊的人教我們愛全人類，愛全人類又教我們愛這個世界──人類稱之爲家的地方。我們如果愛這個世界，那我們也會愛創造這世界的神──一股超越我們自身的力量。

十五世紀的印度詩人和聖哲迦比爾·達斯寫道：「在你心中流動的河也在我心中流動。」意思是我們透過自己的一舉一動、一言一行、一呼一吸和全人類相連。我們所做的一切都會影響彼此。疫情期間，在這個互相照顧、彼此保護、超越自己所愛之人去爲全體社會著想的重要時期，我們也見證了這一點。

二戰時期著名的納粹受害者，《安妮日記》作者安妮·法蘭克曾說：「從來沒

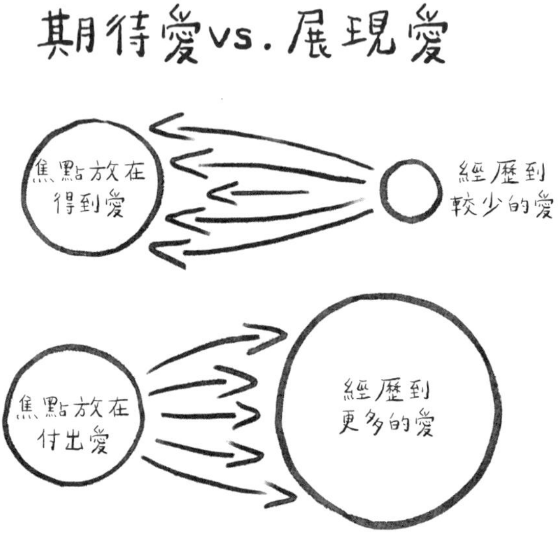

有人因爲付出而變得貧窮。」[5]透過逐漸擴大愛的概念，我們開始看到獲取愛的新途徑。每當你想感受愛的存在，只要付出你的愛心就能感受到了。

付出愛心甚至解決了一個比愛情更大的人類需求，那就是助人。

沒有比助人更快樂的事了。

我很喜歡一句諺語給的建議：「如果你想快樂一小時，那就睡個午覺。如果你想快樂一天，那就去釣魚。如果你想快樂一年，那就繼承一筆財富。如果你想快樂一輩子，那就去助人。」助人的喜悅被稱之爲「助人者的快感」（helper's high）或「付出者的光輝」（giver's glow）❶，科學家定義其爲無私爲他人服務後產生的高昂、振奮、活力提升的感覺，繼之而來的是一段時間的平靜與祥和。研究員及《行善的療癒力》（*The Healing Power of Doing Good*，暫譯）作者艾倫．路克斯，檢視了三千多名志工的數據資料，發現助人者的快感不只會延續數週之久，只要助人者回想起自己爲他人服務的行爲，快感就會再次浮現。更有甚者，助人者的快感不只是大腦感覺良好而已，同時也伴隨著壓力荷爾蒙指數降低和免疫系統功能改善。[6]

比起期待愛的降臨，我們要找到展現愛的方式。

一直以來，我們都被灌輸得到愛是經歷愛的唯一一種方式，但《吠陀經》說，只要跟始終存在於自己心中的愛相連，你隨時都能感受到愛的存在。

從吠陀的觀點看來，我們不需要尋找愛、建立愛或創造愛。我們本來就有愛、能愛。《吠陀經》說靈魂是永恆不滅的、有覺知的，以及幸福洋溢的。[7]這就是我們內在的愛的核心。

---

❶譯注：Helper's high 一詞源自後述的艾倫．路克斯《行善的療癒力》一書，giver's glow 一詞則源自經濟學家詹姆斯．安德雷奧尼提出的「溫情效應付出心理」，意指人在助人、利他、行善時引發自身精神上的滿足感，內心洋溢溫情，猶如一片溫暖的光輝。

當我們體驗著世上的一切時，這個核心被我執、羨慕、驕傲、嫉妒、貪婪和錯覺層層蒙蔽，妨礙了我們愛人的能力。我們必須層層移除這些雜質，回歸愛的本質。就連危害社會的惡人，《吠陀經》也是這樣看待的。在他們的靈魂深處，這個愛的核心被一層層的雜質徹底蒙蔽了。我們都有道德瑕疵，但多數人的道德瑕疵相對微小而無害。相形之下，如果一位領導者的愛的核心蒙上了滿滿的雜質，他就能用自己的地位和影響力去摧毀生命。遊方者可以將每個人的一言一行、一舉一動，都視爲用愛去回應的機會，無論對方靈魂裡愛的核心多麼遙不可及。當然，前提是不冒性命和人身的風險，也不助紂爲虐。

如何付出愛

到了人生的第四階段，我們不再只是尋求某一個人的愛。

這或許是因爲此時我們無人作伴，也或許是因爲我們和伴侶很恩愛，因此現在有足夠的愛可以分享出去了。一路走來，你都是愛的學生；現在，你是愛的服務生。

《薄伽梵歌》談到「s'reyas」和「preyas」的概念，大致翻譯過來的意思是「我們所追求的」和「我們應該追求的」。如果有能力和機會超越自身的需求去助人，那麼我們就該這麼做。你一直在努力實現自己的目標。或許伴侶和孩子是你一直以來努力的目標。現在，你可以將助人當作目標。如果你的身邊有個伴，你們可以透過一起去助人讓你們對彼此的愛更深刻。太早將力氣放在一起去助人可能會導致爭執與誤解。到了你們開始思考如何一起助人（幫助你們的社區、幫助這個世界）時，你們必須對彼此的長處和弱點有很深的了解。一旦對自己和他人都有了這樣的理解，合作起來就會變得比較容易，我們也比較能對每一個人都發揮同理心。

當一個遊方者並不容易。

沒有經過練習，我們不見得能爲這份無限擴大的愛做好準備。**助人的渴望一不小心就會變成透過討好別人來滿足自己的渴望**。而且，不管是時間長短還是在空間距離，離自己認識的人及心愛的人越遠，就越難讓自己感覺到愛。

史丹佛大學心理系教授兼史丹佛社會神經科學實驗室任賈米爾·薩奇寫道：「同理心也是很古老的，可以追溯到狩獵採集的小型聚落時代。和當時一樣，同理自己的同類比較容易，包括長得和我們很像，或想法和我們一樣的人，也包括和我們很熟，或近在眼前的人。」薩奇這段話是在解釋作爲全球共同體的人們，爲何難以解決氣候變遷的問題。他說：「聽到一場災難中某位罹難者（我們可以看見這個人的面孔、聽見這個人的哭聲）的壞消息後，人會產生很強的同理心，但聽到成千上萬罹難者的壞消息，卻將使我們無動於衷。這種『同理心的崩壞』的現象，阻礙了拯救氣候的行動。」[8]

然而，如同詩人魯米所言：「在神祕的愛人花園裡，你、我、他、她、我們其實沒有分別。」[9]要想像一個充滿愛的和平世界不難，但要如何在今天下午、明天、每一天實現這個目標可能並不明顯。魯米說，人我之間並不像我們以爲的那樣各自獨立。分界確實存在，但經由練習，我們可以將愛的範圍擴大，從私人領域到專業領域，從社區到全世界。《薄伽梵歌》說得很簡單：「憑藉眞知，虛懷若谷的聖賢以一視同仁的眼光看待博學儒雅的婆羅門和一頭牛、一隻大象、一條狗。」[10]

愛你身邊的人

我們首先將愛的範圍擴大到我們最容易愛的人身上。向親友表達愛的方式不只有言語和行爲，在這些言行舉止背後有四個要素：

1. **理解**：人人都想得到理解。愛你的至親和至交就是試著去了解他們是什麼樣的人、他們想要達成什麼目標。了解的辦法則是透過傾聽和詢問，而不是將自己的想法和規畫強加在他們身上。

2. **相信**：朋友和家人都希望我們相信他們，包括相信他們有達成夢想的潛力。當你愛的人跟你分享他的想法，你要給他正面的回應，支持他、鼓勵他。

3. **接納**：朋友和家人希望以他們本來的樣子被愛、被接納，包括他們所有的不完美或跟別人不一樣的地方。對於他們該做什麼或該怎麼做，我們不將自己的期望投射到他們身上。

4. **感謝**：我們透過感謝親友做的大小事、感謝他們克服的挑戰、感謝他們做出的努力和改變、感謝他們對這段關係的貢獻來表達愛。我們以爲只要陪在對方身邊就充分表現出我們的感激了，但我想不出有誰不想聽人具體、誠心地說出他哪裡做得好。

出於尊重的角度

有時，要愛和我們最親近的人是有挑戰的。

對方或許不會給我們正面的回應，又或許很難相處，但我們還是在乎他，也希望能繼續去愛他。當這個人是對你不好的毒型人物，或許可以試著從尊重的角度去愛他。

心理學家羅素．巴克立曾說：「最需要愛的孩子總會以最不可愛的方式討愛。」[11]

我們或許很難接受一個人之所以做出傷人的事，是因爲他需要愛。

虐待是不可接受的，但我們確實也能理解，一個造成他人痛苦的人，是因爲自己也很痛苦。將痛苦轉嫁給他人，就像孩子爲了博取關注而大哭大鬧。毒型人物的行爲其實是一種求愛的方式，卻是一種不當的求愛方式。有個很難相處或對你不好的家人或朋友，是很常見的情形。和這樣的人相處，總如同置身於負能量的環境。想法總被否決、傾訴得不到聆聽，總會感覺自己被拒絕或無視。萬一你落入了這種處境，愛的善念很容易就會變成負面、傷人、仇恨的惡念。不用爲此內疚或自責。

受到不公平的對待，心裡自然不會高興。

這些很難愛的人出現在我們的人生中，是要來教我們寬容的。以愛待人，即使別人不以愛回報你。遊方者愛每一個人，就像打架受傷的雙方醫生都會努力救治，不管是誰先動手的。不要違背你的價值觀，也不要接受虐待的行爲，但要擴大自己付出愛的能力。

遇到很難相處的人，邁向愛的第一步，是想想我們對他們的反應，是否反映了我們自身的問題。是不安全感嗎？還是我執或恐懼？如果你的每一個想法與決定，都在等待或期待周遭親友給你認同、打氣和鼓勵，那未免要求太多了。無論好壞，他們難免會將自己有限的觀點或自身的懷疑與恐懼投射到你身上。當他們的回應令你無所適從或心煩意亂，想想你有這種反應，是否是因爲對自己的決定缺乏自信。與其花力氣博取他們對你的信心，不妨將重點擺在透過獨處建立自信。接受自己的樣子和自己想要的東西，就能不輕易因爲別人對你或你的想法的意見而受到刺激。

擴大自己愛人的範圍，就不會因別人的言行舉止或所作所爲而排斥他們（除非他們有虐待傾向）。我們愛他們，只因我們想當一個充滿愛的人。如果你喜歡家裡乾乾淨淨，無論有沒有客人來訪，你都會保持家中的整潔，只爲了讓自己有個住起來舒適愉快的空間。

在自己心裡創造一個愛的空間也是一樣的道理，這麼做是爲了你自己。無論是否有人收下、或回報這份愛，你不會因爲有個邋遢鬼來過你家，就將自己家裡弄亂。同理，不要因爲有個可恨的人來到你身邊，就讓自己的心充滿仇恨。我相信你想住在一棟愛的房子裡。

話雖如此，我們沒辦法站在同樣的位置上去愛每一個人。我們可能試著要近距離地去愛某些人，但每次嘗試過後，都忍不住抱怨他們散發的負面、苦毒或負能量。隔著距離讓我們仍能保有對他們的尊重與支持，好過於靠他們太近而導致我們心生埋怨。

有個難相處但仍想維持關係的家人，這可能意味愛他最好的方式是一年見一次面，也可能表示所有的聯絡都透過電話就好，不必親自登門拜訪，將相處的時間控制在自己能承受的範圍。在你準備好靠近去愛之前，距離可以避免你覺得自己被利用。從遠方也可以給予祝福、付出善意。距離能給你空間和機會，讓你在獨處中養成力量與信心。有朝一日，或許你就能帶著同理心回來，在對方的人生旅程中給予幫助。

面對難相處的人，有一個給予愛的方式，是**為他們找到其他愛的來源**。

有時，我們以為自己是他們唯一一個愛的來源（或許情況也確實漸漸演變成如此），但這種依賴對雙方都沒有好處。我們可能沒有時間、意願、能力，甚或耐心全天守候一個難相處的人。那也沒關係。我們不必去當誰的救星。我們一直想的都是一對一的愛，但要愛一個這樣的人，我們大可（甚至應該）跳脫一對一的愛。我們可能不是愛這個人的最佳人選或唯一人選。畢竟，我們希望他被愛包圍，也希望他有機會散布更多的愛。

試試看

幫助難相處的家人在他的人際圈裡找到愛

如果很難近距離去愛一個朋友或家人，可以幫助他開闢其他愛的來源。這種方式一樣能將他涵蓋在你的關愛範圍內。幫助他找尋新朋友、媒合他認識志同道合的人。

- 問問你的朋友有沒有認識的人跟他住在同一區，而且可能跟他處得來。

．為他尋求協助、幫他跟身心靈團體或當地健身房聯絡、安排家事服務來幫忙處理他做不來或不愛做的家事。

．協助他追求自己的興趣。幫助孤單的父母舉辦讀書會或計畫一次撲克錦標賽。

．安排家人在外相聚。置身於公共場所通常可以緩和緊張的氣氛，並改善每個人的行為。如果回家壓力太大，試試看約在餐廳或彼此都覺得自在的公共場所見面。

．寫一封信謝謝他。分享你和他之間的美好回憶，讓他知道你欣賞或佩服他什麼。讓他知道他對你的人生有什麼好的影響。

如果你做過本篇「試試看」的努力後，還是無法找出愛他的辦法，那也不用勉強。

面對一個曾經很重要的朋友或家人，有時最好的做法就是遠離對方，有時遠離確實是你唯一能做的事。這對你來說可能很困難。要放棄一個對我們很重要或曾經很重要的人，我們難免猶豫不決。這件事之所以這麼困難，有部分是因爲我們直覺知道《吠陀經》是對的——這個人的靈魂裡有著良善的本質，只是被不好的經驗、負面的情緒，甚至心靈創傷層層蒙蔽了。

如果我們懷著愛放手，要拉開距離就會比較容易。不要憑外在的表現論斷他，正如同你不會憑衣著對一個人妄下論斷。試著爲一個人的本質去愛他，而不是其餘的一切。

有意識地付出時間

爲親朋好友付出愛需要時間。

但大家都很忙，也總有很多事令人分心，以至於我們很難撥出時間。解決問題的方法就是**分出親疏遠近**。

英國人類學家羅賓・鄧巴假設，大腦只能處理一定規模的人際圈，檢視過歷史資料、人類學資料和當今的數據後，他和研究團隊判定這個規模約爲一百五十人。英國BBC官網的一篇文章補充道：「根據這套理論，人際圈的第一層只有五個人——跟你最親的人。接下來依序是十五人（好友）、五十人（朋友）、一百五十人（有意義的聯絡人）、五百人（泛泛之交）和一千五百人（你認得的人），各層之間的人來來去去。重點是我們必須爲每一個新來的人騰出空間。」12

雖然這些只是平均數，但你如果按照這個方式爲自己的人際關係分出親疏遠近，你就可以在這些人之間更謹慎地分配時間。比起有人找你就被動地去陪他，你可以有意識地決定自己想見誰、多久見一次。

試試看 遠近親疏整理表

畫出最大範圍的親友圈——利用你在社群媒體的朋友名單或追蹤者名單是一個開始的辦法。接下來，在真實人生中如法泡製，整理出至親與至交、好友和要好的親戚、有意義的聯絡人，乃至於泛泛之交。

決定一下你要為每個類別付出多少時間。

或許你想每週都跟至親與至交聯絡一次或安排一次活動，好友則是一個月一次。或許你想每季問候一下有意義的聯絡人，泛泛之交則是一年一次。

像這樣區分遠近親疏讓你能有意識地分配時間，也有助你跟親友溝通，例如你可以說：「如果每個月都能跟你共進午餐一次，那就太好了。」跟有意義的聯絡人說你為他們分配了「一季」的聯絡頻率可能很奇怪，但只要自己心裡知道你想每季見他們一次，或許是在節假日的時候，你就能跟他們保持聯絡、了解他們的狀況。

如果你很難交到朋友，或你剛搬家、一切重新開始，這份整理表也可以提醒你這世上有哪些你珍惜的人。有沒有比較疏遠的親人或點頭之交是你想拉近距離的？列出你有興趣結交或你關心的人有助你建立人際網。

對同事心懷感激

跟同事在一起的時間還比家人多，是十分常見的情形。

職場也是一個小社區，就像我們的任何一個人際圈。收發室的同事、資訊部門的電腦救星、樓下的警衛、行銷大師、跟自己感情很好的夥伴——這些都是我們每天見到、在我們身邊，或透過Zoom螢幕上小方塊一起工作的人。但我們不太會向他們表達愛，也不太清楚要怎麼向他們表達愛。由於職場是一個專業、正式的場域，我們覺得不該去愛自己的同事。職場之愛的樣子不太一樣。我們愛得不深，往往不涉及私人情感。你們或許不會彼此信任到推心置腹或暴露自己脆弱的一面。也或許在你的職場文化，私領域的交流並不恰當或不得體。克服這種隔閡的辦法，是將感激和溫暖注入到辦公環境裡。

我們愛後輩、平輩和前輩的方式不一樣。

愛**後輩**的方式是從旁指導和輔導，而不是控制和命令。生日送上蛋糕不是唯一在辦公室裡表達愛的方式。我們和後輩分享知識和智慧，讓他們獲得個人成長。只要可以，我們就爲他們提供平常在工作上得不到的指導、主意和見解。你能不能邀一位客座講師來授課、分享有關靜心的TED演講影片或組織一次慈善路跑，讓同事們一起參與？

我們可以尋找有創意的新方法來感謝後輩對工作的付出。「藍板」是一家認眞將感謝員工放在心上的公司。創辦人之一的葉凱文說，他的老闆曾默默在他桌上放了一張美國運通的禮物卡，感謝他爲某個專案一週工作七天、一天工作十二到十五小時，這件事給了他創辦「藍板」的靈感。[13]藍板讓雇主用招待員工參加各種體驗活動來表示感謝，例如體驗無重力漂浮艙、向乳酪達人學乳酪、看極光、體驗操作重機械的「極限沙箱❷冒險」。

認可一個人所做的事，其實就是在欣賞、感激對方。根據Work.com網站，高達將近半數的受僱者，願意爲了感受多一點的賞識而換工作。[14]

我們透過支持、鼓勵、配合、合作、欣賞和感激來愛我們的**平輩**。同事情誼與朋友、家人間的感情十分接近，差別只在於前者會爲了因應專業與效率的需求略爲調整。

試試看

將愛帶到職場

1. 了解

你不必像了解至親和至交那樣了解同事是什麼樣的人、他們想要的是什麼，但你可以關切他們私底下的生活、隨時注意他們的狀況，尤其是在他們有很好的理由工作不專心、需要你額外協助時多關照他們。

發覺同事的心情有異就問候一下。如果你知道他們正面臨什麼挑戰，隨時

❷譯注：「極限沙箱」為美國一家可讓遊客體驗操作挖土機等重機械的遊樂園。

關切一下後續發展。如果他們這段日子很不好過，那就看你能不能幫他們分擔工作，或找別的辦法減輕他們的負擔。

當同事做得好或有進步的時候，注意他們為工作付出的努力，並慶祝他們的成功。

2. 交流

無論是在線上或當面，一天或一場會議的開始先跟同事寒暄一下。試著了解他們過得怎麼樣。關心一下他們跟你分享過的私人問題。比起直接切入正題，先以人性化的方式交流。

3. 感激

每天從你的工作領域中選一個人出來，透過語音、文字或email傳一則簡短的訊息，特別誇獎或感謝他在工作上的表現。

花這些心思是因為你想為這世界帶來更多愛，而不期望或要求來自同事的回報。

愛**前輩**的方式則是切實做到我們被交付的任務、保持尊敬和謹守分際。我們積極接受批評指教，而不是埋怨在心。

鱷魚與猴子

禪宗有個故事是關於一隻猴子，牠看到河對岸有牠想吃的香蕉，鱷魚看出了猴子的飢渴，提議載牠過河。猴子迫不及待跳到鱷魚背上，鱷魚便游了起來。然而，游到河中心，鱷魚卻停下來說道：「大笨猴，你現在困在河中央，只能留在我背上，我要吃了你。」

猴子靈機一動說：「鱷魚啊鱷魚，我很樂意讓你吃了我，但我的心臟留在另一邊的河岸上了。心臟可是我全身上下最好吃的部位，濃郁又多汁，實屬人間美味。我可不希望你吃不到！」

鱷魚說：「哦？聽起來眞的很好吃。那好吧，我會游到對岸去，好讓你將心臟拿來給我。」

牠們一抵達對岸，猴子就一溜煙跑了，保住了自己的小命。

這個故事的寓意是：跟鱷魚交手，可得注意將你的心留在家裡，別隨意暴露自己的脆弱。你的弱點會被用來對付你。

如果在職場上表現出無條件的愛，說不定會令別人手足無措。大家習慣受到壓力或成果的驅策，而不是愛。在職場上被愛可能會讓很多人覺得陌生，別人不見得會給你的愛良好的回應。

我們認爲愛是互相的，但遊方者的愛不求回報。即使是在鱷魚遍布的職場，也必須保有一顆充滿愛的心、守住我們的本質。我們試著同理那些傷害我們的人。在鱷魚環伺的情況下，我們還是盡最大的努力，並繼續去過自己的日子。同時，請確保自己不要變成鱷魚，因爲我們在職場上的樣子也會影響到家裡。如果你在工作上沒辦法如願當一個遊方者，那你在私生活中一定要確保自己努力付出愛。

積極參與社區活動

想將愛擴大到職場以外的領域時，我們可以將觸角伸向自己的社區：街坊上的團體、學校的委員會、宗教組織、讀書會和其他同好會。對社區展現愛的方式是注意到社區的需求，並努力滿足這個需求，或許是成立守望相助隊、幫忙解決公共設施的問題，或安排鄰居們見面、交誼的活動。如果做這件事是爲了爭權奪利，我們只會覺得很空虛。但如果是出於愛、同理與善心，我們就會覺得很滿足。

當你擴大愛的範圍，勢必會遇到反對意見。**你服務的人越多，反對你的人就越多**。在鄰里上的守望相助隊裡，可能有一、兩個人不喜歡你的想法；如果你加入市議會，爲社區做的工作越來越多，也會有更多人討厭你或反對你；如果你是美國總統，將近半數國民都會反對你。如果你發現自己得處理更多互相衝突的意見，要知道，這些意見的比例，跟你目前所在的階段是成正比的。

啓發陌生人

在路上遇到陌生人，我們總有幾分戒心，這也是應該的。我們不知道他們接不接受我們的愛，或如何表達愛才不會令他們不自在。然而，只要踏出家門，天天都會看到跟我們沒有關係的人。許多人最多的時間是花在連名字也不知道的人面前：公車司機、收銀員、服務生，或隊伍裡排在我們後面的人。

向路人表達愛最容易（也最安全）的方式就是**微笑**。

由於求生機制的緣故，我們的大腦不斷掃描我們是否受到周遭環境歡迎的線索。科學家說，微笑傳遞出人際交流的訊息，當我們對人微笑時，對方也會覺得比較自在。

普渡大學的研究團隊想調查瞬間的互動對陌生人的影響。一名研究助理走在校園裡一條人來人往的步道上，與陌生人擦身而過時或者相視一笑，或者視若無睹。接下來幾步之後，另一名研究人員將不知情的實驗對象攔下來，詢問對方介不介意做個簡短的調查。比起受到正視的人，被無視的人表示感受到更強烈的人際疏離。研究人員的結論是：就算只是受到陌生人的無視，都會對我們有負面的影響。[15]

原因可能純屬化學作用——受到無視時，我們錯失了微笑的正面作用。微笑釋放出多巴胺、血清素和腦內啡，這些傳遞正面感受的神經傳導物質會振奮我們的心情。[16]無數的研究也證實了多數人都知道的常識——笑容是有感染力的。[17]因此，如果你對別人笑一笑、別人也回以微笑，你們雙方都會得益於正面感受荷爾蒙。

如果我們眞心關懷周遭的陌生人，他們的生活也能因此改變。

根據美國勞工部勞動統計局，約有七成的助人服務與正規的慈善機構無關，而是一般民眾主動在地方上發起的。[18]想想民眾在社區創建的「街頭圖書館」和「免費食物櫃」，無數的匿名捐贈者在這些迷你圖書館和食物銀行前停下來，幫忙補充讀物或食物。

然後還有那些看到需求就伸出援手的人。在十一月的一個寒夜裡，紐約市的一名街友赤腳走在人行道上。地面很冰，爲了保護腳趾，他只用後腳跟走路。紐約市警勞倫斯·狄派莫問出他的鞋子尺寸，短暫消失了一下，接著就帶著一雙新買的保暖防寒靴回來。如果不是路人剛好注意到、拍下了狄派莫跪在街友身邊幫他綁鞋帶的畫面，我們不會知道這個故事。鞋店的店員得知狄派莫爲什麼要買那雙靴子之後，他就用自己的員工折扣幫忙打了折。[19]這就是愛。

爲機構組織貢獻資源

機構組織可能顯得冷冰冰的，我們爲他們付出愛的方式也顯得冷冰冰的——主要是透過捐錢，有時是付出時間或貢獻一己所長。你私心越是認同某個機構組織的理念，你就越有爲它貢獻一己之力的熱情。

黎安·勞瑞賽拉本來在紐約擔任企業活動策畫師，負責爲有錢的客戶辦盛大的活動，她的事業發展得如日中天。一天，有位同事提到「集約飼養」，黎安不知道那是什麼意思，但當晚她google了一下，結果令她大為震驚。

黎安當下就決定改吃素，也開始研究更多畜牧業相關的知識，包括參觀休閒農場。她愛上了休閒農場的動物，尤其是山羊。黎安發現山羊若是得到良好的照顧就會很愛玩、很親人，也很聰明，她覺得很驚喜。黎安魂牽夢縈都是山羊，於是她救援了兩隻——以電視劇《飄風不歸路》中的角色命名的賈克斯和奧佩。她開了一個IG帳戶，幽默地取名為「飄風不歸羊」，跟大家分享賈克斯和奧佩的事蹟。大家很愛跟牠們互動，黎安則樂得照顧牠們，照顧到後來甚至認養了越來越多隻，包括幾隻有特殊醫療需求的山羊。黎安最後辭去原來的工作，如今飄風不歸羊是一個合法立案的慈善機構，在占地三十英畝的土地上，收容了兩百五十多隻動物。黎安和她的幫手一起照顧這些山羊，並為大眾提供教育課程和很多很多的歡笑。[20]

與大地相連

地球如此之大，我們很難向它表達愛。我們沒辦法修復甚或看見自然界的每一個元素。沒人訓練我們將地球視為自己的家或責任。我們認為地球會照顧好自己，或認為照顧地球是政府的責任。

將地球變小一點的辦法是找到我們跟它的連結。在夏威夷火山國家公園的一次旅行中，拉蒂和我看到了數百年前夏威夷原住民在岩石上留下的螺旋形石刻。導遊告訴我們，新生兒出生時，族中長者就會刻下一圈圈的螺旋圖案，將臍帶放上去，小寶寶經由這道儀式永遠與土地相連。人與土地的連結不只對大自然好。大自然也有愛要給我們。

美洲原住民和其他原住民文化都有無數向自然界致敬的習俗，包括獻給水、土、風、火的歌舞。[21]瑜伽行者練習拜日式。[22]古凱爾特人和其他民族的人都會聚集起來，為四季的更迭舉行慶典。[23]榮格派的心理分析大師艾瑞旭．諾伊曼寫道：「明暗的對立，啓迪並形塑了所有民族的精神世界。」[24]

現代科學顯示，我們的生理機能受到大自然的調節。美國國家心理衛生研究院光線與生理時鐘研究小組的組長薩默．哈塔說，光線對我們的影響不只是讓眼睛看見東西而已，人體的許多機能其實都受到光線的調節。眼睛裡的神經元根據日出日落的訊息設定生理時鐘。從睡眠週期、新陳代謝到我們的情緒都受到日照的影響（人造光也會對我們有影響，但暴露在明亮的陽光下時，我們的生理機能是最好的）。[25]正如神經科學家安德魯．休伯曼所言，太陽曬得不夠，人體眞的會渴求光線。[26]我們跟大地本就是一體相連的，連動的方式比我們所知的更多——明白這一點更能激勵我們好好照顧地球。

將愛一圈圈擴大出去，從至親與至交的舒適圈開始，漸漸擴大到不認識的人。出於不想落單所做的付出，是無知的能量；希望得到肯定或獲得償還人情的付出，是衝動的能量。當我們不求肯定、不求結果，只想展現純粹的愛，此時的付出才是出於良善的能量。

開始閱讀本書的時候，或許你希望愛出現在你的家門前，令你神魂顚倒、爲之瘋狂。或許你覺得爲了找到愛什麼都願意。我們以爲愛是要去獲得、爭取、贏得，並被對方接受的。我們在別人的關注、讚美和肯定中尋找愛。但實際上，付出才是體驗愛的王道。

當你走進一個房間，如果你問問自己「今天我能爲大家做什麼」，那會怎麼樣呢？告訴自己：我只想給大家我的愛。這是開始和度過一天的美好方式。如果有

愛的舒適圈

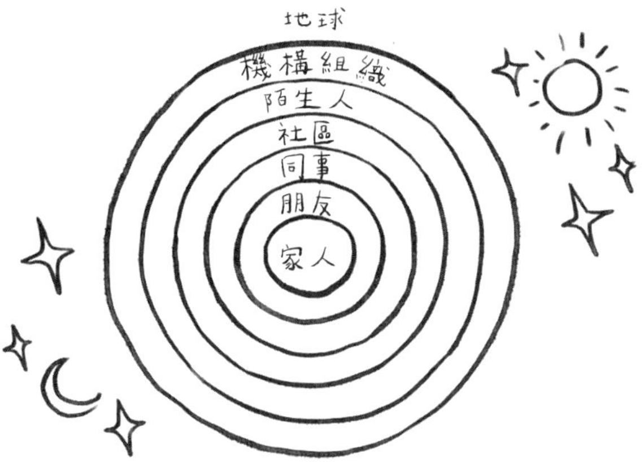

人散發出負能量或不友善的氣場，試著走上前去，問一個他關心的問題。就這麼簡單。付出你的關愛。

我在本書的開頭談到，我們如果愛一朵花就會天天爲它澆水。現在，你就是種花的那個人——爲別人種下愛的種子、給別人愛的果實、爲別人提供愛的樹蔭。

你可以一輩子尋尋覓覓卻找不到愛，也可以用一輩子來體驗付出愛的喜悅。

與其等愛來找你，不如體驗愛、實踐愛、創造愛。在餘生的每一天當中越是如此，你就越能從不同的人身上感受到深深的愛。

書寫練習

寫一封情書給世界

有一次，我和一位上師走在印度南部的海邊。那裡是一座漁村，許多魚都用魚網拉到了岸上，但也有數不清的魚擱淺在沙灘上慢慢死去。上師開始一隻接一隻將魚丟回海裡，希望牠們能活下來。沙灘上有那麼多的魚，我們不可能將牠們全都放生。我問上師，救這些魚有什麼意義。

上師說：「對你來說只是一條魚，對這條魚來說卻是牠的一切。」

我的上師在真實人生中體現了一則禪宗故事的奧義，我後來也讀到了那則故事，內容是關於一位上師將海星丟回海裡。

當今的新聞令人無法招架。我們看到痛苦與磨難遍布全世界，不知道自己能做些什麼。但我堅信，只要將善意和正能量傳遞給任何一個需要的人，我們的愛就會觸及人心、對別人產生意義。請別低估了幫助**一個人**的作用。

寫一封情書給世界，提醒自己：在一天所有的互動中都要這麼做。

親愛的世界：

這一生有很長的時間，我都以為愛就是關心那些關心我的人。從小，愛對我來說就是有來有往的。這種愛的經驗雖然很美，卻是有限的。它將我對愛的體驗限制在我認識的人或跟我有關係的人身上。

我想體驗的愛不只如此。

我想體驗一種更大的愛。一種不限於自家後院、跨出我自己的世界、遍及全人類的愛。超越血緣、不求回報，甚至互不相識也沒關係。我現在明白了，我不必了解你也能愛你。

或者，應該說就某方面而言我確實了解你，因為我們都有共通的人性。我們同在這個世界上，一起掙扎，一起勝利，一起盡最大的努力。是我們跟愛的連結將我們彼此連在一起。我知道有時很難看清這一點，因為大家各有不同的意見、價值觀和信仰，看似彼此分裂。但在這一切的背後，每個人都有一個很強大的共同點，那就是我們都想體驗愛。

而這就是我現在想跟你分享的。無論你是誰、做過什麼、沒做過什麼，我都會愛你。而且，我保證你值得這份愛。請記住，無論你正在經歷什麼，都會有人愛你。毫無保留、不帶論斷，完完整整、徹徹底底。

愛你的我

靜心練習

以愛相連的靜心冥想

這個冥想的重點在於注意和分享所有形式的愛。你會覺得自己與愛靠得更近、跟這世界的關係也更緊密了。

1. 找到一個舒服的姿勢，無論是坐在椅子上，還是在坐墊上或地板上坐直或躺下都可以。
2. 如果覺得閉上眼睛比較舒服，那就閉上眼睛。若否，放鬆眼睛的聚焦即可。
3. 無論是睜眼還是閉眼，目光輕輕向下。
4. 深吸一口氣，再將氣吐出來。
5. 如果你發覺自己的思緒飄走了，那也沒關係。輕輕將思緒拉回來，回到平靜、平衡、平穩的狀態。

分享愛的靜心冥想

1. 深吸一口氣，再將氣吐出來。
2. 用一點時間想想你這一生得到過的愛。
3. 想想你跟人表達過、分享過的愛。
4. 現在，感受一下你內心全部的愛。包括來自你自己的愛在內，感受一下來自各種來源的愛。你選擇在心裡保有一份滿滿的愛，將意念放在這份愛上頭，集中注意力，從你的心開始，感受這份愛傳遍全身，爲你的雙腳、雙腿、雙臂、胸部、頭部注入活力。
5. 你感覺這份愛越來越強、越來越有力。你注意到它從你的心散射出去。
6. 現在，你看見這份愛傳到你認識、關心的人那裡。
7. 你看見它觸及每一個你認識的、掙扎中的人。
8. 現在，你感覺它傳給素不相識的人和你每天都會見到的陌生人。
9. 現在，你感覺自己心裡的這份愛甚至傳得更遠，觸及全世界的每一個人。

謝辭

《吠陀經》和《薄伽梵歌》的教誨以最深刻的方式影響了我的人生、人際關係和職業生涯。本書是我的一次虛心嘗試，我設法以既切身又實用的方式去詮釋和翻譯原文，好讓你也能在自己的人生中創造有目標、有意義、有力量的人際關係。我要向促成本書誕生的人際關係表達感激。

首先要謝謝我的經紀人James Levine活用了書中的許多法則，並以他五十五年的婚姻向我保證這些法則眞的有效。他和他太太最近剛度過兩人第一次約會的六十週年紀念日。多麼鼓舞人心啊！

再來要感謝我的編輯Eamon Dolan，他從自己情深意濃的伴侶關係中汲取力量，鞭策我爲你們所有人寫一本更好的書。

謝謝我的事業夥伴Hilary Liftin永不放棄的精神和超強的適應力——她無疑將這些特質發揮在她爲時二十年（還會更久）的婚姻中了；也謝謝她現在不只能活用這些法則，還能傳授給別人。

Kelly Madrone和她太太相戀結婚之前是最好的朋友，她們因爲相知而相愛——這說明了她爲什麼會爲本書貢獻這麼獨到的研究和見解。

謝謝Jordan Goodman，也不知她是怎麼辦到的，反正她總能面帶笑容盯我進度，剛訂婚的她聲稱自己遵循了本書的每一條法則（但有鑒於我讓她那麼忙，我不確定她是不是眞的讀了這本書）。

我要爲每一次充滿創意的討論以及Nicole Berg爲封面和插畫所做的貢獻與支持謝謝她，一邊幫忙策畫這本書的同時，她也一邊在安排自己的婚禮，太厲害了！

謝謝Rodrigo Corral和Anna Corral的封面設計和內頁插畫，這對夫妻檔發現即使是在最小的地方信任也會增長，而他們對小地方的注重也顯現在他們的作品中。

謝謝英國哈潑柯林斯出版集團的Oli Malcolm，結婚八年的他，說他老婆才是他們家的老大。他超級有耐心——或許這一點也該歸功於他老婆？

謝謝所有找我諮商的客戶允許我進入他們的人生，讓我對人類的感情有了更深的了解、讓我有機會將自己對古老經文的體會運用在眞實人生中，也讓我看到了脫胎換骨的蛻變和眞誠的交流。

作者注

我在本書當中援引了許多宗教、文化、勵志人物和科學家的智慧結晶。在每一則引用的資料中，我都竭盡所能查出這些名言佳句和想法的原始出處；我所做的努力就反映在注釋中。有時我讀到的精采語錄或見解出處不一，範圍大到查無一個明確的出處；有些古文我也查不到原文。在這種情況下，我在一位研究人員的協助下，盡力爲讀者提供關於原始出處的有用資訊。此外，我在本書分享了我的客戶和朋友的眞實故事，但我改掉了他們的名字及其他有關身分的細節，以保護他們的隱私。

下一步

天才培訓

本書是歷經無數小時的研究、寫作、編輯和熱愛精心製作而成。我對我所做的每一件事都全心投入、全力以赴。而我所做的一切最核心的目標始終不變，無論是透過哪一種形式或媒介，我的心願就是助人從眞理、科學和起心動念中獲得成長。

說到這裡，我要懷著感恩的心，邀請你加入「天才」。

天才是我成立的全球培訓社團，我們每週舉辦線上工作坊和靜心活動。我們深知蛻變始於內心，眞正的成長需要身心靈全方位的自我照顧。

在你加入成爲會員之後，我會以實用的智慧和最新的研究爲基礎，帶領你完成每週的線上課程，主題圍繞著個人成長和身心靈的健康快樂。你也可以透過天才應用程式（Genius App）的合輯回顧任何一場工作坊或靜心活動。從人際關係、職涯、健康、靈性發展到個人成長，我無所不談。

我的天才方法論簡單而有力。當培訓、恆心和團體的力量結合在一起，人生中的一切都會由內而外有所改善。這段時間是我們每週一起開闢的安全空間，在這裡，我們可以靜下來冥想，釋放壓力和焦慮，專注在最重要的事情上，也就是學習改善自己和這個世界的辦法。

更有甚者，你也可以參加每月一次的線下見面會，跟來自全世界一百五十多個國家的天才會員相見歡，結交新朋友，跟志同道合的人交流。

傑．謝帝認證學校

如果你對本書的法則和概念深有共鳴，甚至覺得受到感召，自己也想成為一個為世人指點迷津的人，歡迎你考慮經由傑．謝帝認證學校成為一名生涯教練。

以影響億萬人的人生為願景，我在二〇二〇年創辦了這所學校，培訓新世代的教練。這是一個合法立案的機構，致力於將世界變成一個更好的地方，目標明確的課程注重傳統的教練理論、產業職能、東方哲學和吠陀智慧。

我們培訓學員成爲不同專長領域的教練，有人際關係教練，有企業教練，也有生涯教練。無論你想爲這世界帶來什麼改變，我們都能幫助你實現目標。

你的認證之旅將包括引導式學習、專人監督指導的同儕教練課程和團體互動課程，這些課程爲你提供將來輔導客戶所需的專業方法和技巧。除此之外，你會學到如何開一間蓬勃發展的專業諮商事務所，以及如何爲你自己和你的事務所行銷。所有傑·謝帝認證合格的教練都會列在全球資料庫中，供客戶瀏覽和選擇教練。

最重要的是，我希望人人都能來上這所學校。你可以按照自己的步調和時間，從世界的任何一個角落在線上學習。

傑·謝帝認證學校是教練學國際協會和歐洲導師與教練全球協會的正式成員。

如欲了解更多資訊，請洽JayShettyCoaching.com。

參考資料

引言

1 Terence M. Dorn, *Quotes: The Famous and Not So Famous* (Conneaut Lake, PA: Page Publishing Inc., 2021).

2 Tim Lomas, "How I Dis- covered There Are (at Least) 14 Different Kinds of Love by Analysing the World's Languages," The Conversation, February 13, 2018, https:// theconversation.com/how-i-discovered-there-are-at-least-14-different-kinds-of-love-by-analysing-the-worlds-languages-91509.

3 Neel Burton, "These Are the 7 Types of Love," *Psychology Today*, June 15, 2016, https:// www.psychologytoday.com/au/blog/hide-and-seek/201606/these-are-the-7-types-love.

4 "Love: Love Across Cultures," Marriage and Family Encyclopedia, accessed May 9, 2022, https://family.jrank.org/pages/1086/Love-Love-Across-Cultures.html.

5 Chrystal Hooi, "Languages of Love: Express- ing Love in Different Cultures," *Jala* blog, February 10, 2020, https://jala.net/blog/story/30/languages-of-love-expressing-love-in-different-cultures.

6 Hooi, "Languages of Love."

7 Marian Joyce Gavino, "The 'Pure' Intentions of Kokuhaku," Pop Japan, February 13, 2018, https://pop-japan.com/culture/the-pure-intentions-of-kokuhaku/.

8 Hooi, "Languages of Love."

9 Fred Bronson, "Top 50 Love Songs of All Time," *Billboard*, February 9, 2022, https://www.billboard.com/lists/top-50-love-songs-of-all-time/this-guys-in-love-with-you-herb-alpert-hot-100-peak-no-1-for-four-weeks-1968/.

10 S. Radhakrishnan, "The Hindu Dharma," *International Journal of Ethics* 33, no. 1 (October 1922): 8–21, https://doi.org/10.1086/intejethi.33.1.2377174.

11 "Ashram," Yogapedia, February 11, 2018, https://www.yogapedia.com/definition/4960/ashram.

12 Ashley Fetters, "'He Said Yes!' Despite Changing Norms, It's Still Exceedingly Rare for Women to Propose in Heterosexual Couples," *Atlantic*, July 20, 2019, https://www.theatlantic.com/family/archive/2019/07/women-proposing-to-men/594214/.

13 Alexandra Macon, "7 Ways Engagement-Ring Buying Is Changing," *Vogue*, April 12, 2019, https://www.vogue.com/article/how-engagement-ring-buying-is-changing.

14 This Is What American Weddings Look Like Today," *Brides*, August 15, 2021, https://www.brides.com/gallery/american-wedding-study.

15 D'vera Cohn and Jeffrey S. Passel, "A Record 64 Million Americans Live in Multigenerational Households," Pew Research Center, April 5, 2018, https://www.pewresearch.org/fact-tank/2018/04/05/a-record-64-million-americans-live-in-multigenerational-households/.

16 "What Percentage of Americans Currently Live in the Town or City Where They Grew Up?" PR Newswire, November 5, 2019, https://www.prnewswire .com/news-releases/what-percentage-of-americans-currently-live-in-the-town-or-city-where-they-grew-up-300952249.html.

17 Jamie Ballard, "A Quarter of Americans Are Interested in Having an Open Relationship," YouGovAmerica, April 26, 2021, https:// today.yougov.com/topics/lifestyle/articles-reports/2021/04/26/open-rela tionships-gender-sexuality-poll.

18 Jason Silverstein and Jessica Kegu, " 'Things Are Opening Up': Non-Monogamy Is More Common Than You'd Think," CBS News, October 27, 2019, https://www.cbs news.com/news/polyamory-relationships-how-common-is-non-monogamy-cbsn-originals/.

第一部　獨處：學習愛自己

1 Richard Schiffman, "Ancient India's 5 Words for Love (And Why Knowing Them Can Heighten Your

Happiness," *YES!*, August 14, 2014, https://www.yesmagazine.org/health-happiness /2014/08/14/ancient-india-s-five-words-for-love.

法則一：讓自己獨處

1 "Poems by Hafiz," The Poetry Place, August 13, 2014, https://thepoetryplace.wordpress.com/2014/08/13/poems-by-hafiz/.
2 Stephanie S. Spielmann, Geoff MacDonald, Jessica A. Maxwell, Samantha Joel, Diana Peragine, Amy Muise, and Emily A. Impett, "Settling for Less Out of Fear of Being Single," *Journal of Personality and Social Psychology*105, no. 6 (December 2013): 1049–1073, https://doi: 10.1037/a0034628.
3 *Superbad*, directed by Greg Mottola, Columbia Pictures/Apatow Productions, 2007.
4 *Cast Away*, directed by Robert Zemeckis, Twentieth Century Fox/DreamWorks Pictures/ImageMovers, 2000.
5 Paul Tillich, *The Eternal Now* (New York: Scribner, 1963).
6 Martin Tröndle, Stephanie Wintzerith, Roland Wäspe, and Wolfgang Tschacher, "A Museum for the Twenty-first Century: The Influence of 'Sociality' on Art Reception in Museum Space," *Museum Management and Curatorship* 27, no. 5 (February 2012): 461–486, https://doi.org/10.1080/09647775.2012.737615.
7 Mihaly Csikszentmihalyi, *Flow: The Psychology of Optimal Experience* (New York: Harper Perennial Modern Classics, 2008), 273.
8 Mihaly Csikszentmihalyi, *Creativity: Flow and the Psychology of Discovery and Invention* (New York: HarperCollins, 1996).
9 "Confidence," Lexico, accessed June 23, 2022, https://www.lexico.com/en/definition /confidence.
10 Hamid Reza Alavi and Mohammad Reza Askaripur, "The Relationship Between Self-Esteem and Job Satisfaction of Personnel in Government Organizations," (楷體)*Public Personnel Management*(楷體) 32, no. 4 (December 2003): 591– 600, https://doi.org/ 10.1177/009102600303200409.
11 Ho Cheung William Li, Siu Ling Polly Chan, Oi Kwan Joyce Chung, and Miu Ling Maureen Chui, "Relationships Among Mental Health, Self-Esteem, and Physical Health in Chinese Adolescents: An Exploratory Study," *Journal of Health Psychology* 15, no. 1 (January 11, 2010): 96–106, https://doi.org/10.1177/13 59105309342601.
12 Ruth Yasemin Erol and Ulrich Orth, "Self-Esteem and the Quality of Romantic Relationships," *European Psychologist* 21, no. 4 (October 2016): 274–83, https://doi.org/10.1027/1016-9040/a000259.
13 "Become an Instant Expert in the Art of Self-Portraiture," Arts Society, October 1, 2020, https://theartssociety.org/arts-news-features/become-instant-expert-art-self-portraiture-0.
14 Verse 2.60 from C. Bhaktivedanta Swami Prabhuppada, *Bhagavad-gita As It Is*(Bhaktivedanta Book Trust International), https://apps .apple.com/us/app/bhagavad-gita-as-it-is/id1080562426.
15 Verse 2.67 from Prabhuppada, *Bhagavad-gita As It Is.*
16 Rigdzin Shikpo, *Never Turn Away: The Buddhist Path Beyond Hope and Fear* (Somerville, MA: Wisdom, 2007), 116.
17 Lisa Feldman Barrett, *71⁄2 Lessons About the Brain* (New York: Houghton Mifflin Harcourt, 2020), 84–85, 93.

法則二：不要忽視業力給的教訓

1 "Vedic Culture," Hinduscriptures.com, accessed October 3, 2022, https://www.hinduscriptures.in/vedic-lifestyle /reasoning-customs/why-should-we-perform-panchamahayajnas.
2 "Samskara," Yogapedia, July 31, 2020, https://www.yogapedia.com/definition/5748/samskara.
3 Verses 3.19, 3.27 from Prabhuppada, *Bhagavad-gita As It Is.*

4 Coco Mellors, "An Anxious Person Tries to Be Chill: Spoiler: It Doesn't Work (Until She Stops Trying)," *New York Times*, September 10, 2021, https://www.nytimes.com/2021/09/10/style/modern-love-an-anxious-person-tries-to -be-chill.html.

5 "The True Meaning of Matha, Pitha, Guru, Deivam," VJAI.com, accessed May 11, 2022, https:// vjai.com/post/138149920/the-true-meaning-of-matha-pitha-guru-deivam.

6 "The Freudian Theory of Personality," Journal Psyche, accessed June 21, 2022, http://journalpsyche.org/the-freudian-theory-of-personality/.

7 Thomas Lewis, Fari Amini, and Richard Lannon, *A General Theory of Love* (New York: Vintage, 2007).

8 *Snow White and the Seven Dwarfs*, directed by William Cottrell, David Hand, and Wilfred Jackson, Walt Disney Animation Studios, 1938.

9 *Forrest Gump*, directed by Robert Zemeckis, Paramount Pictures/The Steve Tisch Company/Wendy Finerman Productions, 1994.

10 Alexander Todorov, *Face Value: The Irresistible Influence of First Impressions* (Princeton, NJ: Princeton University Press, 2017); Daisy Dunne, "Why Your First Impressions of Other People Are Often WRONG: We Judge Others Instantly Based on Their Facial Expressions and Appearance, but This Rarely Matches Up to Their True Personality," *Daily Mail*, June 13, 2017, https://www.dailymail.co.uk /sciencetech/article-4599198/First-impressions-people-WRONG.html.

11 Greg Lester, "Just in Time for Valentine's Day: Falling in Love in Three Minutes or Less," *Penn Today*, February 11, 2005, https://penntoday.upenn.edu/news /just-time-valentines-day-falling-love-three-minutes-or-less.

12. Lawrence E. Williams and John A. Bargh, "Experiencing Physical Warmth Promotes Interpersonal Warmth," *Science* 322, no. 5901 (October 24, 2008): 606–607, https:// www.science.org/doi/10.1126/science.1162548.

13 Andrew M. Colman, *A Dictionary of Psychology*, 4th ed. (Oxford: Oxford University Press, 2015).

14 *500 Days of Summer*, directed by Marc Webb, Fox Searchlight Pictures/Watermark/Dune Entertainment III, 2009.

15 "The History of the Engagement Ring," Estate Diamond Jewelry, October 10, 2018, https://www.estatediamondjewelry.com/the-history-of-the-engagement-ring/.

16 "De Beers' Most Famous Ad Campaign Marked the Entire Diamond Industry," The Eye of Jewelry, April 22, 2020, https://theeyeofjewelry.com/de-beers/de-beers-jewelry/de-beers-most-famous-ad-campaign-marked-the-entire-diamond-industry/.

17 Emily Yahr, "Yes, Wearing That Cinderella Dress 'Was Like Torture' for Star Lily James," *Washington Post*, March 16, 2015, https://www.washingtonpost.com/news/arts-and -entertainment/wp/2015/03/16/yes-wearing-that-cinderella-dress-was-like-torture-for-star-lily-james/.

18.*Jerry Maguire*, directed by Cameron Crowe, TriStar Pictures/Gracie Films, 1996.

19. *Brokeback Mountain*, directed by Ang Lee, Focus Features/River Road Entertainment/Alberta Film Entertainment, 2006.

20 *Love Actually*, directed by Richard Curtis, Universal Pictures/StudioCanal/Working Title Films, 2003.

21 *The Princess Bride*, directed by Rob Reiner, Act III Communications/Buttercup Films Ltd./The Princess Bride Ltd., 1987.

22 *It's a Wonderful Life*, directed by Frank Capra, Liberty Films (II), 1947.

23 *Notting Hill*, directed by Roger Michell, Polygram Filmed Entertainment/Working Title Films/Bookshop Productions, 1999.

24 The Unsent Project, accessed May 12, 2022, https://theunsentproject.com/.

25 "Understanding the Teen Brain," University of Rochester Medical Center Health Encyclopedia, accessed May 12, 2022, https://www.urmc.rochester.edu/encyclopedia/content.aspx?ContentTypeID=1&ContentID=3051.

26 Daniel Amen, *The Brain in Love: 12 Lessons to Enhance Your Love Life* (New York: Harmony, 2009), 27.

27 Verse 14.19 from C. Bhaktivedanta Swami Prabhuppada, *Bhagavad-gita As It Is* (The Bhaktivedanta Book Trust International, Inc.), https://apps.apple.com/us/app/bhagavad-gita-as-it-is/id1080562426.
28 *I Know What You Did Last Summer*, directed by Jim Gillespie, Mandalay Entertainment/ Original Film/Summer Knowledge LLC, 1997.
29 Charlotte Brontë, *Jane Eyre* (New York: Norton, 2016).
30 Emily Brontë, *Wuthering Heights* (New York: Norton, 2019).
31 Stephenie Meyer, *Twilight* (New York: Little, Brown, 2005).
32 Helen Fisher, *Why Him? Why Her? Finding Real Love by Understanding Your Personality Type* (New York: Henry Holt, 2009), 208.
33 Amen, *The Brain in Love*, 65.
34 Alexandra Owens, "Tell Me All I Need to Know About Oxytocin," Psycom, accessed May 12, 2022, https://www.psycom.net/oxytocin.
35 Amen, *The Brain in Love*, 65.
36 "John & Julie Gottman ON: Dating, Finding the Perfect Partner, & Maintaining a Healthy Relationship," interview by Jay Shetty, *On Purpose*, Apple Podcasts, September 28, 2020, https:// podcasts.apple.com/us/podcast/john-julie-gottman-on-dating-finding -perfect-partner/ id1450994021?i=1000492786092.
37 Verse 10.1 from C. Bhaktivedanta Swami Prabhuppada, *Bhagavad-gita As It Is*(Bhaktive-danta Book Trust International), https://apps.apple.com/us/app/bhagavad-gita-as-it-is/id1080562426; "Bhagavad Gita Chapter 10, Text 01," Bhagavad Gita Class, accessed May 12, 2022, https://bhagavadgitaclass.com /bhagavad-gita-chapter-10-text-01/.
38 Beyoncé, "Halo," *I Am . . . Sasha Fierce*, Columbia Records, January 20, 2009.
39 Ayesh Perera, "Why the Halo Effect Affects How We Perceive Others," Simply Psychology, March 22, 2021, https://www.simplypsychology.org/halo-effect.html.
40 Pramahansa Yogananda, "Practising the Presence of God," Pramahansa Yogananda, accessed August 11, 2022, http://yogananda.com.au/gita/gita0630.html.
41 Verse 14.5 from Prabhuppada, *Bhagavad-gita As It Is.*
42 Verse 14.5, Prabhuppada.
43 Verse 14.5, Prabhuppada.
44 Greg Hodge, "The Ugly Truth of Online Dating: Top 10 Lies Told by Internet Daters," HuffPost, October 10, 2012, https://www.huffpost.com/entry/online-dating-lies_b_1930053; Opinion Matters, "Little White Lies," BeautifulPeople. com, accessed May 12, 2022, https://beautifulpeoplecdn. s3.amazonaws. com/studies/usa_studies.pdf.
45 Emily Wallin, "40 Inspirational Russell Brand Quotes on Success," Wealthy Gorilla, March 20, 2022, https:// wealthygorilla.com/russell-brand-quotes/.
46 Eknath Easwaran, *Words to Live By: Daily Inspiration for Spiritual Living.* (Tomales, CA: Nilgiri Press, 2010).

第二部　互容：學習愛別人

1 "Kama," Yogapedia, accessed May 12, 2022, https://www.yogapedia.com/definition/5303/kama; "Maitri," Yogapedia, July 23, 2020, https://www.yogapedia.com/definition/5580/maitri.

法則三：在思考愛、感受愛，或說出愛之前——先定義愛

2 Kelsey Borresen, "8 Priceless Stories of People Saying 'I Love You' for the First Time," HuffPost, September 28, 2018, https://www.huffpost.com/entry/saying-i-love-you-for-the-first-time_ n_5bad19b8e4b09d41eb9f6f5a.

3 Martha De Lacy, "When WILL He Say 'I Love You?' Men Take 88 Days to Say Those Three Words— But Girls Make Their Man Wait a Lot Longer," *Daily Mail*, March 7, 2013, https://www.dailymail.co.uk/femail/article-2289562/I-love-Men-88-days-say-girlfriend-women-134-days-say-boyfriend.html.
4 "Chapter 25— The Nine Stages of Bhakti Yoga," Hare Krishna Temple, accessed May 12, 2022, https://www.harekrishnatemple.com/chapter25.html.
5 Helen Fisher, "Lust, Attraction, and Attachment in Mammalian Reproduction," *Human Nature*9, no. 1 (1998): 23–52, https://doi.org/10.1007/s12110-998-1010-5.
6 Jade Poole, "The Stages of Love," MyMed.com, accessed May 12, 2022, https://www.mymed.com/health-wellness/interesting-health-info/chemistry-or-cupid-the-science-behind-falling-in-love-explored/the-stages-of-love.
7 Matthias R. Mehl, Simine Vazire, Shannon E. Holleran, and C. Shelby Clark, "Eavesdropping on Happiness: Well-being Is Related to Having Less Small Talk and More Substantive Conversations," *Psychological Science* 21, no. 4 (April 1, 2010): 539–541, https://doi.org/10.1177/0956797610362675.
8 Marlena Ahearn, "Can You Really Train Your Brain to Fall in Love?" Bustle, October 19, 2016, https://www.bustle.com/articles/190270-can-you-really-train-your-brain-to-fall-in-love-the-science-behind-building-intimacy-in.
9 Lisa Firestone, "Are You Expecting Too Much from Your Partner? These 7 Ways We Over-Rely on Our Partner Can Seriously Hurt Our Relationship," PsychAlive, accessed May 13, 2022, https://www.psychalive.org/are-you-expecting-too-much-from-your-partner/.
10 Rebecca D. Heino, Nicole B. Ellison, and Jennifer L. Gibbs, "Relation-shopping: Investigating the Market Metaphor in Online Dating," *Journal of Social and Personal Relationships* 27, no. 4 (June 9, 2010): 427–447, https://doi.org/10.1177/0265407510361614.
11 Florence Williams, *Heartbreak: A Personal and Scientific Journey.* (New York: Nor- ton, 2022), 112.
12 "Response-Time Expectations in the Internet Age: How Long Is Too Long?" High-Touch Communications Inc., accessed June 21, 2022, https:// blog.htc.ca/2022/05/18/response-time-expectations-in-the-internet-age-how-long-is-too-long/.
13 Seth Meyers, "How Much Should New Couples See Each Other? To Protect the Longevity of a Relationship, Couples Should Use Caution," *Psychology Today*, November 29, 2017, https://www.psychologytoday.com/us /blog/insight-is-2020/201711/how-much-should-new-couples-see-each-other.

法則四：以伴侶為師

1 Antoine de Saint-Exupéry, *Airman's Odyssey* (New York: Harcourt Brace, 1984).
2 Jeremy Dean, "How to See Yourself Through Others' Eyes," Psych Central, June 1, 2010, https://psychcentral.com/blog/how-to-see-yourself-through-others-eyes#1.
3 Arthur Aron and Elaine Aron, *Love and the Expansion of Self: Understanding Attraction and Satisfaction* (London: Taylor & Francis, 1986).
4 Kripamoya das, *The Guru and Disciple Book* (Belgium: Deshika Books, 2015).
5 Kripamoya das, The Guru and Disciple Book.
6 Sean Murphy, *One Bird, One Stone: 108 Contemporary Zen Stories* (Newburyport, MA: Hampton Roads, 2013), 67.
7 Doctor Strange, directed by Scott Derrickson, Marvel Studios/Walt Disney Pictures, 2016.
8 Jamie Arpin-Ricci, "Preach the Gospel at All Times? St. Francis Recognized That the Gospel Was All Consuming, the Work of God to Restore All of Creation Unto Himself for His Glory," HuffPost, August 31, 2012, https://www .huffpost.com/entry/preach-the-gospel-at-all-times-st-francis_b_1627781.
9 "Ramayana Story: Little Squirrel Who Helped Lord Rama!" Bhagavatam-katha, accessed May 14, 2022, http://www.bhagavatam-katha.com/ramayana-story-little-squirrel-who-helped-lord-rama/.
10 Murphy, *One Bird, One Stone*, 13.
11 Kripamoya das, *The Guru and Disciple Book.*

12 Kripamoya das, *The Guru and Disciple Book.*

13 Matt Beck, "The Right Way to Give Feedback," Campus Rec, June 27, 2019, https://campus recmag.com/the-right-way-to-give-feedback/; Carol Dweck, *Mindset: The New Psychology of Success* (New York: Ballantine Books, 2006).

14 Dweck, *Mindset*, 6.

15 Kripamoya das, *The Guru and Disciple Book* (Belgium: Deshika Books, 2015).

16 Christian Jarrett, "How to Foster 'Shoshin': It's Easy for the Mind to Become Closed to New Ideas: Cultivating a Beginner's Mind Helps Us Rediscover the Joy of Learning," Psyche, accessed May 14, 2022, https://psyche.co/guides/how-to-cultivate-shoshin-or-a-beginners-mind; Shunryu Suzuki, *Zen Mind, Beginner's Mind*, 50th Anniversary Edition (Boulder, CO: Shambhala, 2020).

17 Kripamoya das, *The Guru and Disciple Book.*

18 Kripamoya das, *The Guru and Disciple Book.*

19 Stephen Covey, *The 7 Habits of Highly Effective People*, 30th Anniversary Edition (New York: Simon & Schuster, 2020).

20 Kripamoya das, *The Guru and Disciple Book.*

21 Nicole Weaver, "5 Ways You Become More Like Your Partner Over Time (Even If You Don't Realize It)," Your Tango, May 6, 2021, https://www.yourtango.com /2015275766/5-ways-couples-become-more-alike-when-in-love.

22 David Bruce Hughes, "Sri Vedanta-Sutra: The Confidential Conclusions of the Vedas," Esoteric Teaching Seminars, accessed August 11, 2022, https://www.google.com /books/edition/ r _Ved nta_ s tra_Adhy ya_2/gfHRFz6lU2kC?hl=en&gb pv=1&dq=Vedic+%22scriptures%22+meaning&pg=PA117&printsec= frontcover.

法則五：以目標爲優先

1 David Viscott, *Finding Your Strength in Difficult Times: A Book of Meditations* (Indianapolis, IN: Contemporary Books, 1993).

2 "Dharma," Yogapedia, April 23, 2020, https://www.yogapedia .com/definition/4967/dharma.

3 "Artha," Yogapedia, October 9, 2018, https://www.yogapedia.com /definition/5385/artha.

4 "Kama," Yogapedia, accessed May 12, 2022, https://www.yogapedia .com/definition/5303/kama.

5 "Moksha," Yogapedia, April 23, 2020, https://www.yogapedia .com/definition/5318/moksha.

6 "Dharma,Artha,Kama, and Moksha: The Four Great Goals of Life," David Frawley (Pandit Vamadeva Shastri), Sivananda, accessed May 16, 2022, https://articles .sivananda.org/vedic-sciences/dharma-artha-kama-and-moksha-the-four -great-goals-of-life/; David Frawley, *The Art and Science of Vedic Counseling* (Twin Lakes, WI: Lotus Press, 2016).

7 Barbara L. Fredrickson, Karen M. Grewen, Kimberly A. Coffey, Sara B. Algoe, Ann M. Firestine, Jesusa M. G. Arevalo, Jeffrey Ma, and Steven W. Cole, "A Functional Genomic Perspective of Human Well-Being," *Proceedings of the National Academy of Sciences* 110, no. 33 (July 2013): 13684–13689, https://doi .org/10.1073/pnas.1305419110.

8 Anthony L. Burrow and Nicolette Rainone, "How Many Likes Did I Get? Purpose Moderates Links Between Positive Social Media Feedback and Self-Esteem," *Journal of Experimental Social Psychology* 69 (March 2017): 232–36, https://doi.org/10.1016/j.jesp.2016.09.005.

9 Jackie Swift, "The Benefits of Having a Sense of Purpose: People with a Strong Sense of Purpose Tend to Weather Life's Ups and Downs Better: Anthony Burrow Investigates the Psychology Behind This Phenomenon," Cornell Research, accessed May 16, 2022, https://research.cornell.edu/news-features/bene fits-having-sense-purpose.

10 Thich Nhat Hanh, *How to Fight* (Berkeley, CA: Parallax Press, 2017), 87–88.

11 Kelsey Borresen, "6 Ways the Happiest Couples Change Over Time: Long, Happy Relationships Don't Happen by Accident: They Take Work and a Willingness to Evolve," HuffPost, March 29, 2019, https://

www.huff post.com/entry/ways-happiest-couple-change-over-time_l_5c9d037de4b00837f6bbe3e2.

12 Sal Khan, "Khan Academy: Sal Khan," interview by Guy Raz, *How I Built This*, podcast, NPR, September 21, 2020, https://www.npr.org/2020/09/18/914394221/khan-academy-sal-khan.

13 Brigid Schulte, "Brigid Schulte: Why Time Is a Feminist Issue," *Sydney Morning Herald*, March 10, 2015, https://www.smh.com.au/lifestyle/health-and-wellness /brigid-schulte-why-time-is-a-feminist-issue-20150309-13zimc.html.

14 "F1 Records Drivers," F1 Fansite, accessed June 22, 2022. https://www.f1-fansite.com/f1-results/f1-records-drivers/.

15 HAO, "Lewis Hamilton: Daily Routine," Balance the Grind, April 9, 2022, https://balancethegrind .co/daily-routines/lewis-hamilton-daily-routine/; Lewis Hamilton, "Optimize Your Body for Performance," MasterClass, accessed June 22, 2022, https://www.masterclass.com/classes/lewis-hamilton-teaches-a-winning -mindset/chapters/optimize-your-body-for-performance.

16 "Seven Steps (Seven Pheras) of Hindu Wedding Ceremony Explained," Vedic Tribe, November 17, 2020, https://vedictribe.com/bhartiya-rights-rituals/seven-steps-seven-pheras-of-hindu-wedding-ceremony-explained/.

17 Claire Cain Miller, "The Motherhood Penalty vs. the Fatherhood Bonus," *New York Times*, September 6, 2014, https://www.nytimes.com/2014/09/07/upshot/a-child-helps-your-career-if-youre-a-man.html.

18 Khan, "Khan Academy."

19 A. P. French, *Einstein: A Centenary Volume* (Cambridge, MA: Harvard University Press, 1980), 32.

20 Jeremy Brown, "How to Balance Two Careers in a Marriage Without Losing Yourselves: It's Possible: You Just Have to Follow These Rules," Fatherly, January 2, 2019, https://www.fatherly.com/love-money/marriage-advice-two-career-household/.

法則六：不是雙贏就是雙輸

1 "M. Esther Harding Quotes," Citatis, accessed May 17, 2022, https://citatis.com/a229/12e75/.

2 Society for Personality and Social Psychology, "Sometimes Expressing Anger Can Help a Relationship in the Long-Term," ScienceDaily, August 2, 2012, www.sciencedaily.com/releases/2012/08/120802133649.htm; James McNulty and V. Michelle Russell, "Forgive and Forget, or Forgive and Regret? Whether Forgiveness Leads to Less or More Offending Depends on Offender Agreeableness," *Personality and Social Psychology Bulletin* 42, no. 5 (March 30, 2016): 616–631, https://doi.org/10.1177/0146167216637841.

3 Verse 14.5–9 from the Bhagavad Gita, introduction and translation by Eknath Easwaran (Tomales, CA: Nilgiri Press, 2007), 224–225.

4 Verses 1.21, 28–30, from C. Bhaktivedanta Swami Prabhuppada, *Bhagavad-gita As It Is* (Bhaktivedanta Book Trust International), https://apps.apple.com/us/app/bhagavad-gita-as-it-is /id1080562426.

5 Sri Swami Krishnananda, "The Gospel of the Bhagavadgita—Resolution of the Fourfold Conflict," Divine Life Society, accessed May 17, 2022, https://www.dlshq.org/religions/the-gospel-of-the-bhagavadgita-resolution-of-the-fourfold-conflict/.

6 Carly Breit, "This Is the Best Way to Fight with Your Partner, According to Psychologists," *Time*, September 24, 2018, https://time.com/5402188/how-to-fight-healthy-partner/.

7 Art Markman, "Seeing Things from Another's Perspective Creates Empathy: Should You Literally Try to See the World from Someone Else's Perspective?" *Psychology Today*, June 6, 2017, https://www.psychologytoday.com/us/blog/ulterior-motives /201706/seeing-things-anothers-perspective-creates-empathy.

8 *Dimensions of Body Language*, "Chapter 17: Maximize the Impact of Seating Formations," West- side Toastmasters, accessed May 17, 2022, https://westsidetoastmasters .com/resources/book_of_body_language/chap17.html.

9 "Ritu Ghatourey Quotes," Goodreads, accessed May 17, 2022, https://www.goodreads.com/

quotes/10327953-ten-per-cent-of-conflict-is-due-to-difference-of.
10 Phillip Lee and Diane Rudolph, Argument Addiction: Even When You Win, You Lose— Identify the True Cause of Arguments and Fix It for Good. (Bracey, VA: Lisa Hagan Books, 2019).

法則七：破裂的是關係，不是你

1 "Rumi Quotes," Goodreads, accessed September 5, 2022, https://www.goodreads.com/quotes/9726-your-task-is-not-to-seek-for-love-but-merely.
2 "Types of Abuse," National Domestic Violence Hotline, accessed May 18, 2022, https://www.thehotline.org/resources/types-of-abuse/.
3 Clifford Notarius and Howard Markman, *We Can Work It Out: How to Solve Conflicts, Save Your Marriage, and Strengthen Your Love for Each Other* (New York: TarcherPerigee, 1994).
4 "Admitting to Cheating: Exploring How Honest People Are About Their Infidelity," Health Testing Centers, accessed May 18, 2022, https://www.healthtest ingcenters.com/research-guides/admitting-cheating/.
5 Shirley P. Glass, with Jean Coppock Staeheli, *NOT "Just Friends" : Rebuilding Trust and Recovering Your Sanity After Infidelity* (New York: Free Press, 2003), 162–163.
6 Glass, *NOT "Just Friends,"* 192.
7 Jim Hutt, "Infidelity Recovery—Consequences of Punishing the Cheater," Emotional Affair Journey, accessed May 18, 2022, https://www.emotionalaffair.org/infidelity -recovery-consequences-of-punishing-the-cheater/.
8 Glass, *NOT "Just Friends,"* 5, 133.
9 Robert Taibbi, "The Appeal and the Risks of Rebound Relationships: When Every Partner Is 'The One,' Until the Next One," *Psychology Today*, November 14, 2014, https://www.psychologytoday.com/us/blog/fixing-families/201411/the-appeal-and-the-risks-rebound-relationships.
10 Annette Lawson, *Adultery: An Analysis of Love and Betrayal* (New York: Basic Books, 1988).
11 K. Aleisha Fetters, "The Vast Majority of Divorces Are Due to Inertia—and 7 More Marriage Insights from Divorce Lawyers," *Prevention*, February 10, 2015, https://www.pre vention.com/sex/relationships/a20448701/marriage-tips-from-divorce-lawyers/.
12 "Growing Together Separately," Relationship Specialists, accessed June 22, 2022, https:// www.relationshipspecialists.com/media/growing-together-separately/.
13 "Great Minds Discuss Ideas; Average Minds Discuss Events; Small Minds Discuss People," Quote Investigator, accessed May 18, 2022, https://quoteinvestigator .com/2014/11/18/great-minds/.
14 "Travel Strengthens Relationships and Ignites Romance," U.S. Travel Association, February 5, 2013, https://www.ustravel.org/research/travel -strengthens-relationships-and-ignites-romance.
15 Melissa Matthews, "How to Be Happy: Volunteer and Stay Married, New U.S. Study Shows," Yahoo! News, September 12, 2017, https://www.yahoo.com/news /happy-volunteer-stay-married-u-121002566.html?guccounter=1.
16 Charlotte Reissman, Arthur Aron, and Merlynn Bergen, "Shared Activities and Marital Satisfaction: Causal Direction and Self-Expansion Versus Boredom," *Journal of Social and Personal Relationships* 10 (May 1, 1993): 243–254.
17 Andrew Huberman, "The Power of Play," Huberman Lab, podcast, Scicomm Media, February 7, 2022, https://hubermanlab.com/using-play-to-rewire-and-improve-your-brain/.
18 Arthur P. Aron and Donald G. Dutton, "Some Evidence for Heightened Sexual Attraction Under Conditions of High Anxiety," *Journal of Personality and Social Psychology* 30, no. 4 (1974): 510–517.
19 Lisa Marie Bobby, Growingself.com.
20 "Marriage and Couples," Gottman Institute, accessed May 18, 2022, https://www.gott man.com/about/research/couples/.
21 Helen E. Fisher, Lucy L. Brown, Arthur Aron, Greg Strong, and Debra Mashek, "Reward, Addiction,

and Emotion Regulation Systems Associated with Rejection in Love," *Journal of Neurophysiology* 104, no. 1 (July 1, 2010): 51–60.
22 Fisher et al., "Reward, Addiction, and Emotion Regulation Systems Associated with Rejection in Love."
23 Florence Williams, *Heartbreak: A Personal and Scientific Journey* (New York: Norton, 2022), 36–37.
24 "Oxytocin Bonding in Relationships—Dr. C. Sue Carter, Ph.D.—320," interview by Jayson Gaddis, *The Relationship School Podcast*, Relationship School, December 8, 2020, https://relationshipschool.com/podcast/oxytocin-bonding-in-relationships-dr-c-sue-carter-ph-d-320/.
25 Fisher et al., "Reward, Addiction, and Emotion Regulation Systems Associated with Rejection in Love."
26 Verses 2.17, 23-24 from C. Bhaktivedanta Swami Prabhuppada, *Bhagavad-gita As It Is*. (The Bhaktivedanta Book Trust International, Inc.). https://apps.apple.com/us/app/bhagavad-gita-as-it-is/id1080562426.
27 Guy Winch, "How to Fix a Broken Heart," TED2017, April 2017, https://www.ted.com/talks/guy_winch_how_to_fi x_a_broken_heart.
28 Kyle J. Bourassa, Atina Manvelian, Adriel Boals, Matthias R. Mehl, and David A. Sbarra, "Tell Me a Story: The Creation of Narrative as a Mechanism of Psychological Recovery Following Marital Separation," *Journal of Social and Clinical Psychology* 36, no. 5 (May 24, 2017): 359–379, https://doi.org/10.1521 /jscp.2017.36.5.359.
29 Mark Matousek, "Releasing the Barriers to Love: An Interview with Tara Brach," *Psychology Today*, November 24, 2015, https:// www.psychologytoday.com/us/blog/ethical-wisdom/201511/releasing-the-barriers-love-interview-tara-brach.
30. Lisa Capretto, "What Buddhist Teacher Pema Chödrön Learned After a 'Traumatizing' Divorce," HuffPost, May 6, 2015, https:// www.huffpost.com/entry/pema-chodron-divorce-lesson_n_7216638.
31 Verse 3.42 from C. Bhaktivedanta Swami Prabhuppada, *Bhagavad-gita As It Is* (Bhaktivedanta Book Trust International), https://apps.apple.com/us/app/bhagavad-gita -as-it-is/id1080562426.
32 Christin Ross, "Christin Ross at Story District's Sucker for Love," Story District, February 14, 2020, https://www.youtube.com/watch?v=8ClCLIs3h5Q&list=PLDGn_6N3BeYprjF0ExwvVvWU6ndzshh3d.
33 "Maya," Yogapedia, October 21, 2018, https://www.yogapedia.com/definition/4986/maya.
34 Williams, *Heartbreak*, 222–223.
35 "Shambhala Sun: A Wind Through the Heart; A Conversation with Alice Walker and Sharon Salzberg on Loving Kindness in a Painful World," Alice Walker Pages, August 23, 1998, http://math.buffalo.edu/~sww/walker/wind-thru-heart.html.

第四部　眾生相連：學習愛每一個人

1 "Karuna," Yogapedia, April 10, 2016, https://www.yogapedia.com/definition/5305/karuna.

法則八：一愛再愛

2 "Kabir," Poet Seers, accessed May 18, 2022, https://www.poetseers.org/the-poetseers/kabir/.
3 Joanna Macy, World as Lover, *World as Self: Courage for Global Justice and Ecological Renewal* (Berkeley, CA: Parallax Press, 2007), 156.
4 Marianna Pogosyan, "In Helping Others, You Help Yourself," *Psychology Today*, May 30, 2018, https://www.psychologytoday.com/us/blog/between-cultures/201805/in-helping-others-you-help-yourself.
5 "Anne Frank," Goodreads, accessed May 18, 2022, https://www.goodreads.com/quotes/81804-no-one-

has-ever-become-poor-by-giving.
6 Larry Dossey, "The Helper's High," *Explore* 14, no. 6 (November 2018): 393–399, https://doi.org/10.1016/j.explore.2018.10 .003; Allan Luks with Peggy Payne, *The Healing Power of Doing Good: The Health and Spiritual Benefits of Helping Others* (New York: Fawcett, 1992).
7 "Sat-Chit-Ananda," Yogapedia, April 10, 2019, https://www.yogapedia.com/definition/5838/sat-chit-ananda.
8 Jamil Zaki, "Caring About Tomorrow: Why Haven't We Stopped Climate Change? We're Not Wired to Empathize with Our Descendents," *Washington Post*, August 22, 2019, https://www.washingtonpost.com/outlook/2019/08/22/caring-about-tomorrow/.
9 "Rumi Quotes," Goodreads, accessed May 18, 2022, https://www.goodreads.com/author/quotes/875661.Rumi?page=8.
10 Verse 5.18 from C. Bhaktivedanta Swami Prabhuppada, *Bhagavad-gita As It Is* (Bhaktivedanta Book Trust International), https://apps.apple.com/us/app/bhagavad-gita-as-it-is/id1080562426.
11 "Russell A. Barkley Quotes," Goodreads, accessed May 18, 2022, https://www.goodreads.com/quotes/1061120-the-children-who-need-love-the-most-will-always-ask.
12 "Dunbar's Number: Why We Can Only Maintain 150 Relationships," BBC, accessed May 18, 2022, https://www.bbc.com/future/article/20191001-dunbars-number-why-we-can-only-maintain-150-relationships.
13. Kevin Yip, "Recognizing Value: Blueboard's COO Explains Why Companies Send Employees Skydiving," interview by Sean Ellis and Ethan Garr, *The Breakout Growth Podcast*, Breakout Growth, February 22, 2022, https://breakoutgrowth.net/2022/02/22/podcast-recognizing-value-blueboards-coo-explains-why-companies-send-employees-skydiving/; Kevin Yip and Taylor Smith, "Kevin Yip & Taylor Smith—Cofounders of Blueboard—the Other Side of Success Equals Sacrifice," interview by Matt Gottesman, H&DF Magazine, April 12, 2022, https://hdfmagazine .com/podcast/ep-37-kevin-yip-taylor-smith-co-founders-blueboard-the-other-side-success-equals-sacrifice/.
14 Kristin Long, "Infographic: 49 Percent of Employees Would Change Jobs to Feel More Appreciated," Ragan, April 23, 2013, https://www.ragan.com/infographic-49-percent-of-employees-would-change-jobs-to-feel-more-appreciated/.
15 Stephanie Pappas, "Why You Should Smile at Strangers," Live Science, May 25, 2012, https://www.livescience.com/20578-social-connection-smile-strangers .html; Neil Wagner, "The Need to Feel Connected," *Atlantic*, February 13, 2012, https://www.theatlantic.com/health/archive/2012/02/the-need-to-feel-connected/252924/; "Being Ignored Hurts, Even by a Stranger," Association for Psychological Science, January 24, 2012, https://www.psychologi- calscience.org/news/releases/being-ignored-hurts-even-by-a-stranger.html.
16 Ronald E. Riggio, "There's Magic in Your Smile," *Psychology Today*, June 25, 2012, https://www.psychologytoday.com/us/blog/cutting-edge-leadership/201206/there-s-magic-in-your-smile.
17 "Why Smiles (and Frowns) Are Contagious," Science News, February 11, 2016, https://www.sciencedaily.com/releases/2016/02/160211140428.htm.
18 "Volunteering Facts & Statistics," Trvst, June 11, 2021, https:// www.trvst.world/charity-civil-society/volunteering-facts-statistics/#cmf-SimpleFootnoteLink1; "Volunteering in the United States—2015," Bureau of Labor Statistics, February 25, 2016, https://www.bls.gov/news .release/pdf/volun.pdf.
19 Dave Anderson, "A Short Story of Great Selflessness in 500 Words," Anderson Leadership Solutions, March 27, 2018, http://www.andersonleadershipsolutions .com/short-story-great-selflessness-500-words/; "Family of Man Who Was Pictured Being Given Boots by NYPD Cop Say They Didn't Know He Was Homeless," *Daily Mail*, December 2, 2012, https://www.dailymail .co.uk/news/article-2241823/Lawrence-DePrimo-Family-man-pictured-given-boots-NYPD-cop-say-didnt-know-homeless.html.
20 "Our Story," Goats of Anarchy, accessed June 22, 2022, https://www.goatsofanarchy.org/about.
21 Gertrude Prokosch Kurath, "Native American Dance," Britannica, accessed May 19, 2022, https://www.britannica.com/art/Native-American-dance/Regional-dance-styles.

22 Richard Rosen, "Sun Salutation Poses: The Tradition of Surya Namaskar," *Yoga Journal*, August 28, 2007, https://www.yogajournal.com/poses/here-comes-the-sun/.
23 McKenzie Perkins, "Irish Mythology: Festival and Holidays," ThoughtCo, December 29, 2019, https://www.thoughtco.com/irish-mythology-festival-and -holidays-4779917.
24 Rosen, "Sun Salutation Poses."
25 "Dr. Samer Hattar—Timing Light, Food, & Exercise for Better Sleep, Energy, and Mood," interview by Andrew Huberman, *Huberman Lab*, podcast, Scicomm Media, October 25, 2021, https://hubermanlab.com/dr-samer-hattar-timing-light-food-exercise-for-better-sleep-energy-mood/
26 "Dr. Samer Hattar."

國家圖書館出版品預行編目資料

愛的8法則：如何找到愛、維繫愛、放下愛／傑・謝帝（Jay Shetty）著；祁怡瑋 譯.
-- 初版. -- 台北市：方智出版社股份有限公司，2024.01
416 面；14.8×20.8公分. --（方智好讀；164）
譯自：8 rules of love : how to find it, keep it, and let it go
ISBN 978-986-175-774-2（平裝）
1.CST：愛 2.CST：人際關係 3.CST：兩性關係

544.7 112018550

Eurasian Publishing Group 圓神出版事業機構 方智出版社 Fine Press

www.booklife.com.tw reader@mail.eurasian.com.tw

方智好讀 164

愛的8法則：如何找到愛、維繫愛、放下愛

8 Rules of Love: How to Find It, Keep It, and Let It Go

作　　者／傑・謝帝（Jay Shetty）
譯　　者／祁怡瑋
發 行 人／簡志忠
出 版 者／方智出版社股份有限公司
地　　址／台北市南京東路四段50號6樓之1
電　　話／（02）2579-6600・2579-8800・2570-3939
傳　　真／（02）2579-0338・2577-3220・2570-3636
副 社 長／陳秋月
副總編輯／賴良珠
主　　編／黃淑雲
責任編輯／李亦淳
校　　對／林振宏・李亦淳
美術編輯／李家宜
行銷企畫／陳禹伶・蔡謹竹
印務統籌／劉鳳剛・高榮祥
監　　印／高榮祥
排　　版／陳采淇
經 銷 商／叩應股份有限公司
郵撥帳號／18707239
法律顧問／圓神出版事業機構法律顧問　蕭雄淋律師
印　　刷／祥峰印刷廠
2024年1月 初版
2024年3月 2刷

定價 530 元　ISBN 978-986-175-774-2